मैत्रेयी पुष्पा

मैत्रेयी पुष्पा का जन्म 30 नवम्बर, 1944 को अलीगढ़ ज़िले के सिकुर्रा गाँव में हुआ। आरम्भिक जीवन ज़िला झाँसी के खिल्ली गाँव में बीता। उन्होंने बुन्देलखंड कॉलेज, झाँसी से हिन्दी साहित्य में एम.ए. किया। हिन्दी अकादमी, दिल्ली की उपाध्यक्ष रहीं।

उनकी प्रकाशित कृतियाँ हैं—*चिन्हार, गोमा हँसती है, ललमनियाँ तथा अन्य कहानियाँ, पियरी का सपना, प्रतिनिधि कहानियाँ, समग्र कहानियाँ* (कहानी-संग्रह); *बेतवा बहती रही, इदन्नमम, चाक, झूला नट, अल्मा कबूतरी, अगनपाखी, विजन, कही ईसुरी फाग, त्रिया हठ, गुनाह-बेगुनाह, फ़रिश्ते निकले, नमस्ते समथर* (उपन्यास); *कस्तूरी कुंडल बसै, गुड़िया भीतर गुड़िया* (आत्मकथा); *वह सफ़र था कि मुक़ाम था* (संस्मरण); *खुली खिड़कियाँ, सुनो मालिक सुनो, चर्चा हमारा, आवाज़, तब्दील निगाहें* (स्त्री-विमर्श); *फ़ाइटर की डायरी* (रिपोर्ताज)।

फ़ैसला कहानी पर टेलीफ़िल्म *वसुमती की चिट्ठी* और *इदन्नमम* पर *मंदा हर युग में* धारावाहिक का प्रसारण।

उन्हें *सार्क लिट्रेरी अवार्ड, द हंगर प्रोज़ेक्ट* (पंचायती राज) के *सरोजिनी नायडू पुरस्कार, मंगला प्रसाद पारितोषिक, प्रेमचन्द सम्मान,* हिन्दी अकादमी के *साहित्यकार सम्मान,* मध्य प्रदेश साहित्य परिषद के *वीरसिंह जूदेव पुरस्कार, कथाक्रम सम्मान, शाश्वती सम्मान,* उत्तर प्रदेश हिन्दी संस्थान के *महात्मा गांधी सम्मान* सहित अन्य कई सम्मानों से सम्मानित किया गया है।

सम्पर्क : 104, महागुन मार्फ़ियस, प्लॉट नं. ई-4, सेक्टर 50, नोएडा–201303 (उ.प्र.)।

ललमनियाँ
तथा
अन्य कहानियाँ

मैत्रेयी पुष्पा

राजकमल पेपरबैक्स

राजकमल पेपरबैक्स में
पहला संस्करण : 2002
चौथा संस्करण : 2025

राजकमल पेपरबैक्स : उत्कृष्ट साहित्य के जनसुलभ संस्करण

राजकमल प्रकाशन प्रा.लि.
1-बी, नेताजी सुभाष मार्ग, दरियागंज
नई दिल्ली-110 002
द्वारा प्रकाशित

शाखाएँ : अशोक राजपथ, साइंस कॉलेज के सामने, पटना-800 006
पहली मंजिल, दरबारी बिल्डिंग, महात्मा गांधी मार्ग, प्रयागराज-211 001
1, अनमोल सोराबजी सन्तुक लेन, धोबी तलाव, मरीन लाइंस, मुम्बई-400 002

वेबसाइट : www.rajkamalprakashan.com
ई-मेल : info@rajkamalprakashan.com

विकास कंप्यूटर एंड प्रिंटर्स
ट्रॉनिका सिटी-201 102
द्वारा मुद्रित

मूल्य : ₹199

LALMANIYAN TATHA ANYA KAHANIYAN
Novel by Maitreyi Pushpa

ISBN : 978-81-267-0479-8

मुझे प्रसन्नता है कि *राजकमल प्रकाशन* मेरे कहानी-संग्रह **ललमनियाँ तथा अन्य कहानियाँ** को पेपरबैक संस्करण में छापने जा रहा है। जो पाठक अधिक मूल्य होने के कारण पुस्तकें नहीं खरीद पाते, उनके लिए ये पेपरबैक पुस्तकें अपनी रुचि का साहित्य पढ़ने की सुविधाएँ देती हैं।

अपने पाठकों के लिए शुभकामनाओं के साथ...

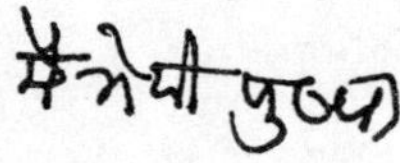

क्रम

रिजक

बेहाल है लल्लन !

अमरौख गाँव का सीपर (स्वीपर), जो मोंठ के अस्पताल में काम करता है, अभी-अभी खबर देकर गया है कि आसाराम...बसोरों ने अस्पताल के सामने खड़े होकर नारे लगाए, गालियाँ बकीं और हिंसाबाद...आसाराम सबसे आगे था, उसका स्वर सबसे ऊँचा था। साथी ईंट-पत्थर फेंक रहे थे। खिड़कियों के शीशे टूटे। कम्पोटर जी को बहुत चोट आई है। डाकधर साहब आग-बबूला हो उठे। इतनी बात सह सकते हैं डाकधर लोग ? तुरन्त थाना-पुलिस का सिपाही बुलवा लिया। दरोगा जी खुद हाजिर हो गए। आसाराम को कैद कर लिया। वह हवालात में...

लल्लन का रोम-रोम काँप गया। इस तरह की वारदात आज वह तीसरी बार सुन रही है। हर बार आसाराम उसे अन्धकूप में धकेल देता है। वह मुँह खोले बावरी-सी खड़ी रह गई। सीपर लल्लन के बदहवास चेहरे को देखता रहा। देर तक वह कुछ नहीं बोली तो सीपर बोला, ‘‘सीताराम भौजी, अब चलता हूँ। उसे छुड़ाने की जुगत करना। बस इतना ही कहने आया था।’’

लल्लन को अचानक चेत आया, बोली, ‘‘भइया, बिरादरी का कोई आदमी...जमानत के लिए सिकंदरा के पल्टू दाऊ जू ?’’

‘‘आँ हाँ, कोई नहीं।’’

लल्लन के मुख से गालियाँ फूटने लगीं—बिंड़ा रह हवालात में। बड़ा मरता था बिरादरी के लिए। सगे खास अब कहाँ अलोप हो गए ? हत्यारे, सब अपने स्वारथ के हैं। गुड़ देखते के चींटे।

सीपर चला गया। लल्लन खड़ी रह गई अकेली।

पाँवों में सत्त नहीं बचा, उससे खड़ा नहीं रहा जा रहा। माथे में घुमेर उठ रही है, और कान सनन-सनन ! क्या करे, क्या न करे ? सोच में डूबी मड़ैया में घुसकर धम्म से धरती पर बैठ गई। माथे पर हथेली धरे, घुटने पर कोहनी टेके बैठी रही, ज्यों कोई गमी हो गई हो ! सारे नाते-रिश्तेदारों, मिलने-जुलने वालों पर ध्यान आता-जाता रहा। पर कुछ हासिल नहीं। कोई जाना ही चाहता तो अब तक छुड़ा न लाता आसाराम को। सीपर कह रहा था तीन दिन...और उसके लिए आसाराम की जमानत कराना ज्यों सरग के तारे तोड़ना...

उदास निगाह से उस खटिया की ओर देखने लगी, जिस पर सास पड़ी हुई हैं। बेटा के आने की बाट में झुर्री-भरी आँखें कौड़ी की तरह खुली हैं। पूछती हैं बार-बार, "आसाराम नहीं लौटा लल्लन ? वह तो कहता था, कमली के सगाई के सम्बन्ध में अम्मा, आधा दिन भी नहीं लगना। लो, आज तो पूरा महीना हुआ जाता है, कोई खबर नहीं। किसी से पूछताछ तो कर बेटी !"

अम्मा उठकर बैठ गईं, बूढ़े होंठों से जुगाली-सी करती हुई आसाराम की बावत ही पूछने लगीं, "ऐसा तो नहीं कि तू कुछ छिपा रही हो लल्लन ? तेरा चेहरा कुम्हला गया है।"

लल्लन अधिक दुखी हो उठी। वह अम्मा की अनुभवी आँखों पर कब तक परदा डाले रहेगी ? कब तक छिपा सकेगी सच बात ? नासिया ने माँ की हारी-बीमारी का भी ख्याल नहीं किया। मन में तो आता है कि सड़ने दे हवालात में। भाड़ में गई जमानत !

"अम्मा, लेट जाओ, फिकर में हलकान हो रही हो। तुम्हारा तो वैसे ही जी अच्छा नहीं..." लल्लन ने सास की आँखों में आसाराम के बदले की आत्मीयता उड़ेल दी।

घुटनों में मुँह गाड़े बैठी है लल्लन। ऐसे कब तक चलेगा ? कब तक खींचेगी पूरी गृहस्थी का बोझ ? बेआधार, बेरोजगार कैसे बैठा रहे कोई ? भूखे पेट को कब तक मसोसे ? कैसे थे हम ? क्या धजा बन गई ? मुकद्दर की मार कहो सो भी नहीं। अपने रिजक से, अपने पेशे से बेईमानी करी, तो भागेंगे नहीं ?

आज की नहीं है लल्लन। पैंतीस-अड़तीस बरस उमर गुजार चुकी है। बीसियों साल तो इस खिल्ली गाँव में ही हो गए। गौना होकर आई थी तो हद से हद सोलह-सत्रह बरस की रही होगी। बीस-बाईस की होते-होते सास का आसन ऐसे ले लिया जैसे पिरौना वाली दाई बहू को गद्दी सँभलवाने तैयार ही बैठी थी। खैनी-मिस्सी खाने में ही नहीं, अम्मा के हाथ का जस ज्यों की त्यों उतार लिया अपने हाथों में, अपनी तलहथियों में, उँगलियों में। लल्लन उँगलियों की पोरों से अपनी हथेली टटोलती रही। छू-छूकर देखती रही, जैसे पहचान रही हो कि ये वे ही हथेलियाँ हैं जो...

उसे अम्मा की असीस याद आ गई : 'बेटी, मेरा आसीरबाद तेरे संग है हरदम, तेरे ऊपर। बस दो बातें याद रखना लल्लन ! बच्चा जनाते बखत खुरपी-हँसिया खौलते पानी से धोकर, पोंछकर फिर नरा (नाल) काटना। और जच्चा के कोठे में हवा का परगास रहे। वैसे, तू हौसले, हिम्मत वाली जनी है। अदब-कायदा वाली है। तेरे ऊपर मेरी बड़ी उम्मीद है बेटा !'

इस बात को वह आज भी मानती है, उसे सास की असीसें फल गईं। अम्मा के नाम से भी आगे गया उसके हाथ का जस। लल्लन के होते हुए गाँव-आनगाँव वालों को पिरौना वाली दाई की कमी नहीं अखरी।

आज सोचती है तो कलेजा फटता है। ऐसे लगता है, जैसे वे सब बीती बातें हों,

सपने हों। वे दिन कहाँ हिरा गए जब अमगाँव से अमरोख तक के माते-मोदी उसके लिए गाढ़ी-गढ़ला जोतकर लाते थे। मड़ोरा कायले के लोधी कुर्मी उसे अपनी साइकिल के 'कैरियर' पर बिठाकर ले जाते थे। उसी मान-सम्मान के चलते दिन-रोज उसका कलेजा पुख्ता होता जाता था। हाथ निपुणता, कुशलता से चलते थे। फँसे, अधफँसे शिशु को अनुभवी उँगलियों से बाहर खींचकर जच्चा को निष्कंटक निरबार लेती थी। लल्लन की बाँहें आज भी कसमसाती हैं, उँगलियाँ फड़कती हैं। पर काहे को...ये सब तो पिछली हिलोरें हैं। याद करके दुःख ही पाना है।

गहरी साँस भरी लल्लन ने, जगदीश तिवारी क्या भूल गए होंगे ? उनकी मरती हुई बहू के प्रान वापस लाई थी। जच्चा के संग-संग ऐसे जूझी थी, ज्यों उसने सही हों जानलेवा पीरें ! उसने ही जना हो तिवारी का नाती ! घर लौटकर आई तो ये ही अम्मा आँखें फाड़े देखती रह गईं। बोलीं, "आज क्या जमराज से कुश्ती लड़ी थी ? मड़ोरा से खिल्ली तक भी पसीना नहीं सूखा, ठंड के दिनों में ?"

"हाँ, अम्मा, हाँ ! महामाई का सुमिरन करके और तुम्हारा नाम लै के हमने जमराज से कुश्ती लड़ी थी। बहू बच गई। अम्मा, बस हमारी मेहनत सुकारथ हो गई। जुग-जुग जीवे तिवारी का नाती।"

अम्मा का कलेजा फूलकर दोगुना-चौगुना हो गया। पीठ थपथपाकर बोलीं, "बेटी, जनी की जात ! एक पाँव नरक में तो एक सुरग में। दाई ही भैमाता का रूप धरकर परगट होती है उस बखत।" भैमाता के नाम का नारियल तोड़ा था उस रात। बच्चों में परसाद बाँटा था लल्लन ने।

वही लल्लन आज घुटनों में मुँह दिए बैठी है।

सिकंदरा और खिल्ली के अहीरों में सिर-फुटव्वल दुश्मनी थी। ऐसा बैर कि ब्याह-काज, पाँत-पंगत तो कहे कौन, मौत-गमी तक में आना-जाना नहीं। रंजिश निभाने के लिए सूत सलाह रखा जाता है, यह बात कोई खिल्ली सिकंदरा के अहीरों से सीखे। मजाल है कि कुत्ता, बिल्ली, माछी, मच्छर तक उड़कर जाए एक-दूसरे की सीमा में ! हाट-बाजार भी मिल जाते थे तो मुँह फेर लेते थे, एक-दूसरे को देखते ही।

पर भैमाता की भी अनेक लीलाएँ हैं। उसी का जनमा आदमी उससे बच पाएगा भला !

लो, उन्हीं दिनों हरदयाल अहीर की बहू की जान खतरा खा गई। पहलौटी का बच्चा और बहू थी अनजान, अखेल, अल्हड़। सिर्रिन ने तीन दिन तक तो किसी को इल्म नहीं होने दिया कि पीरें आ रही हैं। उसका भी क्या कसूर ? घर में सास-ननद होतीं, कि देवरानी-जेठानी रहतीं तो पहचानतीं, पढ़ लेतीं पीर-भरा चेहरा, दर्द-भरी आँखें। ससुर मर्द की जात, क्या जाने, क्या पहचाने ! उस बिचारे ने कभी दर्द-पीर सहे हों तो जानें। ऊपर से बहू का घूँघट परदा। उसका आदमी लाम में। महामाई की किरपा समझो कि पड़ोसिन

चूल्हे की आग माँगने आ गई। बहू का बेहाल रूप देखा तो सन्न ! तुरन्त बाहर की ओर भागी और हरदयाल को सचेत किया, ''ओ किरपाल के दादा, बहू तो रेत की मछली-सी छटपटा रही है। दइया, साँसें तक...नारी-नब्ज ! दाई को बुलाओ जल्दी ! जल्दी से जल्दी !''

मौत का खौफ सब डरों से भारी होता है। फिर कहाँ खिल्ली, कहाँ सिकंदरा ! कुछ नहीं सोचा हरदयाल अहीर ने। घोड़े की पीठ पर जीन डाली और दौड़ लिए। दौड़ते-दौड़ते आ गिरे लल्लन की चौखट पर। आज भी सजीव है लल्लन की आँखों में वह तसवीर...हरदयाल का लुटा, उजड़ा बदहवास मुख देखते ही वह घोड़े पर उनके पीछे बैठ ली थी। मुड़कर न गाँव के लोगों की ओर देखा, न आसाराम की तरफ।

उसके हाथ में जस था, सिर पर अम्मा की असीस। बहू को जिन्दगी मिली। हरदयाल के घर फूल-सी नातिन ने जन्म लिया। हरदयाल ने खिल्ली वालों को दष्टौन में बुलाया था। खुद आया था मनाने। उस बिटिया की बदौलत ही सिकंदरा खिल्ली के अहीरों में आना-जाना और मेल-मिलाप हुआ।

गहरी साँस लेकर एक नजर सास की ओर देखती रह गई लल्लन। पिरौना वाली बूढ़ी दाई ऐनक की टूटी कमानी में बँधा धागा अपने कान में लपेट रही है। क्या देखना चाहती हैं अम्मा ? अब बचा भी क्या है ? ऐनक लगाएँ न लगाएँ, बहू का रोया हुआ लाचार चेहरा देखकर क्या करेंगी ?

मैंने तो तुम्हारी नसीहत, तुम्हारी कहनावत सिर-आँखों रखी थी अम्मा, आज तक। याद हैं तुम्हारे बोल—'बेटी, अपने रिजक में भेदभाव, बैर-मिताई, ऊँच-नीच का ठौर नहीं। अपने पेसा से बेईमानी मत करना। रोजी का ठौर भगवान का ठौर है।'

पर अम्मा, तुम्हारा ही बेटा...उसी की जिद...

अमरौख का सीपर कह गया है कि आसाराम...लल्लन ने आधी बात पर ही विराम लगा दिया। भला हुआ जो मोंठ के कसाई को बकरी बेच दी। रुपए लेकर आता ही होगा। बकरी खोल ले जाने का आज का ही वादा है। पेटों का गुजारा तो किसी तरह हो रहा है, ऊपर से आसाराम की जमानत...?

मड़ैया के बाहर बने चबूतरे पर हरिया लेटा पड़ा है। अच्छी मार खाई है हरामी ने। भोर से उठकर रोटी-रोटी, ज्यों रोटी का कोई गीत हो, सारे दिन गुनगुनाना हो उसे। पेट में कुआँ खुदा है। सब दिन भूखा ही भूखा। दस साल का लड़का और खुराक पूरे मर्द के बराबर।

इस कमलिया की बच्ची के मूँड़ में मगज नहीं। माँ पर क्या बीत रही है सो थोड़ेई खबर है। बारह-तेरह साल की जवान ऐसे दिख रही है जैसे पाँच-छः साल की अबोध हो। बस, बकर-बकर जुबान चलाएगी।

लल्लन के कलेजे पर अंगार उलटे पड़े हैं आज...इस कमलिया की बच्ची ने ही

बताया-सिखाया है हरिया को। नहीं तो यह पूछने का क्या मतलब कि 'अम्मा, तुम्हारी नौकरी कब लगेगी ?' कह रहा था, ''अम्मा, जिज्जी कै रयी थीं कि फिर तो हम मोंठ रहा करेंगे। वहाँ लडुआ-पेरा बिकते हैं। अम्माऽऽआँ ! दिलाओगी न लडुआ-पेरा ?'' कहकर अपने मैले होंठ चाटने लगा।

लल्लन ने आव देखा न ताव, कमली को धर लिया। झोंटा खींचती हुई बोली, ''ला अब खबावें तुम्हें गू। बाप ने आँखन हेरे हैं लडुआ-पेरा ? घर में चार पसेरी नाज था, दलिद्दरी बाप उसे भी बेच गया।''

कमली अपने बाल सहलाती हुई सी-सी, सी-सी कर रही थी, चुपचाप रो रही थी। मैली धोती से आँखें पोंछ रही थी और लल्लन रोष में भरी आसाराम को कोस रही है, ''जोगिया पिछौरा ओढ़ के बन गया संत-महंत। सोच रहा है बामन-बनियाँ इसकी नेतई कबूल लेंगे। मुकत हुआ बसोर की कौम से। बसोर की कौम चबा रही थी इसे।''

किसी के पाँवों की आहट है—चर्र-मर्र। लल्लन ने उझककर देखा, दरवाजे पर मोंठ का कसाई खड़ा है। वह हथेलियों का सहारा लेती हुई तुरत-फुरत उठी और सिर का पल्ला माथे तक खिंचती हुई बाहर आ गई।

कसाई राम-राम करके बाहर बने मिट्टी के चबूतरे पर बैठ गया। लल्लन ने कमली को आवाज दी, ''अम्मा से बीड़ी माँग ला मोंड़ी।''

'ना-ना' करते हुए कसाई ने अपनी अंटी से कुछ नोट निकाल लिए और उसकी ओर बढ़ा दिए।

लल्लन ने रुपए ध्यान से गिने। गिनकर बकरी की ओर आँख से इशारा कर दिया, यानी खोल के ले जाओ।

हरिया कब उठकर खड़ा हो गया, उसने ध्यान नहीं दिया। बकरी रस्सा छूते ही मिमिया उठी। लड़का गिद्ध की तरह टूटा और बकरी के गले से लिपट गया। बकरी मैंऽऽ मैंऽऽ करके ऐसे चिल्ला रही थी जैसे फूट-फूटकर रो रही हो !

लल्लन ने हरिया को दो थप्पड़ जड़ते हुए डपटा, ''मूरख, मोल कर दिया तो खरीदार ले जाएगा नहीं ?''

मगर हरिया सुने तब न ! अपनी पतली-पतली उँगलियाँ बकरी के कानों पर कस लीं।

कसाई छुड़ा-छुड़ाकर हार-थक गया। लड़का है कि जोंक की तरह बकरी से चिपटा हुआ। दोनों बाँहों में उसकी गर्दन को बाँधे हुए। अन्त में कसाई की बाँह में दाँत गड़ा दिए हरिया ने। बकरी ने खरीदार के पाँव खूँद डाले। कसाई झल्ला उठा। हरिया की गर्दन पर एक झापड़ मारकर एक ओर को कूदा।

लल्लन ने हरिया को जी भरकर पीटा। वह जोर-जोर से रोने लगा। हरिया के संग बकरी ऐसे डकरा रही थी, ज्यों कसाईखाने में जिबह हो रही हो !

हारकर कसाई ने कोहनी तक हाथ जोड़ लिए। अपने रुपए वापस माँगे और लेकर चलता बना।

लल्लन जैसे लुट गई हो, खाली हाथ मलती हुई खड़ी रह गई। उसका मन हुआ, हरिया के प्राण निकालकर धर दे। ठठरी-बँधे ने बना-बनाया काम बिगाड़कर धर दिया। अब चबा ले बकरी के हाड़ !

सब तरफ से निराश, हताश होकर वह खिसियाई-सी मड़ैया में जा बैठी। आसाराम को कोस-कोसकर सस्वर रोने लगी।

अम्मा धीर बँधा रही थीं, "अरे तू रोती काहे को है ? बिटिया के सगाई-सम्बन्ध की बात है, दिना देर हो गई होगी। बोल-कुबोल मत निकाले मुख से। देउता मना कि आसाराम राजी-खुसी लौट आवै।"

उसके मन में आया, कह दे असल बात। सुना दे अम्मा को पूत की करतूतें, पर थम गई लल्लन। क्या फायदा ? रो-रोकर आँखें फोड़ लेगी डुकइया। बैठी रही ज्यों विष को कंठ में रोके हो। देख लो हरिया को, बकरी का रस्सा तो नहीं छोड़ा। कलाई में बाँधे बाघ की तरह तना बैठा है। लीलेगा हमें ?

कमली बूढ़ी दादी की देह से सटकर खटिया के पाए पर टिक गई है, जैसे अम्मा की आड़ में रहकर बच जाएगी लल्लन की जलती निगाहों से।

दिन डूबने को आ गया। लल्लन भारी मन से उठी, चूल्हे के पास बैठकर कंडे फोड़ने लगी। चना की भाजी सूप में रखी थी, उसे बीनने लगी। फिर काटने बैठ गई बोरे के टुकड़े पर दराँत को पाँव तले दाबकर।

माँ का मन शान्त देखकर कमली झोंटा-पछाड़ पिटाई भूल चुकी थी। वह फिर बकर-बकर बोलने लगी, "अम्मा, चलते बखत दादा कै नहीं रहे थे कि चितगवाँ में चार-पाँच गाँवों की मिटिन है। कमतुआ ने बिरादरी का फैसला नहीं माना। डाँड़ धरा जाएगा अब। दादा चितगवाँ के बाद अमरौख, अमरौख से कायले और कायले से..."

बूढ़ी दादी ने अधबीच ही बात काटकर पूछा, "कमतुआ, वो नन्हाई का जमाई ! उस पर डाँड़! लो, घर में दाने, न तन पै चीथरा।"

लल्लन चुप रहना चाहती थी, मगर उससे रुका न गया, "बिरादरी वालों की मेहरबानी हुई है अम्मा ! और सबसे ज्यादा तुम्हारे पूत की, सिकंदरा वाले पल्टू दाऊ जू की। भूखे-प्यासे बेबस आदमी से डाँड़ माँगते हैं, भले अपनी खाल छीलकर दें। नहीं तो बिरादरी के नामी-गिरामी लोगों के जूता-पनइया डलिया में धरकर पूरे गाँव की परिकम्मा करें। लाचार न होता तो भेजता अपनी जनी बच्चा जनाने ? ऐन मानता तुम्हारा हुकम-ऐलान ?"

"मँड़ोरा के भदइयाँ ने कच्ची पाँत करी तब जाकर बिरादरी में शामिल हुआ। अब कर्जा और चढ़ाए फिर रहा है अपने कन्धों पर," बूढ़ी अम्मा का मुख चिरइया की चोंच की तरह खुल आया। मुद्रा ऐसी ज्यों सोच रही हों कि 'हे मोरे रामजी, अपने रिजक से ऊपर डाँड़। परलय ही समझो। गजब !'

चुप्पी छाई थी मड़ैया में। चारों मनिख अपनी-अपनी जगह माटी के पुतलों-से गुम्म थे। लल्लन विषाद में डूबी चूल्हे में जलती कंडों की आग को देख रही है। कमली माँ

के मुख को देखती हुई सहमी-सी बैठी है। हरिया जिद्दी बछेड़ा की तरह खूँटा तुड़ाया-सा देख रहा है माँ की ओर। बकरी मुँह को तेजी से दाएँ-बाएँ हिला-हिलाकर परेशान-सी देख रही है।

बूढ़ी अम्मा के भीतर जब-न-तब पिरौना वाली दाई कुनमुनाने लगती है। थमी हवा का मिजाज बदलती हुई बोलीं, "लल्लन, हमारे जाने मोदी की बहू को नवाँ महीना जा रहा होगा ?"

लल्लन सुनकर भी अनसुना कर देना चाहती थी, पर इतनी कठोरता न बरत पाई, लापरवाही से बोली, "को जाने अम्मा !"

"काछिन की बहू तो कै रयी थी कि लागत असाढ़ दिन पूरे ही लेंगे। पहलौठी का बालक नहीं खेंचता ज्यादा दिन। लागत असाढ़ ही हो लेगा, देख लेना।"

लल्लन खिसियाई हुई-सी हँस दी, अम्मा अब तक भी अपना सास्तर नहीं भूलीं।

पिरौना वाली दाई निरीह भाव से बहू का मुख जोह रही थी।

सास का विवश चेहरा देखकर उस पल लल्लन को तरस आ गया, संयत होकर बोली, "काहे को दिन गिनती हो अम्मा ? अपन को क्या लेना-देना ? आम खाने ही नहीं हैं तो पेड़ों की गिनती बिरथा ही ठहरी। कौन महीना ? कब होगा ? तुम भी... अम्मा !"

अम्मा धीमे-धीमे बड़बड़ाईं, जैसे खुद से ही बातें कर रही हों, "सो तो है। पर बेटी, नहीं मानता मन। रिजक जो जिन्दगानी-भर करते रहे, उसे साल-खाँड़ में कोई कैसे भूल जाए ? क्या खबर थी कि खोजी ऐसा कौल भरेंगे..."

अम्मा के मन में कच्चे करेले की-सी करुआहट भर आई है, जानती है लल्लन। वे उसे जबरदस्ती लील रही हैं, सो भी पता है उसे। विवश निगाहों से देखने लगी सास की ओर। क्या करें अम्मा भी ! उन्होंने तो ऐसे ही दिन देखे हैं कि गाँव में किसी बहू को दस दिन चढ़े तो उसकी चर्चा नाऊ टोला, बसोर टोला, धोबी टोला में चटपट पहुँचती। खुशियाली मनने लगती। होंसे फूले फिरने लगते कामगर। जी भर-भरकर दुआएँ, असीसें दी जातीं।

लल्लन आह भरकर रह गई, कराहती-सी बोली, "अब तो अपन राजा हो गए अम्मा ! गलीज काम छोड़कर महाराजा ! हँसी-खुशी, दुक्ख, गम, गीत, परवों में शरीक होने के बखत हवा हुए। अकेले-अकेले का रोना-हँसना रह गया है। सो, चाहे हँसो-गाओ, भले रोओ-कराहो। अपनी-अपनी ढपली, अपना-अपना राग !"

अम्मा खटिया से उतरकर धरती पर आ बैठीं। हरिया के कुआँ-पेट से जो उबले बेर छिपाकर रखे थे, कमली गुठली निकालकर उन्हें अलमूनियम की फूटी-पिचकी कटोरी में धर लाई।

"लो, खा लो बूढ़ी अम्मा !"

"भूख नहीं है बेटा, तें खा लै। काय री, लल्लन, भाजी चूँटने गई थी, सो बनाई नहीं ? खा लेते सब जने।"

उत्तर लल्लन ने दिया, ''बोई तो चढ़ी है चूल्हे पै। काहे की भाजी अम्मा !'' गहरी साँस लेकर रह गई वह।

''गाँव के लोग दुसमन हो गए हैं। जनीमानसें से बोली मारती हैं। खेत निराती काछिनें मुँह ऐंठ रही थीं। काछी की मोंठ वाली बहू की जुबान दो गज लम्बी है। सरग-पताल चलती है।''

''चलेगी काहे नहीं, काँजी हौद के फाटकदार की मोंड़ी है !'' अम्मा ने झुर्री-भरा हाथ लहराया।

''तो क्या लफटंट कलट्टरनी हो गई ?'' जीभ में दस लपेटा देकर बोली, ''आय-हाय, अब तो खेत-पट्टी वाले भी भड़ियाई (चोरी) से भाजी खोंटते फिर रहे हैं ! गरब तो गाड़ी भरा था। नहीं पुसानी डाकधरनी जी, परदा में ?''

काछी की बहू के बोल लल्लन के मुख से सुने तो पिरौना वाली के भीतर बैठी दाई गुर्रा उठी, काँपती आवाज में बोलीं, ''देख तो छिनार कछनियाँ को ! कल के दिन जनने बैठेगी तो पाँवों में मुँह गाड़ देगी, हा-हा खाएगी कि बचा लो अम्माऽऽऽआँ, अबकी बेर बचा लो !''

लल्लन को अनचाहे ही हँसी आ गई। दुख-भरी हँसी। अम्मा का गरब-राग बिरथा है। जानती तो है कि न हम दाई और न काछी की बहू हा-हा खाने वाली; पर अब क्या कहे ? कैसे तोड़े बूढ़ी डुकइया का भिरम ? कपाल पर दोनों हथेली टिकाए सोच में बैठी है लल्लन। और अम्मा को शायद भारी चुप्पी खल रही है। वे बार-बार ऐसे देखती हैं, जैसे कुछ कहने को व्याकुल हों। मुरझाए हुए होंठ काँपकर रह जाते हैं।

अम्मा के मन में क्या घुमड़ रहा होगा—वही न, जो उसके मन को धुन रहा है ? जिस पर अम्मा ने कई बार आसाराम के साथ कलह की थी ? जी भरकर उस घड़ी को कोसा, जिस बुरे बखत तीन-तीन बीघे पट्टे इस गाँव के चारों बसोरों के नाम लिखे गए थे। डग-भर डाँग का टुकड़ा क्या मिला, बिरादरी का हर आदमी अपनी औकात भूल बैठा !

कंकरीली भूमि, जिसको छूते ही हल की फाल टेढ़ी हो जाए, जिसमें बीज मर जाए, पानी ढरक जाए, उस पर गाड़ी-भर गुमान, फोकट के पट्टीदारों से सीने गज-गज चौड़े। सिर्री पागल हो गए हो तुम लोग, अम्मा बड़बड़ाती थीं उन दिनों।

करेला और नीम चढ़ा। सो एक और करामात हुई। लल्लन कहे तो क्या कहे ? अम्मा से आँख मिलाने का हौसला उसका नहीं। लोगों के संग उसकी भी मति मारी गई थी।

सचमुच वह महूरत बुरा था, जब आसाराम ने माँ से कहा था, ''अम्मा, गाँव-गाँव से दाइयाँ टिरैनिंग के लिए जा रही हैं। शहरी चाल से बच्चा जनाना सिखाया जाएगा उन्हें। लल्लन को भी जाना होगा। सिरकारी ऐलान है। नहीं तो दाईगीरी नहीं कर सकेगी।''

अम्मा की आँखें पलट पड़ीं। गुजुर-गुजुर देखती रहीं—कभी आसाराम को, तो कभी

लल्लन को। उनसे कुछ कहते न बन रहा था। उन दिनों अम्मा के सामने पड़ने से बचती थी वह। अम्मा अचम्भे में भरी-सी चुपचाप बैठी रही थीं।

आसाराम ने एक दिन फिर दोहराई अपनी बात, ऊँची आवाज में, जैसे अम्मा बहरी हों !

वे बोलीं, ''कैसी सहरी चाल बता रहा है हमें ! वहाँ क्या आदमी का बच्चा नहीं जनमता ? बरसों से जन्त-जापे कर रही है लल्लन, क्या सीखना बाकी रह गया रे ? कठिन से कठिन सोरें निबटाई हैं उसने। सहर की डाकधरनी कौन-सी भैमाता की धजा थमा देगी ?''

आसाराम ठठाकर हँस पड़ा। हँसी लल्लन को भी आई। अम्मा बुरा मानेंगी, सो उसने उनकी ओर से मुख फेर लिया। वाह री अम्मा !

हँसते-हँसते आसाराम बोला, ''अम्मा, नए जमाने की चाल तुम क्या समझो ! मँडोरा, अमरौख, चितगवाँ, सिकंदरा छोड़ तुम तो कहीं गई नहीं। आजकल पेट में चीरा लगाकर डाकधरनी ऊपर से ऊपर ही बच्चा काढ़ लेती हैं, सो पता है तुम्हें ? और तो और, पेट में दूरबीन लगाकर यह भी बता देंगी कि मोंड़ा जनम लेगा या मोंड़ी। तुमने सुनी ऐसी बात ?''

अम्मा की बूढ़ी आँखें अचरज से फैल आई थीं। बेटे की ओर मुँह बाए देखती रहीं, फिर टेढ़े होंठ करके हँसकर बोलीं, ''चलो आज तो सुन लिया जे चिमितकार। मसखरी की बातें हमें अच्छी नहीं लगतीं आसा।''

''महामाई की सों अम्मा, हम मसखरी नहीं कर रहे।''

''परलय मत करै। दूरबीन न हो गई भगवान की आँख हो गई ! भैमाता के कुदरती खेल में मनिख दखल दे...मोरे राम, घोर कलजुग ही आ गया !'' अम्मा बुदबुदाईं।

आसाराम आगे-आगे झोला लेकर चला था। लल्लन सास के पाँव छूकर मोंठ 'टिरैनिंग' के लिए जाने लगी। अम्मा के बूढ़े लस्त-पस्त होंठों पर असीस थी, न बद्दुआ। चेहरे पर खुशी थी, न गम। चलते-चलते लल्लन ने मुड़कर देखा, वे हरिया के कन्धे पर हाथ धरे झुकी हुई-सी खड़ी थीं, जैसे अपने आप में सिमट रही हों !

मिडवाइफ सेन्टर पर लल्लन ने अनेक नई बातें सीखीं। बहुत-सी नई-नई चीजें देखीं—झक्क सफेद कैंची, साबुन की लाल बट्टी, रोएँदार नीली-पीली तौलिया, डिटौल की पीली शीशी, दूध-सी सफेद चिलमची, बेदाग सफेद गौज और नाल बाँधने के लिए सफेद काड (धागा)।

याद करती है तो आज भी कौंधती हैं वे चीजें आँखों में। उसे लगा था, वह तो निपट अज्ञान थी। अनाड़ीपन के चलते ही जना रही थी बच्चे।

मेमसाब (मिडवाइफ) ने केसबक्सा थमाकर आँख-दवा, पौडर, अनीमा और इंगेसन (इंजेक्शन) के बारे में बताया था। डिलेवरी के टैम चूड़ी-छल्ला नहीं पहनना है, इनफेसन (इन्फैक्शन) का डर लगता है।

उसने सोचा—लो, अम्मा को इन बातों का क्या इलम ? वह बताएगी तो मानेंगी

भी नहीं। बलिहारी ! बलिहारी !! गाँव में जाकर ब्रतेगी तो मुँह बाए रह जाएँगी जनीं।

लल्लन की टिरैनिंग खतम हुई। वह गाँव आई, डाकधरनी की अदा से उतरी थी मोटर से। सफेद धोती, उलटा पल्ला, बालों का जूड़ा, पाँवों में साफ नीली चप्पलें। घूँघट, न परदा। बहुत जने नहीं पहचाने उसे। घर आई तो सास मुँह फाड़े रह गईं।

आसाराम सिर ऊँचा करके खड़ा था।

गाँव में खबर फैल गई, लल्लन मेम बनकर आई है। मड़ैया के आगे से जो निकलता, एक नजर उसकी ओर जरूर देखता। औरतें राह-गैल में उसे रोककर बतियातीं। अपनी हारी-बीमारी तक बताने लगीं, जैसे वह डाकधरनी हो !

जिस तरह आई थी, उसी तरह रही। उसी पोशाक में, उसी अदा से, उसी इलम के साथ। बच्चा जनाने बुलाई जाती तो कायले वाली काकी की बहू उसका केसबक्सा उठाकर पीछे-पीछे चलती। परसूती (प्रसूति) वाले घर में वह मेमसाब की तरह व्यवहार करती, "पानी खौलाओ पतलेई में, खिड़की-दरवाजा खुला रखो। भीड़-मीड़ नहीं। टिटनस का इंगेसन लगवाया ? बैठकर बच्चा नहीं होगा, जच्चा को खटिया पर लिटा दो।"

लल्लन का हुक्म डाकधरनी का फरमान ! पुजारिन, मातौन, ऊँच-नीच जाति की सब जनी बाँदियों की तरह उसका हुकुम बजातीं। बच्चा होने के बाद वाले निर्देश ध्यान से सुनतीं—तेल मत लगाना बच्चा को। काजर-माजर भी नहीं, इनफेसन हो जाते हैं। लोई मत फेरना माथे पर, कोमल चमड़ी रहती है, चिर जाएगी। जच्चा-मच्चा के पास गोबर-मोबर न लाना। टिटनस बन जाएगी। ऊपर के दूध से ढारिया (डाइरिया), क्या कहते हैं कि दसत लग जाएँगे। जच्चा के लिए लडुआ-मडुआ भी मत बाँधना। कंटीपेसन (कांस्टीपेशन) का डर रहता है...कबज। और देखो, पोलिया (पोलियो) की बूँदें जरूरी पिवा लाना मोंठ जाकर।

लल्लन दाई नहीं, सचमुच डाकधरनी थी गाँव की। इसके अलावा हँस-हँसकर झगड़ती थी अपने किसानों से। लड़की के जन्म पर सोहर गाने से, नेग देने से जो लोग अनखाते थे, लल्लन उनसे नई चाल की बातें करती—फैमिली पिलानिंग का जमाना आ गया है। मोंड़ी-मोंड़ा में भेद नहीं माना जाता। सूधे दोसों इक्यावन। बढ़िया धोती-बिलोज। नाज-पानी फसल के ऊपर लूँगी और पूरी पपरिया-परब-त्यौहार।

सोहर गाकर बरार की पहली सोर उठाती—"जसोदा जी से हँस-हँस पूछत दाई/ नन्दरानी जी से हँस-हँस पूछत दाई/रातै तो मैं लली जनाय गई, लालन कहाँ से लाई/जसोदा जी से..."

क्या दिन थे ! दिया-लिया उसके आँचल में न समाता था। मड़ैया की जगह दो कोठे का घर बन जाए, ऐसी इच्छा थी लल्लन की। बसोर टोले की हवा बदल गई थी। अपनी जाति के चार घरों में बहू-बेटियाँ उसे सिट्टर-सिट्टर कहकर पुकारतीं। लल्लन का रुतबा क्या कहिए ! उसका मुलाहिजा क्या पूछिए ! गाँव के घरों में घूमने निकलती तो मोदिनें, मातौनें उसके लिए पौर में 'पिढ़ी' डाल देतीं। वह पी वी, परगनेंट, आरन, कैल्सम और बिटामन वाली अस्पताली बोली बोलती।

आसाराम की भी वेशभूषा बदल गई। वह सफेद कमीज, सफेद धोती पहनता। रंगीन पगड़ी बाँधकर ब्याह-कारज, परब-त्यौहार रमतूला बजाने जाता। कमली और हरिया भरपेट रोटी-साग तो क्या, गुड़, घी खाते। अम्मा के लिए खैनी-तम्बाकू आता। छिरिया गेहूँ चरती। लल्लन मोंठ की मेमसाब की तरह घड़ी-घड़ी चीनी की चाय पीती। वह चाय बनाने के लिए अलमूनियम की टोंटीदार केटली मोंठ के बाजार से लाई थी। काँच के चार गिलास।

वे बातें सपना हो गईं। मन में अवा-सा सुलगता है अब तो !

कहते हैं न, सुख के दिन लम्बे नहीं होते। लो, उन्हीं दिनों बिरादरी वालों के सिर पर कोई देव सवार हुआ था। आसाराम बौराने लगा। बसोरों ने जिद ठान ली। कैसी जिद ? अपनी रोजी को ही लील लेने की जिद ! बोले, हमारी जनीमानसें बच्चा जनाने घर-घर नहीं जाएँगी। नाल नहीं काटेंगी। बसोर की जाति है, तो क्या हम गन्दा काम करेंगे ? गन्दगी उठाने को पैदा हुए हैं ?

"अरे ! शहर में डाकधरनी नहीं जनाती बच्चा ? गन्दा काम करती है कि नहीं ?" गाँव के लोगों ने कहा।

"हाँ-हाँ, जनाती हैं बच्चा। हमारी औरतें जरूर जनाएँगी, मगर सिरकारी नौकरी मिल जाए तब। मोंठ की दाइयाँ दो-दो हजार पाती हैं, और हमारी औरतों को क्या मिलता है ? नाज-पानी के ऊपर खून-पानी में हाथ साने रहें ? नहीं जी, नहीं ! बामन-बनियाँ हो चाहे चमार-कोरी, हम किसी के दरबज्जे नरक उठाने के बदले अनाज उगाहने नहीं जाएँगे। भिखारी नहीं हैं।"

"वैसे भी जमाना बदल रहा है अब। हमारी जाति वालों की बात सबसे पहले सुनी जाएगी। हम सिरकार दरबार जाएँगे। नौकरी माँगेंगे, और मिलेगी..." बसोरों ने सुना दिया।

आसाराम ने लल्लन को नेठम रोक दिया, "बिरादरी से बाहर होकर रहोगी ? अपने इलम की कीमत तुम ही नहीं जानोगी तो दूसरा कौन कदर करेगा ? बसोरिन ही रह जाना।"

याद करती है लल्लन—साँची बामन तो आसाराम ही बना था। पीला रामनामी पिछौरा ओढ़ लिया। सिकंदरा के रैदास ढुलकिया से चार-छः निरगुन पद सीख लिए। फिर जो जहाँ खड़ा हो जाए, अपना ज्ञान-ध्यान बखाने, भासन-पिरबचन दे। अपने गाँव के आसपास ही नहीं, दूर-दूर तक भी जाने लगा। कायले से आगे के गाँवों में जाकर अलख जगाया कि हम नीच कौम के नहीं, छोटे नहीं, दीन-दलित नहीं, तो क्यों करें गंदा काम ?

ठीक बात है। नीच कौम होकर रहना भी किसे अच्छा लगता है ? छोटी जाति में जनम लेना करम का दोष है। लगभग सारे बसोरों ने आसाराम की बात पर अमल किया था। देखते ही देखते आसाराम भगत कहलाने लगा। बिरादरी के हित में लगा था। घर-द्वार छोड़, बाल-बच्चों की चिंता त्यागकर गाँव-गाँव डोल रहा था। सिकंदरा के पल्टू दाऊ जू तक उसके मुरीद हो गए।

वाह रे पल्टू दाऊ जू ! मति भिरम हो गया। तुम तो गुनी ज्ञानी ब्यौहारी आदमी थे। आसाराम के पाखंड में कैसे पड़ गए ? क्या पट्टेदारी तुम्हारे सिर चढ़कर बोलने लगी ? इस बात में अंदेसा नहीं कि दाऊ जू, तुम आगे न आते तो मंसा या गैर मंसा अनेक कंठों से आसाराम की बातों का समर्थन न होता। उस जिद पर मौहर तो ठुकी तुम्हारा ही मुख देखकर।

अम्मा की दशा देखी न जाती। वे हाय-हाय करती रह गईं, कि अब क्या हो ? दइया, बच्चा जनाना, न रमतूला बजाना। पेट कैसे भरे जाएँगे ?

फिर क्या था, गाँव-आनगाँव की बसोरिनें मोदिन, मातौन, पंडिताइनों की चाल चलने लगीं। रानी-महारानी बनी अपनी-अपनी मड़ैयों के पट-रंगपुरों में विराजने लगीं। नहाना-धोना, धुतिया निखार-निखारकर पहनना। महावर बेंदी करते रहना। मेहनतकश जनीमानसों को सोहता है साज-सिंगार करके दब-ढँककर बैठे रहना ? यही करते-करते अनाज बड़ा गया। यानी खतम। भूख जोर पकड़ने लगी।

सबसे पहले मड़ोरा के भदइयाँ ने नियम तोड़ डाला। उसकी जनी सबको अँगूठा दिखाकर डिलेवरी कराने चली गई। किसानों के यहाँ से नाज-पानी ले आई। जिसने सुना, वही बमका। बिरादरी में हाहाकार मच गया। सबके-सब भदई पर ऐसे टूटे, जैसे वह गाय मारकर कलंकी हो गया हो। दंड धरा गया एक हजार। उसने नहीं दिया। फिर पंचायत जुटी, और कच्ची-पक्की पाँत धर दी बेचारे के ऊपर।

कच्ची पाँत तो उसने कर दी, पर एक दिन आसाराम की घिची (गर्दन) पकड़कर मरोड़ डाली, "ससुर जू, रिजक छोड़ देंगे तो क्या तुम्हें चबाएँगे ? हमारे बाल-बच्चा भूखन मर रहे हैं। तुम्हें नेतई सूझ रही है !" कई घरों में ऐसा हुआ—कहीं चोरी-छुपे, तो कहीं उजागर।

आसाराम और पल्टू दाऊ जू ने दूसरी जुगत खोल ली। गाँव-गाँव डुग्गी पिटवा दी कि जो यह काम करेगा, उसके बाल-बच्चों का शादी-ब्याह बसोर लोग मंजूर नहीं करेंगे। किसी कीमत पर नहीं। फिराओ लड़का-लड़की कुँआरे।

इस फैसले ने असर किया। सचमुच लोग डर गए। बसोर बरारों के बेटा-बेटी आन बिरादरी तो ब्याहने से रही। आगे गैल कौन-सी है ?

आसाराम ने पल्टू दाऊ जू के साथ मिलकर पार्टी बना ली। मिटिंग-कमेटी जुड़े रोज की तरह। सलाह-मशवरा हों। दाइयों की अर्जी लेकर कभी ब्लॉक में जाएँ तो कभी अस्पताल में, कभी हेल्थ-विजटर सेन्टर पर। रोज आना, रोज जाना। खाली हाथ, भूखे पेट। क्या करें, किराया-भाड़ा लगाते-लगाते खीसा खाली हो गया, पाँव छिल गए।

सरकारी आदमी एक ही जवाब देते—दाइयों को ट्रेनिंग इसलिए दी गई थी कि वे प्रसूति के समय सफाई का ध्यान रखें। ग्रामीण औरतों के प्रसव के समय सफाई और प्राथमिक स्वास्थ्य-रक्षा का ध्यान रखें। गाँव में फैले अन्धविश्वासों को दूर करें। नई बातों से जच्चा को अवगत कराएँ, जो उसकी सेहत के लिए जरूरी है। नौकरी और वेतन से इसका क्या ताल्लुक ? दाई-किट उन्हें सुविधा और सफाई के लिए दी गई है।

इस किताबी भाषा का अर्थ समझती है लल्लन। आसाराम ही नादान...भूल गया कि मिडवाइफ सेन्टर, अस्पताल, ब्लॉक बिरादरी से चलाए नहीं चलते। वह नहीं समझा, प्यार से, न फटकार से—भाईबन्दी से, न दुत्कार से। उलटे बसोर बिरादरी को भड़का आया—हम हड़ताल करेंगे, जुलूस निकालेंगे। नारे बोलेंगे। अपना हक्क माँगेंगे। जागरूक हैं हम, ईंट से ईंट बजा देंगे। हमारी कौम की सुनवाई न हो, ऐसा हो नहीं सकता।

वाह रे आसाराम ! धन्य है री लल्लन ! रह-रहकर पछताती है वह। अपने करे का मलाल है उसे। कैसे भूल गई कि बिना काम करे कोई हक्क नहीं बनता ? क्यों आसाराम की डग पर ही डग धरती चली गई फिर ? अपने किसब के साथ बेईमानी क्यों बरती ? कलेजे में उमड़ती दया-माया भी सुखा डाली। वह खुद से ही हिसाब माँग रही है आज।...मास्टरजी की बहू माफ करेगी उसे ? बहू मछली-सी छटपटाती रही। मास्टरनी हाथ जोड़ती रही, हा-हा खाती रही, समझाती रही, "बेटी, जिन्दगानी से बड़ी नहीं होती कोई बिरादरी। तेरी बिरादरी से तेरे बदले की माफी मैं माँग लूँगी, भर पंचों में। तू चल तो सही। मोंठ के सेन्टर तक ले जाने की हालियत में नहीं है बहू।"

मगर लल्लन दाई बहरी हो गई। नहीं गई। क्यों जाए ? तालीम पाई हुई दाई ठहरी। हँसी-ठट्ठा नहीं। कमली को ब्याहना नहीं है ? कौन करेगा फिर सगाई-सम्बन्ध ? मास्टरनी तो कर नहीं लेगी अपने घर में।

मास्टर जी की बहू मछली-सी तड़पकर मर गई। हत्या तेरे सिर है लल्लन, तेरे सिर। उसकी मौत की जिम्मेदार तू ! बच्चे की कातिल तू !

कपूरे कक्का की पुतोहू। अधबीच फँसा बच्चा। निरबारना कोई मुश्किल नहीं था लल्लन दाई के लिए। मगर वह तो मोंठ झाँसी के दाइयों के बराबर की है—अनाज के दानों की एवज डिलेवरी करना उसकी शान के खिलाफ पड़ता है। वह नहीं गई। कपूरे कक्का की पुतोहू और नन्हे नाती के खून से रँगे हैं तेरे हाथ...लल्लन अपने ही हाथों को उलट-पलटकर देखती है—बिरादरी की लकीरें कहीं बनी हैं हथेलियों में ? इनमें तो अपने काम का ही अभ्यास भरा है, उँगलियाँ आज भी उसी तरह कसमसाती हैं, जैसे डिलेवरी के बखत...।

ओ मोरी महामाई, मोरी भैमाता ! छिमा करना ! काहे को याद आ रहा है एक-एक केस ? आँखों के आगे से क्यों गुजर रही है एक-एक डिलेवरी ? रह-रहकर क्यों कोंच रही हैं वे जच्चा जो अब इस दुनिया में...खून ही खून दिखाई दे रहा है...अब तो गाँव के लोग खुद भूल चुके हैं लल्लन को...उसकी ओर देखना छोड़ दिया है सबने। उसके घर की ओर जाने वाली गली में आता-जाता नहीं दिखता कोई। किसे दरकार है उसकी ?

किसी को नहीं, यह अच्छी तरह समझती है लल्लन। और फिर क्यों हो दरकार ? जिन्हें हम बड़ी कौम मानते हैं, उन्होंने तो खुद गुरेज नहीं किया हमारे किसब से। माते की बहू तो खुद टिरैनिंग ले आई है। घर-घर बच्चा जनाने जाती है। लेना-देना भी क्या होता होगा, सौ बीघा खेत के मालिक हैं माते। चमार की बिट्टी सीख आई है दाईगीरी और तेली की सरजू भी।

वह तो दूध में से मक्खी की तरह निकाल फेंकी। सोचते ही लल्लन काँपने लगी। भीतर से जैसे सत्त निचोड़ रहा हो कोई। पाँव उखड़ रहे हैं। कौन खींच रहा है सत्त ? कौन उखाड़ रहा है पाँव ? आसाराम...जो हवालात में कैद है। कमली की सगाई...जो हो नहीं पाई। छिरिया...जो बिकी नहीं। मिलाई के लिए भी नहीं जा पाएगी, गाँठ में किराया तक नहीं। अब भेंट नहीं होनी आसाराम ! रिहाई नहीं होनी...।

आँखों ही आँखों में रात काट दी। लाचार नजर से देखा, बूढ़ी अम्मा धरती पर लुढ़की पड़ी हैं। कमली रात-भर करवटें बदलती रही है। हरिया की कलाई में बकरी की रस्सी...फोआ-भरा बच्चा भूखे पेट।

लल्लन का बदन खोखला हो गया है। धरती पर दोनों हाथों के पंजों को टिकाकर मुश्किल से खड़ी हो पाई। मड़ैया के बाहर उझकने लगी—उजाला हो गया है। दिन उग रहा है, किरणें फूटने को हैं।

मगर यह कराह...

नहीं, उसका वहम है। बूढ़ी अम्मा को नहीं, उसको भी भरम होता रहता है। आदत कहाँ छूटी है ? आग लगे इन कानों को, इनमें पीरें लेती जच्चा की कराहट ही गूँजती रहती है ! सिर झटक दिया लल्लन ने।

"ओ मतारीऽऽऽ...ओ बाईऽऽऽ..."

हैंऽऽ ! कोई कराह रही है। पी-र है। दर्द। वहम नहीं है यह।

कहीं मोदी की बहू...नहीं, कहाँ मोदी की बहू ? हाँ, मोदी की बहू ही होगी। काछी की बहू कह तो रही थी कि लागत असाढ़...असाढ़, तो असाढ़ का महीना है ! यह लल्लन तो महीने-दिन भी भूल चुकी है।

लागत असाढ़। यकायक उसकी पाँचों इन्द्रियाँ जाग्रत् हो गईं। हाथ का अँगूठा चारों उँगलियों में बने गिनती के निशानों पर तेजी से चलने लगा— क्वार, कार्तिक, अगहन, पूस, माघ, फागुन, चैत, बैसाख, जेठ, असा...लागत असाढ़। एक साँस में गिन गई वह। माथा चकरी की तरह घूमने लगा।

कराहट निरन्तर बढ़ती जा रही है। लगातार—ओ मतारीऽ...ओ बाई...अब कोई शुबहा नहीं, सच्ची में मोदी की बहू है। पनचक्की की तरह धक्-धक् करने लगा लल्लन का कलेजा। बेचैन हो उठी सम्पूर्ण देह...

उसी समय मोदी की बहू जोर-से चीखी। देर तक चीखी। यह बड़ा दर्द है। बस, और एक-दो ऐसे ही दर्द, फिर बच्चा...

लल्लन सुध-बुध भूल गई। द्वार तक जाए, लौट जाए, फिर लौटे। क्या करे, क्या न करे ? वह मड़ैया में ही ऐसे खुरखुंद मचाने लगी ज्यों खूँटे से बँधी भूखी बकरी खूँटे के आसपास की जगह खूँद डालती है।

"ओ मतारीऽऽ...ईऽऽऽई..." मोदी की बहू।

इस बार लल्लन की देह में बिजली-सी कौंधी। पाँवों में आँधी-तूफान भर गया। वह बदहवास-सी भाग छूटी। नंगे पाँव भागती गई। भागती ही गई मोदी के द्वार तक।

गिरती-सँभलती मोदी के चौखट से जा लगी, बुरी तरफ हाँफ रही थी, लगा कि बस गिरने ही वाली है। जैसे-तैसे किवाड़ पकड़कर किसी तरह सध पाई। डरने-झिझकने का समय न था। सोचने-समझने का भी होश नहीं...औरतों के बीच से जगह बनाती हुई चलती चली गई, और लड़खड़ाकर मोदी की बहू के पास जा गिरी।

"एऽऽऽ ! एऽऽ!" वहाँ बैठी औरतें एक स्वर में चिल्ला उठीं।

"लल्लन।" पिढ़ी पर बैठी माते की बहू ने आश्चर्यपूर्वक टोका।

लल्लन झटपट सँभलकर बैठ गई और फुर्ती से जच्चा को अपनी बाँहों में भर लिया। बैठे ही बैठे माते की बहू की ओर गर्दन घुमाकर तेजी से साँस लेती हुई बोली, "दुलहिन, हमारे रहते तु...म..." आँखें भरी थीं। गला रुँध आया। लगा कि आज अपने ही हक की भीख माँग रही है, माफी चाह रही है वह...

उसी क्षण बच्चे ने जन्म लिया। नन्हे रुदन से आँगन भर गया। आऊँऽऽ, आऊँ ! लल्लन के कानों में अनहद नाद बजने लगा। मुख पर उल्लास गुलाल-सा बिखर गया। गन्दगी में सने नवजात शिशु को अपने साँवले हाथ में उठाए चमकती आँखों से विभोर-सी देखती रही, ज्यों अमोल सम्पदा समेट ली हो और अपनी गद्दी पर राजरानी की तरह बैठी हो ! उसने मन ही मन भैमाता का सुमिरन किया।

पहली सोर का गीत बरबस ही उमड़ आया कंठ में। छलक पड़ा होंठों से—"जसोदा जी से हँस-हँस पूछत दाई/नन्दरानी जी से..."

पगला गई है भागवती !

काम से उचटकर भागो की निगाह हवेली पर पड़ती है तो अपनी ही गली अनपहचान-सी मालूम होती है। रेत-भरी डगर पर दूधिया रोशनी की नदी बह निकली हो जैसे ! कौन कहेगा कि यह हवेली जर्जर होकर चरमरा रही है, या ढुरऊ बखरी फूट जाने के कारण इसकी पौर में भैंस बँधने लगी है ! आज की तो रंगत ही अलग है, जिज्जी के घर की।

जिज्जी भाई-बहनों में सबसे बड़ी सन्तान थीं और भागो सबसे छोटी। जिज्जी का ब्याह यहाँ महुआपुर में हुआ होगा माधोसिंह के साथ, पर भागो को अपने ब्याह की तो याद ही नहीं।

अपने गाँव की कोई झाँई-परछाईं भी मन में नहीं उतरती। एक दिन जिज्जी जोर से रो उठीं तो वह गिट्टे खेलते से भागी थी। जड़ मूरख-सी निरखती रही बहन को। पड़ोस की औरतें जिज्जी को चुपाने में लगी थीं, "काहे कों रोऊती ठकुरायन ? करम की हेटी हती अभागिन, सो कछू देखवो नहीं बदौ हतौ। इतेक लम्बी जिन्दगी, फिर अपनी जात-बिरादरी में दूसरे ब्याह की रसम-रीत..."

"आँसू काढ़ जनमजली ! आदमी नहीं रहौ और तें उजबक-सी हेर रही ?" किसी जनाने हाथ ने उसके सिर पर थप्पड़ दे मारा।

वह सारे दिन कोठे में छिपी बैठी रही। फिर समय के अन्तराल ने बता दिया कि वह विधवा हो गई। तब से आज तक उसका तन, उसका मन, सम्पूर्ण अस्तित्व विधवा है। होंस-उमंग, पहनना-ओढ़ना, सजना-सँवरना उसके लिए वर्जित है। औरतें उसे सगुन-सात-मंगल कार्यों से बचाती हैं। सुबह-सवेरे उसका किसी के आगे पड़ जाना अशुभ है। यह बात भागो जानती है। वह स्वयं भी देख-बचकर निकलती है। 'अठैन' कर देने से सामने वाले के साथ उसका अपना मन भी दुखी हो जाता है।

सदैव जी-जान लगाकर जिज्जी के काम करती रही। जीजा के हुकुम पर दौड़ती रही। आम-जामुन तोड़ते, बहनोतों को गोद खिलाते उमर उतरने को हो आई है अब तो।

आज शोभा देखने लायक है। लोग क्या जानते नहीं कि माधोसिंह की हवेली भले ही मिट्टी और ककरिया ईंटों से बनी हो, मगर पुरानी चाल की राजसी गरिमा से खड़ी है ? इन दिनों तो रंग-रोगन पुतवा दिया है, सो नई लकदक से जगर-मगर है।

जब से गाँव में बिजली आई है, शादी-ब्याहों की रंगत ही बदल गई है। पहले की तरह हंडा 'मूड़' पै धर के चलो तो कहीं बीच रास्ते में ही गुप-गुप करके बुझ जाए। दिखइया, सुनइया, दूल्हा, पालकी—सब वहीं-के-वहीं थिर।

भले ही 'करंट' सिंचाई के लिए न मिले, देर-सबेर मिले, पर ब्याह के समय तो कहकर रखना पड़ता है, किसी प्रकार 'औसर' की शोभा बनी रहे। ब्याह के खर्च में से ही सौ-पचास काढ़कर ऑपरेटर के हाथ पै धर दो, पंगत जिंवा दो, बस्स !

सजावट भी कम नहीं करवाई जीजा ने। आतिशबाजी चले न चले, यह रंग-बिरंगे लट्टुओं पर थिरकती चमकनी-फुरहरी किसी आतिशबाजी से कम है क्या ? चारों ओर अनार-से छूट रहे हैं—आँखों के सम्मुख बिखरते हुए चमकीले छींटे !

भागो की आँखें जगमगाने लगीं।

आज अनुसुइया होती तो देखती कि भाई के ब्याह पर उसका घर-द्वार कैसा...!

अनुसुइया का ध्यान आते ही भागो का मन बुझने लगा। कलेजे में हूक उमड़ आई। हाथ में पकड़ा हल्दी का बेला गिरने-गिरने को हो आया।

इतने में जिज्जी आ गईं, "भागो, तुम्हें दस जांगा देखि आए, रुआँसौ मों बनाएँ काहे बैठीं इतै ? कपड़ा-उन्ना बदल डारौ। ऐसी ही गत बनाए रहैगी पई-पाहुनों के आगें सिर्रिन ?"

जिज्जी को याद नहीं आ रही अनुसुइया ?

अब जिज्जी से क्या कहे कि उन्ना-कपड़ा देखें या कुटान-पिसान करवाएँ ? तुमने तो कह दई कि मठोले की जनीं कों टेर कें करा लो काम ! पर वो आबै तब न !

अब पहले की-सी बात रही है कहीं ? वह चमरौटा के गिनकर दस चक्कर लगा आई है तब कहीं जाकर...इतने में तो वह खुद ही फटक डालती गेहूँ। और आ गई, यही क्या कम है ? जिज्जी को सन्तोष हो गया।

अजब बहस बाँध रखी है—इन्हें बुलाने की जिद है और उन्हें पैज पड़ गई है न आने की। आपसी अहं की बात ही कहो। प्यार-प्रीत का बुलाना-चलाना हो तो आदमी सिर के बल चला आए। अब जीजा तौ अपनी ठकुराइस गाँठे फिरते हैं।

मठोले की जनी बुरी थोड़े ही है, बात करो तो रस-भी गगरी-सी छलकती है, सौ-सौ बेर पाँव पड़ती है। दुःख-तकलीफ में जान-प्रान से हाजिर। जो कुत्ता-कूकरा की तरह दुत्कारोगे तो फिर अपनी इज्जत-आबरू तो 'सबै' प्यारी है।

जिज्जी की बात पर वह खड़ी हो गई। अपनी हल्दी-मसाले लगी धोती को झाड़ा और ठीक से पटली बिठाने लगी।

कपड़े बदलने का मन था ही नहीं, फिर भी ट्रंक खोला। धोतियाँ उलटती-पुलटती रही, "जे तौ अनुसुइया ने पहरी थी केशकली की बरात के दिन। नई की नई धरी है। बस, एक बार ही पहरी। और जे ! जे स्यौरा-पहाड़ के मेला में पहर गई थी। जाने की नजर लगी कि मोंड़ी भट्टिन बुखार में तपत आई। जा सुपेद धुतिया...कैसी लगत हती पहर कें, मीरा बाई ! जोगिन ! बस, तनपुरिया हाथ में लेवे की देर हती !"

उसने ट्रंक बन्द कर दिया, देर तक वहीं धरती खरोंचती रही। क्या करे मनिख ? मन कुन्द हो तो पहनना, ओढ़ना रुचता है भला ? होंस-हुलस, सोंख-मौज सब मन के खेल ठहरे। उमंग-उछाह, सुख-दुःख, जवानी-बुढ़ापा मन के भीतर उठती सोच की लकीरें ही तो हैं। अनुकूल पड़े तो बूढ़े शरीर में भी पंख लगा दें और विपरीत पड़ें तो गद्दर जवानी भी रोगिनी-सी घिसटे।

आज के दिन होती न अनुसुइया, तो उर्र-फुर्र उड़ी फिरती। अब तक तो गाँव के दस चक्कर मार आती। मठोले की जनी तो क्या, पूरे चमरौटा और कछियाने कों बुला लाती। अपने नरेश भइया की ब्याह की होंस में 'बिला-पपरिया' बाँट आती। भाभी के रूप-सरूप की गाथा कहती डोलती।

कितनी बार तो उसी से झगड़ लेती कि अम्मा, नाइन बुलाओ, उबटन लगवाकर नहाना है। मेहँदी-बिन्दी का सवाल अलग। फिर चुरेलिन बुलाओ, चूड़ियाँ पहननी हैं। दर्जी काका की देहरी खूँद आती दसियों बार। चोली-घाघरे में बीसियों खोट निकालकर रख देती—यहाँ से ऊँचा, वहाँ से छोटा ! कद की लम्बी थी सो चार की जगह पाँच गज कपड़ा लगता था घाघरे में।

जब तक ठीक न होता, बड़बड़ाती रहती, "फिटन ठीक नहीं है अम्मा !"

भागो के समक्ष इस बेवक्त अनचाहे चित्र क्यों उभरने लगे ? ये यादें क्या इस विवाह की बेला में उमड़ने को थीं ?

अनुसुइया पैदा हुई थी जिज्जी की पाँचवीं सन्तान। पहले चार लड़के थे। वह सतमासी जनम पड़ी—रोई, न कुलबुलाई। महतरानी ने बड़ी निश्चिन्तता से एक कोने में तसले समेत धर दी, "मोड़ी जनमी है, मरी भई ! द्वारे खबर कर दो।"

"चल, अच्छी..." न जाने किसका जनाना स्वर था।

भागो तसले के पास जा बैठी। नवजात शिशु पर निगाहें अटकाए देर तक देखती रही। लगा कि साँस चल रही है। चिड़िया के हाल भए बच्चे की-सी कमजोर नन्ही गर्दन के ठीक पास आँखें गड़ा दीं—लगा कि अंडी-भर जगह में हरकत हो रही है—ऊपर-नीचे गिरती—धुक्, धुक् !

भागो उछल पड़ी। दौड़कर जिज्जी की खटिया के पास आ गई, "जिज्जी, ओ जिज्जी ! मरी नहीं है बिटिया ! तेरौ कौल, जिन्दी है ! फिंकवा न दिओ।"

जननी ने बहन की आवाज पर आँखें खोलीं और उदास हो गई, मानो बेटी खत्म हो जाने से मिली विश्रान्ति में किसी ने खलल डाला हो !

"अब भागो, तैं ही पाल, लै जा मोंड़ी को।" दाई ने कठोरता से कहकर बित्ते-भर की कमजोर काया को उसकी गोद में डाल दिया।

भागो क्या जाने, उसे तो बिटिया सपने में सोचा हुआ वरदान लगी। बाँहों में सहेज लीं। रुई के फाए को गुड़ के घोल में डुबो-डुबोकर बच्ची को चटाती रही। उसके बाद बकरी का दूध, गाय का दूध...माँ की रिक्तता को पाटने का सामर्थ्य-भर उपक्रम करती रही। बच्ची जब कभी गाय-बकरी के दूध से बीमार होने लगती तो भागो जिज्जी से विनती

करती, ''जिज्जी, पिवा दो दूध ! हाँ...हाँ, जिज्जी ! बिटिया भूख से तलफ रही। पिवा दो तनक...''

भागो को गीता के मन्त्रों का ज्ञान भले न हो, साधना-उपासना का मरम उसकी भदेस बुद्धि से बाहर की चीज है; और न उसे रामायण की चौपाइयाँ ही याद हैं, लेकिन उसने सती अनुसुइया, सावित्री, नल-दमयन्ती और मदालसा की कथाएँ सुनी हैं। आख्यानों में अटूट श्रद्धा है, इसी कारण वह बिना नागा मन्दिर जाती है।

'अनुसुइया' नाम उसे बहुत भाया। बिटिया का नाम अनुसुइया रख दिया।

अप्रसूता कोख में ममता का अथाह सागर लहराने लगा। जीवन की एकांगी छाया में वह अनुसुइया को समेटकर कुनबा-कुटुम्ब वाली हो गई। एक जीव से सारा संसार ऐसा भरा-पूरा ! भागो को लगता कि उँगली पकड़कर बिटिया उसे अलौकिक ब्रह्मांड में उतार लाई है।

और दिन, महीने, साल सरकते-सरकते अनुसुइया नाजुक बेल-सी बढ़ने लगी। फूलों-सी महकने लगी। वह सराबोर हुई बेटी पर निछावर हुई जाती। वही क्या, पूरा मोहल्ला, गाँव गमकता, जैसे कच्चे आम फलने की ऋतु आ गई हो ! गोरी कचनार-सी बेटी के लम्बे बाल देखकर ठकुराइन सिहा उठतीं :

''भागो तें जानत हती कै ऐसी सुगढ़ निकरहैं मोंड़ी।''

''नजर न लगइओ जिज्जी ! तुम्हारी आँखन में नौन राई !''

घर में भागो के वैधव्य की चर्चा होती, अनुसुइया की जन्म-कथा कही जाती, मगर अनुसुइया सबसे निष्प्रभाव हुई बेटी बनकर उसी की गोद में पड़ी रही।

''मौसी, ओ मौसी ! आटे, बेसन-मसालों में ही लिपटी बैठी रहोगी या...क्यों पागल हुई इन सबमें, समय नष्ट कर रही हो ?'' नरेश हँसता है।

भागो की तन्द्रा टूटी। अरे वह तो यहीं बैठी रह गई !

''मौसी, पहले कहतीं तो तुम्हें इतना काम न करना पड़ता। शहर से थैलियों में बन्द आटा, पैकटों में बन्द मसाले-बेसन, सब आ जाता। तुम्हारे सारे झंझट खत्म।''

अब नरेश को कौन समझाए कि भइया, पाँच गाँव का न्योता है। दोपहर से आधी रात तक बीसियों पंगत बिठानी पड़ेंगी। तुम्हारे थैली-पैकेट कितनी देर चलेंगे यहाँ ?

ब्याह-कारज ही द्वारे पर लोग मुँह जुठराते हैं। वैसे कौन आता है किसी के घर खाने के लिए ! सब अपनी नोंन-रोटी पर हिम्मत रखते हैं।

''नरेस, तुमारी दुल्हन आबै तो खरीदबा दिओ जे अटाँक-छटाँक भरे मसाले के पैकट और सेर-आधे सेर की थैली चून की। भइया, भागो की जिन्दगानी तौ जई काम के सहारे गुजरी है।''

नरेश का ब्याह क्या, बस दावत समझो। ब्याह तो कहता है कि 'कोरट-कचैरी' में हो गया। वह तो बड़े असमंजस में पड़ी है कि यह लड़का बरात लेकर किसके दरवाजे

गया होगा ? टीका किसने किया होगा ? पाँव-पखराई कैसे हुई होगी और कलेऊ में नेग के लिए किससे झगड़ा होगा—वकील, जज्जों से ?

पर जीजा कहते हैं कि नरेश का ब्याह हो गया। शहर के ब्याह ऐसे ही होते हैं—कागज पर दस्तखत करके। जिज्जी भी कैसी हैं जो अन्धी की तरह जीजा की बात मान गईं।

तिरवेनियाँ तो ऐन जिज्जी के सामने बता रही थी कि वह अपने डॉक्टर देवर के यहाँ ब्याह में शहर गई थी। कहती थी कि ऐसा रौनकदार ब्याह तो उसने अपनी जिन्दगी में नहीं देखा, बेंड वाले खुद्द ऐसे सजे कि उनके सामने दूल्हा फीका लगने लगा।

उसने तो ऐसा खाना कभी नहीं खाया। गिनने पर आई तो गिनती नहीं कर सकी—छप्पन भोगों से भी ज्यादा रही होंगी खाने की चीजें। फिर जितनी मरजी हो, उतनी लो। यहाँ की तरह नहीं कि लड्डू वाला एक बार पंगत के सामने फिर गया सो फिर गया। फिर बीस टेर मारते रहो, मजाल है कि दरसन दे जाए। पर शहर के लोग खाते ही कितना हैं ? बस, चिरइया की तरह एक-दो चोंच !

फिर जीजा और नरेश कहते हैं कि शहर के ब्याह कोरट में...।

खैर, अब ब्याह वहाँ हुआ है, तो हुआ है। कौन जिरह करे ! पर जीजा ने तो पंडित के सामने, अगिनि के समक्ष उसके फेरे डालने की जरूरत ही नहीं समझी। जिज्जी इस बात पर खूब झगड़ी थीं कि अब गाँद में वे क्या मुँह दिखाएँगी ? कुनबा-खानदान, पुरा-पड़ोस के बुलउआ-चलउआ तो उन्हें ही निभाने पड़ते हैं, सभी के उत्तर उन्हें ही देने पड़ेंगे। अब माधोसिंह की मूँछ पकड़कर तो कोई पूछेगा नहीं।

जिज्जी ने बहुत रार मचाई तो जीजा ने फटकार डाली—"मूरख हो तुम ! बखत के संग बदलबौ सीखो। नहीं तो कल्ल के दिना लड़का बुढ़ापै पै ठोकर मार जैहै। अकेलीं बैठी बिसूरत रहियो।"

"हओ, अब तुम्हें जरूल बँहगी में बैठार कें तीरथ करा ले आहै।"

"न करायै तीरथ, न बैठारै बँहगी। इज्जत-आबरू तौ राखि है ! माधोसिंह के खानदान की सान-सौकत और बंस-बेल तो जई से रैहै। अपनी हठ पकरें रहें, दुसमनाई बाँध लें ! जा कहाँ की अक्लमंदी भई ?"

भागो ने सब सुना। बड़ी अकल है जीजा में !

"भागो, ओ भागो ! अरी बाहर सिरकारी अहलकार आ गए, नाते-रिश्तेदार जुर गए, और तें इतै कोठा में जा बैठी। का करई इतै ? सरबत पहुँचवा दो बाहर।"

जिज्जी की आवाज पर जैसे वह सोते से जागी हो। बाल्टी और स्टील का जग उठा लाई। यंत्रवत् शरबत घोलने लगी।

भागो ने उझककर देखा—बाहर की बैठक में बहू सज रही है। जीजा ने खास प्रबन्ध किया है। कह रहे थे कि शहर की बेटी है, कुछ दुःख-तकलीफ न हो।

सजाने वाली भी बहू के संग शहर से आई है। बहू साड़ी-कपड़ा, सिंगार-पटार अपने संग लाई है। गहने जिज्जी ने दिए हैं। जिज्जी खड़ी-खड़ी बता तो रही हैं कि दस्ताने का पेच कैसे लगेगा, बेल-चूड़ी कैसे पहनी जाएँगी और तिदाना गले से चिपकाकर पहना जाता है। कर्धनी की कील आधे ठप्पे से जुड़ेगी।

बहू उत्फुल्ल है। वह गाँव के गहनों को कैसे निरख रही है—हाथ में उछाल-उछालकर तोल रही है—"ओ गॉड, सो हैवी ! ऐसे भारी ! मेरी तो कलाई ही मुड़ जाएगी। पाँव छिल जाएँगे।"

माधो जीजा सुनहरी अचकन और चूड़ीदार पजामा पहने भीतर आए। कनखी से बहू के कमरे की ओर झाँक गए। निछावर हुए जाते हैं। होंठों में असीसें भरी हैं। कितने खुश हैं जीजा !

जिज्जी से कहते हुए निकल गए हैं, "देख लो, अब कोई जा नहीं कह सकता कि माधोसिंह के बेटे ने ब्याह की बावत बाप से विरोध काहे करौ। सब के मों बन्द हो जैहें। चन्दा की उजियारी लैकें आऔ है नरेस। पूरनमासी के चन्दरमा-सी खूबसूरत ! गाँव-भर में है कनेऊ बहू ऐसी ? अरे अब का बच्चा थोड़े ही है, बड़ौ है, समझदार। बई की हाँ में हाँ मिलावे में भलाई है। असहमति जता कें का कर लेते ? वा की बला से ! बैठे रहते अपने घर।"

पर आज भागो को क्या हुआ ? ऐसे असमय, अनुसुइया की सुधियों से कलेजा भर आया ! दइया, कोई कटार-सी चलती है आतमा में। जिज्जी भी क्या कहेंगी, जनमजली सगुन-सात बेटे-बहू को देखकर सिहा नहीं रही। मनहूस सूरत बनाए डोल रही है।

उसने धोती के छोर से आँखें पोंछ डालीं। जिज्जी भूल गईं अनुसुइया को ? कुछ भी सही, कोख से जनी तो उन्होंने ही थी ! पली तो उनके ही आँगन में...! शायद पति के डर से मुख भींचें हों। जीजा के सामने कौन ले सकता है अनुसुइया का नाम ? कच्चा चबा जाएँगे।

द्वार की धजा बदल चुकी है—शामियाने में वर-वधू के लिए दो महाराजा कुर्सियाँ लाल मखमल से जड़ी हुईं, सुनहरी हत्थों वाली, सिंहासन की तरह डाल दी गईं। सामने कतारबद्ध कुर्सियाँ-ही-कुर्सियाँ। बगल वाले शामियाने में खाने का प्रबन्ध होगा। डोंगा-प्लेटों का असबाब। विभिन्न मसालों की उठती महक से गाँव गमक उठा।

लोग चकित थे, "देखो ठाकुर का दिल। बेटे की राजी में राजी ! जी खोलकर खर्च किया है। कचहरी-कोरट के ब्याह में फूटी पाई भी दहेज नहीं ! अपने घर से लुटाकर ही तमाशा देख रहे हैं। माधों ठाकुर ने बाप-दादों की बात रखी है सदा। भले ही जमींदारी टूट गई, पर मजाल है कि नाक पर मक्खी बैठने दी हो !"

पंडाल भर गया। दूल्हा-दुल्हन आ बैठे। औरतों के खड़े झुंड में घूँघटों के बीच वार्त्तालाप चल रहा था—"सिया जू लग रही है बहू ! गुलाबी घाघरा-चुनरी में दूध-सी गोरी बहू ! गहने कैसे खिल रहे हैं ! सच्ची, सिया-राम जी की जोड़ी लग रही है।"

"लरका ने खुद्द परसन्द करी।"

रिश्तेदार, सगे-सम्बन्धी ऊँची स्टेज पर चढ़कर रुपया-पैसा उपहार दे आए। अपनी-अपनी औकात के हिसाब से और वर-वधू के साथ फोटू खिंचा आए। उसी सब की विषद चर्चा में लगे थे।

अन्त में माता-पिता की बारी थी।

पंडित जी की आवाज गूँजी, "माधो ठाकुर साहब, आशीर्वाद दो। बुला लो जनानखाने से भी। लड़का-बहू को असीसें।"

जिज्जी को भागो का ध्यान हो आया। घूँघट की ओट से इधर-उधर निगाह दौड़ाई। ऐसे समय में भी न जाने कहाँ काम में हिलगी होगी ! संग चलती, बा के का बेटा-बहू नहीं हैं ? हमारे सो वाके ! और है ही कौन, बिचारी कौ।"

जिज्जी को दिखी, दूर कोने में खड़ी, गम्भीर मुद्रा बनाए किसी पाहुने से बातों में उलझ रही थी।

"ओ भौजाई, भागो को भेजियो जल्दी, वो ठाड़ी।" जिज्जी कहती हुई रेशमी चादर सँभालती पति के पीछे चली गईं।

स्टेज पर पहुँचकर ठाकुर ने दोनों हाथ बेटा-बहू के शीशों पर रख दिए।

फोटोग्राफर दौड़ा, "ठाकुर साहब, ऐसे ही, ऐसे ही खड़े रहो।"

क्लिक-क्लिक कैमरा चलने लगा कि ठीक उसी समय निशाना बाँधा हुआ नुकीला पत्थर, विष-बुझे वाणों की तरह नुकीले और धारदार ! पत्थर-ही-पत्थर !

अचूक संधान...जैसे कोई बन्दूक से गोली दाग रहा हो। नाक और चेहरे के कटावों से रक्त की तेज धारें छूटने लगीं। खानदानी शेरवानी रँगकर लाल हो गई।

आसपास के लोग भी घायल हो रहे थे। भगदड़ मच गई। कोलाहल के बीच ठाकुर अचेत होकर लुढ़क चुके थे। ठकुराइन विलाप करने लगीं।

अपने को बचाते तथा प्रक्षेपण की दिशा को अनुमानते हुए लोग उसी ओर दौड़ने लगे। गली-मोहल्ला, घर-बखरी सब छान लिए, कोना-कोना खोजा। पर कोई नहीं...

अन्त में लाला की रोड़ी-पत्थर से भरी छत से जो पकड़कर लाई गई, उसे देखते ही जिज्जी को गश आने लगा, "भागोऽऽ...!!!"

भागो चीखती चली आ रही थी, विक्षिप्तों की तरह, "ओ अधरमी ! अन्यायी ! ठाकुर माधों ! आज बेटा-बहू के स्वागत में मरे जा रहे हो तुम ? खुसी में असपेर भर के गाँव जिंवा रहे !

"आज आँखें मूँद लईं ? बेटा की गलती दिखाई नहीं दई तुम्हें ? याद करौ माधों...जे ही गलती तौ मेरी अनुसुइया ने करी थी...बस जे ही ! राच्छस...जे ही।

"तैने जो सराबी-जुआरी ढूँढ़ों हतो सो बा ने पसन्द नहीं करौ। मास्टर जी से प्रीत हती...हमें बताई हमारी बिटिया ने ! भगवान के अगाई मन्दिर में ब्याह करौ हतो और फिर गरभ...

"मास्टर आन-बिरादरी हतो सो का ? भलौ मानस हतो। और जा बहू...जा की

तुम आरती उतार रहे...जा कौन-सी असल ठाकुर की जाई है, जा तैं हिन्दू तक नइयाँ ! और चार महिना गरभ...! माधों, फिर आज दै दै बेटा कों जहर...जैसे मेरी अनुसुइया कों...!"

वह चीखते-चीखते धरती पर लुढ़क पड़ी। मगर खींचने वाले खिचेड़ते रहे...दूर तक।

बाकी लोग अवाक् ! अवसन्न ! एक-दूसरे को उलझी हुई प्रश्नवाचक निगाहों से घूरते हुए...।

धीरे-धीरे फुसफुसाहटें उभरने लगीं। उन सारी आवाजों के ऊपर रोदन में लिपटा हुआ ठकुराइन का स्वर तैरने लगा, "भागो सिर्रिन हो गई..."

छाँह

मेरे गाँव के जमींदार रहे हैं ददुआ। रियासतों का जमाना देखा है। शीशेदार झूल से सजे ऊँट पर बैठकर चला करते थे कभी।

भव्य तेजस्वी व्यक्तित्व के स्वामी, दूधिया गौर वर्ण। बड़ी-बड़ी काली मूँछें। झक्क सफेद लिबास पर लहरियादार पगड़ी। वैश्य होकर भी क्षत्रियों की-सी आन-बान। वैसी ही गरिमा। जिधर निकलते, लोग राह छोड़कर अलग खड़े, निरखते रह जाते। पूरे पाँच गाँवों की जमींदारी थी।

ऐसा तुर्रेदार रूप-स्वरूप, पर मन नारियल की गिरी-सा कोमल। जल्लादी जमींदारों की पाँत से अलग। गरीब किसानों के लगान को माफी देते-देते अंग्रेजी सरकार के कोप-भाजन बनते रहे। आसपास उपहास होता, "संत हो जाओ विश्वनाथ, राजपाट चलाना तुम्हारे बस का नहीं।"

जमींदारी टूट गई। छाती से लोहे के कवच की जकड़ हटी। ददुआ ऐसे मुक्त हुए, जैसे आकाशचारी खग धरती पर विचरते पंछियों में जा मिला हो ! गाँव पुरवा में हिल-मिल गए। घर-परिवार की तरेरी हुई निगाह से निष्प्रभाव ! अपने नाम चढ़ी जमीन के काश्तकार हो गए।

उम्र का मोड़ मुड़ चुके हैं ददुआ। वृद्धावस्था की परछाईं तेजी से तरुणाई की धूप को ढँकती चली आ रही है।

कुटुम्बियों ने जितनी बार पत्र डाला, बड़े-छोटे दोनों ही भागते चले आए हैं। अब खानदानी भी क्या करें, ददुआ के करतबों से तंग हो चुके हैं। हारकर उनके पुत्रों को ही लिखना पड़ता है कि आकर पिता को समझा जाओ या साथ ले जाओ। जब से रेशम मरी है, ददुआ पगला गए हैं। पत्नी के मरने पर फिर भी सँभले रहे, किन्तु बेटी की मौत के बाद तो...गाँव वासी चकित हैं, ददुआ ने उचित-अनुचित, नियम-कायदे ताक पर धर दिए ! बतासो सक्किन के घर में घर, चौके में चौका मिला दिया। वही कर रही हैं रोटी-पानी, टहल-चाकरी।

चिट्ठी मिलते ही चन्द्रभान भागता-भागता आया था। पिता को धिक्कारने लगा, "कोई बात हुई यह भी ! बच्चे हो क्या ? बनियाँ की जात और बसेरा बतासो के घर !

ठाकुर-जाट, लोधी-अहीर कोई नहीं मिला ? पल्ले घर वाले भी क्या करें ? खानदानी जो ठहरे, नाक तो उन्हीं की कटती है न ! मगर तुम तो सठिया नहीं, बौरा गए हो।''

ददुआ का मुख खुला रह गया। निरीह भाव से पुत्र को देखने लगे। वे तो समझ रहे थे कि चन्द्रभान उनकी कुशल बात पूछने आया है। उन्होंने भी तो पत्र लिखवाया था।

मगर पुत्र की बातें तो विपरीत हवा में बह रही हैं, ''तुम मानते क्यों नहीं ? क्यों हमें हर बार परेशान करवाते हो ? किराया-भाड़ा खर्च करके, अपना काम छोड़कर आना पड़ता है हमें !''

ददुआ के माथे पर झुर्रियाँ गहरा गईं। कोटरों में चमकती पुतलियाँ कठोर हो उठीं। हलक की कड़वाहट पीते हुए बोले, ''काहे को परेशान होंत हौ भइया ? मेरे कारन तुम मत आऔ करौ।''

''गाँव में रहने का इतना ही शौक है तो अपने भरोसे रहो ! मुसल्ले सक्कों की थाली तो मत चाटते फिरो।''

''अरे, व्यर्थ ही दकदका रहा है।'' ददुआ को इतनी तीक्ष्ण भाषा की उम्मीद नहीं थी, वे तिलमिला उठे, ''तुम पढ़े-लिखे है के ऐसी बात कर रहे हो ? लल्लू, विरथा है तुमारी सिच्छा ! सहर में ऐसी छुआछूत है का ?''

''तो फिर रहो शहर में ! हमारे संग रहते तो तुम्हें बिच्छू लगते हैं। उस कटल्लिया को छोड़कर जाओगे कैसे ?''

ददुआ की आँखों में चिनगारियाँ उतर आईं। गले की नसें ऐंठने लगीं। हुक्का एक ओर को सरकाते हुए खाट पर सँभलकर बैठ गए, ''रह कें खूब देख आए हैं ! रहे नाँय का तुमारे घर ? अपनी अकेले की तौ भोगिलें लाला ! पर हमारे संग में वेदू है, अवस जीउ ! बहुएँ नौकर की तरह खटाएँ, दुभाँत करें तौ तुम देखि सकत हौ, हमारे बस की नाँय भइया। जा फोआ-भरे बालक पै गठरियन कपड़ा धुववावति हैं तुम्हारी बहू ! पढ़िवे नाँय जान देत ! सगरे दिन काम ! फहरबे फटे-पुराने उतारन और अबेर-सबेर भूख लगै तौ हजार बातें ! तुम रह सकत हौ ऐसें काऊ के घर ?''

चन्द्रभान पिता को देखता रहा। फिर जूतों के तसमे बाँधकर मूढ़े से उठ खड़ा हुआ, ''अब देख लो तुम ! बार-बार भागना हमारे बस का नहीं। गाँव में रहना है तो यहीं की तरह रहो। न हमारी आँखें नीची कराओ, न खानदान की नाक...''

''को ससुर बुलाए रहयौ है तुम्हें ? मेरे कारन इज्जित घट रही है तौ रहौ अपने घर।''

तकरार सुनकर गाँव के बड़े-बुजुर्ग जुड़ आए, और भी कुछ दाने-सयाने। बाप्-बेटे की तू-तड़ाक को निबटाने लगे, ''बाबरे है गए हौ विश्वनाथ ! इतनौ लायक बेटा और तुम गारी-गरौज पै उतरि आए। चन्दरभान, तुम ही चुप्प है जाऔ लल्लू ! गम खाऔ, बीमारी में दिमाक चिड़चिड़ौ है गयौ है इनकौ।''

चन्द्रभान ओसारे से बाहर चला गया। ददुआ मन में उठते ज्वार को दबाए बैठे रहे।

मगर खिसियानपट झुर्रियों में गहराने लगा, "किसके भरोसे रहते हैं वे ? किसी का आसरा लिया है कभी ? सदा अपने बलबूते ही तो रहे हैं। उन्होंने किसी से आशा नहीं बाँधी। रेशम के ब्याह को इतने दिन हो गए, तब से आज तलक अपने आप ही बनाते-खाते रहे हैं। हारी-बीमारी बासन-भाँड़े नहीं धो सके तो कुम्हार के यहाँ से कुल्हड़-भोलुए मँगा लिए। चाय, दूध भी नहीं जुटा तो एक लोटा पानी पीकर सो रहे।"

शहर कसबा तो है नहीं, जो होटल-ढाबे चलते हों। गाँव की बात ठहरी। बहन-भानिज भी कहाँ तक आती रहें ? उनकी अपनी-अपनी गृहस्थी है ! कौन फालतू बैठा है, उनकी घरदारी के लिए ! विधवा लोंगश्री से रोटी बनाने की बात कह बैठे तो उसका भतीजा सीधा पड़ गया, "ददुआ, अपनेन पै तो कछू बस नाँय तुम्हारौ ! हमारी बुआ राँड-विधवा है तौ का तुम्हारा चूल्हा-चौका करैगी ? कम खाए लिंगे पर..."

जैसे-तैसे हरप्रसाद नाई तैयार हुआ, "ददुआ चूल्हे पै मेरे बसकी नाँय, स्टोप पै परामटे बनाए दियौ करूँगौ।"

पर कहाँ, एक-डेढ़ महीने भी नहीं कर पाया कि पड़ोस के काशी का लड़का उसे अपने साथ शहर ले गया। वहाँ वह उनके घर का काम करेगा और सरकारी नौकरी भी रहेगी। उसे रोकने का क्या उपाय था ददुआ के पास ?

अकेले होते तो आज भी ऐसा कुछ कठिन नहीं था, पहली तरह चलता रहता। पर क्या करें, विवश हैं, वेदू साथ बँधा है। अबोध बालक को भूखे भी तो नहीं सुला सकते। स्वयं तो वक्त-बेवक्त चना-चबैना, खिचड़ी, दलिया खाकर चार-छः दिन काट लेते थे, मगर उसे बहलाना कठिन है। रोटी की जिद कर बैठता है। अब रोज-रोज थाली में आटा धरे किसके दरवाजे जाएँ ?

रेशम नहीं रही, बस तभी से उनकी जान से गृहस्थ जुड़ गया है। अपनी औलाद और गृह-माया से जैसे-तैसे छूटे थे। पत्नी की मृत्यु के बाद कच्ची किलवाड़ को ठिकाने लगाना क्या आसान था ? मगर तब उन्हें आसरा था। बेटी ढहती गृहस्थी की बैसाखी बन बैठी। रेशम बड़े भाइयों की माँ बन गई, वैसी ही सेवा, उसी तरह की चिन्ता-फिकर।

ददुआ अचम्भित रह जाते, बारह-तेरह साल की रेशम कैसी सद्गृहस्थिन बन बैठी। चूल्हा-चौका सहेज लिया। दूध-बूँद सँभालती ! वे प्रौढ़ पुरुष होकर भी टूटते-बिखरते रहे। कभी संन्यासी होने की बात सोचकर हरिद्वार चल देते तो कभी वृन्दावन में हफ्ता काट आते।

रेशम के सहारे ही तो उठ खड़े हुए।

धीरे-धीरे बेटे नौकरी-चाकरी के चलते शहर के वाशिंदा हो गए और रेशम ब्याहकर ससुराल चली गई।

जब से वह नहीं रही, ददुआ फिर टुकड़ों-टुकड़ों में बिखर गए। सिर के सूत-से बालों पर हाथ फेरते, भीतर उठती हिलोर पर काबू नहीं रख सके। घनी धुंध फैल गई आँखों में।

उस समय वेदू के विषय में ही सोचकर घुलते रहते थे, दामाद तो खुद ही भारी

दमे के रोगी ! ऊपर से नन्ही-सी जान का पालन-पोषण। मन नहीं माना, देखने जा पहुँचे। जैसा सोचा था उससे भी बुरी हालत ! साँसों की हँफियाती धौंकनी से लस्त-पस्त मुट्ठी-भर हड्डियों का ढाँचा जामाता और मैले चीकट कपड़ों में रें-रें करता डोलता वेदू। अपने आप को नहीं रोक पाए ददुआ, "तुम्हारे बस कौ नाए कुँवरजी, जा बालक कौ लालन-पालन !" और उठा लाए दो साल के वेदू को।

समवयस्कों ने बहुतेरा समझाया कि विश्वनाथ, आगे बुढ़ापा-ही-बुढ़ापा है, कैसे पालोगे ? अपनी रोटी का तो ठौर-ठिकाना नहीं, ऊपर से यह जिम्मेदारी ! ऐसा करो, बहुओं से पूछ देखो। सम्भव है, दोनों में से कोई राजी हो जाए। अपने बाल-बच्चों के साथ इसके दो निवाले उनके लिए क्या कठिन हैं !

उन्होंने कुछ दिन देखा कि कोई कहे, "पिताजी, वेदू को यहाँ भेज दो, इन बच्चों के साथ खाता-खेलता रहेगा !"

चन्द्रभान और सूरज अपनी पत्नियों के साथ गाँव आए, तब भी उन्होंने इसी आकांक्षा से कई बार वेदू की बात उठाई, मगर सब व्यर्थ रहा। खुद पछताते रहे, अपने ऊपर झल्लाहट भी कम नहीं हुई, क्यों लगाते हैं किसी से आशा ? बच्चे को लाए हैं तो अपने बलबूते ! बहुओं ने आढ़ में सुना तो दिया, "अपनी रोटियों के तो लाले हैं मगर हेज प्रीत फटी पड़ती है।"

मन में उमेठ और कड़ी पड़ गई, क्या शौक में लाए हैं ? विवशता क्यों नहीं समझता कोई ? अनाथ की तरह भटकने दें बच्चे को ?

कुटुम्बियों के तो क्या कहने ! अब तो रोज चिट्ठी डलवा रहे हैं, मगर जब पड़ोस में राधेश्याम के घर में रोटी बन जाती थी तब नहीं देखी गई। बड़ी भाभी बूढ़ी तो हो गईं, मगर घर-घर कहती डोलीं, "हथेली पै चून लैकें डोल रहे हैं, पर बेटा-बहुओं के संग नाँय निभत ! काऊ के हैंकैं रहें तब न ! बतासो ऐ छोड़ कें कैसे जाँए ? मन नाँय लगत कहूँ ! रात-दिन खाट से लगी बैठी रहत है !"

उन्हें अचरज होता है और गहरी पीर भी। उमर नहीं देखते लोग ! कहाँ बे और कहाँ बतासो, उनकी बेटी की उम्र की।

या फिर बेटे-बहुओं के दुर्व्यवहार की कथा पूरे मोहल्ले में बखानते फिरें ? ऐसी ओछी बात ! उनका हलक कड़वा गया। किसी के मरम की पीर जानेगा भी कैसे ? बतासो से उनका ऐसा लगाव, इतनी निकटता आज की तो नहीं...कई बरस पीछे मुड़ पड़े विश्वनाथ :

अलीगढ़ ही तो जा रहे थे उस दिन। बतासो और सन्नू रास्ते में मिल गए। भोर का समय। उदय होते सूरज की तनिक तीखी-सी धूप। मूँज की लम्बी कटखनी पत्तियों से आच्छादित, दगड़े में पति-पत्नी चले जा रहे थे। उन्होंने विघ्न नहीं डालना चाहा।

बतासो ने पैछर पहचान ली। वसन्ती धोती की लाज ओढ़ ली। हाथ-भर लम्बे घूँघट में से सन्नू को बता दिया, "ददुआ आय रहे हैं पीछें।"

वे तेज कदमों से आगे हो लिए। आढ़-परदा कहाँ तक करेगी बहू ?

सन्नू बतासो को पीछे छोड़कर ददुआ के साथ हो लिया, तेज-तेज पग धरता हुआ।

"चोरे सन्नू, आज कैसे ? मुसक छिड़काव नाँय का आज ?"

"पंडितजी के यहाँ सगाई तौ कल्ल है ददुआ ! तब ही छिड़काव होयगो।"

"कैसी आमदनी चलि रही है आजु कल्ल ?"

"तिहारी किरपा है ददुआ, मेहरमानी !"

बातों-ही-बातों में दोनों दूर निकल आए। बीच में एक गाँव पड़ा, उसको भी नाख आए। सड़क पर खड़े हुए तो ददुआ को अचानक ख्याल आया, "सन्नू, ब्याहुली कहाँ है रे ?"

सन्नू के होंठ खुल आए। उजबक-सा देखता रहा।

"अरे भाजि पीछे कूँ ! गैल में रह गई, लिबाय या मूरख !" वह विहँस उठे।

वे प्याऊ के पास नीम की छाँह में खड़े थे कि मोटर उनके ठीक सामने आकर रुक गई।

बस-कंडक्टर अपने गाँव का मनोहर ही था, बोला, "ददुआ, अलीगढ़ चल रहे हौ का ?"

"जानौ तौ है भइया, पर तू अपनी मोटर हाँक लैजा। सन्नू और बहू आय रहे हैं, देर लगैगी।"

"लगन दे कुछ देर ! दो-चार मिलट की कोई बात नाँय ! ठाड़ी रहैगी मोटर !"

'चलौ...चलौ, आ जाओ। आ जाओ। आ जाओ। अलीगढ़ ! अलीगढ़ ! अलीगढ़...' तेज आवाज आसपास फैल गई। दो-चार सवारियाँ इधर-उधर से दौड़ आईं।

बस ठसाठस भरी थी। जगह के हिसाब से तीन-गुनी सवारियाँ। बतासो बीच में पिसकर चूरन हुई जा रही थी। ददुआ के कहने पर कंडक्टर ने सवारियों को डाँट-फटकार इधर-उधर सरकाया, "जनानी सवारी ठाड़ी है, बैठि जान देउ भले आदमी।"

टिकिट कटवाते समय सन्नू अपनी लाल साफी के छोर से रेजगारी खोल ही रहा था कि उन्होंने वरज दिया, "रहन दै तू ! मैंने दैदयौ किरायौ !"

अगले स्टॉप पर सवारी उतरने पर अंगुल-भर जगह खाली हुई। सन्नू ने तुरन्त ददुआ को ढकेलकर सीट पर बिठा दिया। बतासो सिकुड़कर पोटली-सी बन गई। असहज स्थिति में सकुचाते हुए वे धड़ की इंच-भर हड्डी पर पूरी देह का भार टिकाए किसी तरह बैठे रहे।

वे दशहरे के आसपास के दिन थे। जगह-जगह रामलीला। काली की सवारी ! हनुमान की सवारी ! चहल-पहल ! बतासो घूँघट में से माथा नवाती रही। कुतूहल-भरी आँखें घुमा-घुमाकर देखती। झाँकियों को सराहती।

अलीगढ़ ! ऊपरकोट का फूल-चौराहा ! दुकानें ही दुकानें !

वे चीजें खरीदने लगे। बूरा-बतासे खरीद लिए। महाबीरगंज की ओर जाकर एक लोटा तथा वेदू के लिए छोटी-सी डोलची ले आए !

सन्नू और बतासो भी बाजार में उलझ गए।

वह बच्चे की तरह किलक रही थी, "जि देखौ चमकनी चप्पल ! रंग-बिरंगौ चुटीला !"

दुकान पर टँगे बुरके को छू-छूकर देखने लगी।

सन्नू आँखें चमकाकर शरारत से बोला, "लैनों है का ?"

"रैहन देउ ! गई-गाँव में कहाँ के बुरका और कहाँ की नकाब ! जे तौ सहर के चौंचले ठहरे ! हाँ, जेठजी के घर कनवरीगंज लै जाउगे तौ जरूल जैठोत हँसिंगी—चच्ची, तुम तो हिन्दू लगती हो ! शलवार-कुर्ता, गरारा-पजामी कभी नहीं पहनतीं तुम ? बुरका भी नहीं ओढ़तीं ?"

"लाली, गाँव में को हिन्दू, और को मुसलमान ! सब एक-से ही ठहरे। तुमारे पजामी-पजम्मा पहरैं तौ सबरौ गाँव हँसैगौ ! गली के कुत्ता भौंकिंगे। कहो, काटि खाँय !"

लड़कियाँ हँसती हैं, "चच्ची, सचमुच ! कुत्ते काट लेंगे ?"

"औरु का ! वे का जानें के बतासो सिलवार पहन आई है।"

सन्नू हँसकर दुहरा होने लगा, "खूब समझाई तैने !"

ददुआ भी हँस उठे। आगे बढ़कर सन्नू के हाथ पर रुपया-पावली धरने लगे, "लैरे सन्नू, ब्याहुली ते कहदै, अपने लँये कछू चीज खरीद ले।"

बतासो ने चूड़ी, पिन, ऐरन, चुटीला—सब चीजें खरीद लीं। अपनी ननद शहजादी और कुम्हार की रामसिरी के लिए नाखूनी की शीशी ले ली। घर में घुसने से पहले ही गली में पकड़ लेगी, "भाभी, हमारे लँय का लाई ?"

साँझ घिरने लगी। लौटने की वेला हो चली।

"ददुआ, मुसक तौ मिली नाँय। तेज है यहाँ कौ भाउ ! जा ते अच्छी तौ हातरस में मिल जाँत है।" सन्नू ने अपनी दुविधा सुना दी।

"चलि, हातरस ते लै लइयो।"

"मैं थोरी देर में आयौ ददुआ ! मसजिद में नमाज पढ़ि आऊँ ! जाय देखत रहियों, निरी बाबरी ठहरी, कहूँ खो जाएगी।"

बतासो को उनके पास ही बैठा गया, "यहाँ बैठि, सहर ठहरौ, उठियो मति !"

शहरी चहल-पहल में देखने को बहुत कुछ था। वे देखते रहे खरीदारों को, दुकानदारों को। बतासो ने उनकी ओर से पीठ कर ली। घूँघट ऊँचा किए बाजार की सजी दुकानें देख रही थी, ऊँचे मकानों की जालीदार गौखों में सूखते कपड़े, उझकती मलूक-मलूक औरतें ! सब कुछ रंग-बिरंगा, अद्‌भुत !

अचानक एक ओर से बवंडर की तरह शोर मचा, फिर हाहाकार...चीखें, चिंघाड़... देखते-ही-देखते तूफान वहाँ तक बढ़ आया जहाँ वे दोनों बैठे थे, ये सारे लोग भाग क्यों रहे हैं ? कौन चीख रहा है ? समवेत स्वर में किसकी चिंघाड़ें ?

झटपट दुकानें बन्द होने लगीं, खटाखट दुकानों के शटर गिरने लगे, "जल्दी करो,

भागो ! भागो !'' लोग बदहवास हुए दौड़ने लगे। कौन कुचल गया, कौन पिच रहा है, किसी को खबर नहीं ! अन्तहीन बे-लक्ष्य दौड़ !

वे दोनों उजबक-से देखते रहे। दुकानदार चीखा, ''देख नहीं रहे ? भागो जल्दी ! दंगा हो गया।''

''कित कूँ जाँय...?'' ददुआ का याचना-भरा मुख खुल आया।

''कहीं भी...'' कहकर दुकानदार न जाने किधर विलीन हो गया।

पल-छिन में बाजार वीरान हो गया। बतासो की पोर-पोर काँपने लगी। होंठों के भीतर बुदबुदाहट उपज आई, ''अल्ला, आज जि का गजब ? जि कहाँ चले गए...इत्ती देर ?''

''ब्याहुली ! ओ ब्याहुली ! अरी सन्नू कितकू गयौ ? मैं लिबाय लाऊँ। जाने कहाँ चलौ गयौ सुसुर !'' ददुआ पीछे खड़े एकालाप में डूबे थे।

चीख-पुकार ! दूर कहीं बन्दूकों की धमाकेदार आवाज।

अनायास ही ददुआ ने बतासो को दुकान के थड़े के नीचे, बहती नाली के पास खींच लिया, ओट में दोनों छिपे रहे। वह हौले खाई चिरइया-सी ददुआ की उठती-गिरती साँसों-भरी छाती से लगी स्तब्ध बैठी थी, ज्यों झपट्टा मारते गिद्धों से बचकर किसी महफूज घोंसले में आ छिपी हो !

उनकी निगाहें पथरा गईं !

बतासो की आँखें कौड़ी की तरह अपलक...!

उस भयावह रात में अपनी धोती ओढ़ाकर उन्हें छिपाए रही। हिन्दू-मुसलमान की पड़ताल में फुसफुसाते मुसलमान बधिकों से जूझती रही।

रात बीत गई, पर सन्नू नहीं लौटा। कभी भी नहीं लौटा।

मार-काट के उन क्षणों की आक्रान्त स्मृति...दहल उठे ददुआ।

तब से आज तक...न जाने वे बतासो के लिए बट-वृक्ष बनकर खड़े रहे या वह उनके बीहड़ जीवन के एकान्त में निर्मल निर्झरणी बनकर बहती रही...या कि दोनों ही निर्गुण-ब्रह्म सरीखे एक ही प्रभु की उपासना करते रहे...ज्ञात नहीं उन्हें...

—तो फिर...ये पुत्र ! ये पौत्र ! ये पूरा कुटुम्ब...समूचा गाँव कैसे समझ सकेगा उस मरम को ?

—उस तप को, जो उन्होंने बतासो के संग उस नरमेध की रात को किया था ?

—उस नाते को...उस सम्बन्ध को, जो उन भयावह क्षणों में उसके साथ जुड़ा था ?

उस दिन वेदू को ही तो नहीं सँभाल पा रहे थे। दोपहर ढलने को थी, बच्चा भूख से बिलखने लगा। क्या करें वे ? स्वयं तो बुखार में तप रहे हैं। जब किसी तरह न बहला तो कहने लगे, ''जो, राधेश्याम के घर, कह दइयो कि हमारे ददुआ बीमार हैं। माँई हम भूखे हैं।''

मगर लड़का टस-से-मस न हुआ, वहीं बैठा रोता रहा। वे असहाय आँखें मूँदे पड़े रहे।

बतासो खाट के पास धरती पर चुपचाप आ बैठी। उनका माथा छुआ तो वे चौंक पड़े।

"ददुआ ! तुम्हें तो बुखार...कछु चाह, पानी...और जि वेदू ! चों रोय रहयौ है ? भूखौ है का ?"

वे चुप पड़े रहे।

"ददुआ, तुम मति खाऔ, परि जि बच्चा ! जि का जाने जाति-पाँति ? ऊँच-नीच ? जाकी आवाज सुनिकें ही, ददुआ, मैं रोटी ले आई हूँ !" उसने आँचल के नीचे से रोटी निकालकर वेदू के सामने रख दी।

"ददुआ, तुम्हारे ही नाज की रोटी हैं। सब तुम्हारी ही दुआ-असीस...।"

वेदू कोने में बैठा रोटी खाने में लगा था, जैसे लम्बे समय तक तरसने के बाद कोई मिठाई मिली हो। उसके गालों पर आँसुओं के लम्बे-लम्बे पनियाये चिह्न बतासो ने अपनी धोती के छोर से पोंछ डाले। उस पल उन्हें वेदू की निरीह, खिलती पुतलियाँ देखकर लगा जैसे उनकी अपनी आँखों से चाँदनी झर रही हो ! क्षण-भर पहले के करुण रोदन से फूटता प्रेम-संगीत का अनहद नाद...!

और फिर दूसरे ही दिन...

"ददुआ ! ओ ददुआ ! उठौ, बेहोस हैंकें परे हौ। कछु अन्न गिरास मुँह में गयौ ? जि दूध, दो घूँट !" बतासो आँचल के छोर में गिलास लपेटे खड़ी थी।

उसके बाद दाल के पानी का पथ्य, खाट-पीढ़ी की उठावन, बिछावन।

फिर तो वे उस नन्हे बच्चे की भाँति हो उठे, जो मचलता है, हठ करता है। और वह उन्हें मनुहारों से बहलाती, सँभालती। एक युग के पश्चात् ऐसी आत्मीयता। ऐसा लगाव।

घर-गृहस्थी, चूल्हा-चौका कब गह लिया, उन्हें पता ही नहीं चला। वे तो अनाम रिश्ते से बँधे खिलकता आँगन, चलता घर मुग्ध भाव से देखते रहे। नित रोज पड़ने वाले नुकीले आक्षेपों से दंशित, किन्तु प्रेम-विह्वल। जाति-बिरादरी के बन्धन, आशंका और आडम्बरों से मुक्त ! इसी तरह निरापद अलौकिक जगत में विहार करते हुए समय उड़ने लगा।

जब कभी विचलित हुए हैं तो वेदू के लिए ही। स्वयं तो सह गए लेकिन इस बालक की जान को बनिया-मुसलमान का जंजाल लगा ही रहेगा !

वेदू को अकसर समझाते, "तू डरपत चौं है ? कोई कछू कहै तो करौं परि कें कह दौ करि कि तेरी अम्मा बतासो है तो है। बालकन से कहे से रोबैगौ तो आगे कैसे करैगौ ? तू तो विद्या पढ़तु है, भेदभाउ लिखौ है किताबन में ? कबहू मति घबड़इयों, हाँ !"

धूप ओसारे के छप्पर से उतर चुकी, यानी कि आधा दिन बीत गया। आज बतासो अभी तक नहीं आई। शायद आएगी भी नहीं। कैसे आए ? राकेश जो आ गया है, उनका

बड़ा पौत्र। अबकी बार चन्द्रभान नहीं आ सका तो बेटे को भेज दिया।

फसल उठने के दिनों में अब ऐसा ही होने लगा है। बेटों ने मुकम्मल पहरेदारी की योजना बना ली है। अपने हिस्से की जमीन तो उसी समय बेचे गए। अब उनके हिस्से पर गिद्ध-दृष्टि जमी है। विरासत का हक उनके जीते-जी ! मर जाने तक की प्रतीक्षा नहीं !

पिछले महीने छोटा पौत्र रहा था, फिर चन्द्रभान, कभी सूरज, बस इसी तरह !... खाने-पीने की तंगी तो इन लोगों को भी होती है, मगर ये लोग पल्ले घर वालों के चूल्हे से पटरी भिड़ा लेते हैं। बहू ने कुछ शहरी चीजें भेज दी होंगी, उन्हीं की एवज में खाने का जुगाड़।

ज्यों-ज्यों शरीर अशक्त होता जा रहा है, बेटे अधिक सतर्कता बरतने लगे हैं। सन्तान को डर है कि बूढ़े का क्या भरोसा, बतासो को कितना कुछ दे दें ! इसीलिए अनाज को कोठे में डालकर ताला लगा दिया है। केवल उनकी साँसें चलती रहें, बस इतना-सा अन्न बरामदे के कोने में पड़ा रहता है। छोटी-सी ढेरी को देखकर उनकी आँखों में क्रोध दहकने लगा।

गाँव के लोग जानते हैं। पास-पड़ोसी कहते हैं, "अरे चन्दरभान ! बेटा सूरज भी ऐसौ मति करौ लल्लू, बुढ़ियांत में अन्न के दानेन कँ मत तरसाओ ! सब तुम्हारे बाप की माया है। इनही के पुन्न धरम फलि रहे हैं सो तुम खूब उन्नति-तरक्की कर रहे हौ भइया ! तुम बड़ी मुसिकिल से पाले हौ !"

ददुआ जानते हैं, कोई असर नहीं होगा, बेटों के खून में बड़े शहर का पानी मिला हुआ है, जो अपने प्रति हर समय शंकित रहता है। व्यक्तिगत हानि-लाभ से बढ़कर उनके लिए कुछ भी महत्त्वपूर्ण नहीं !

पहरेदारी की विशेष व्यवस्था के तहत मिलने-जुलने वालों पर भी कड़ी नजर है, अब अन्तिम साँसें उन्हें पुत्रों के बन्दीगृह में काटनी होंगी। ये आज के नौजवान ऐसे कमजोर, इतने भयभीत कि पिता की क्षीण होती देह के लिए ऐसी पाषाणी कारा...

हसनपुर वाले वकील साहब आए तो चन्द्रभान छाया की तरह उनके साथ ही मँडराता रहा। एकान्त में बचपन के यार से सुख-दुःख कहने-सुनाने के लिए भी कुछ पलों की मोहलत नहीं।

चलते-चलते गहरे निःश्वास भरकर वे ही बोले, "विश्वनाथ, अब यह सोचना तो सपना-सा लगता है कि जमींदारी के समय तुम खत्ती खोलकर गरीबों को अन्न लुटाया करते थे। हमेशा परमारथ किया फिर भी...ऐसी कठिन घड़ी।"

सुनकर ददुआ के पपड़ाए होंठों पर महीन-सी वक्र हँसी उभर आई, "नादान लोग..."

नाहक ही परेशान हैं ये। इनका हिस्सा इसीलिए तभी दे दिया था, जब बतासो से सम्बन्ध जोड़कर उन पर लाँछन लगाए थे। उनकी मर्यादा में बेटों ने कुबोल बोले, तब वे आहत पक्षी की तरह छटपटाते रहे। इतनी पीड़ा...इतना दुःख तो पत्नी की मृत्यु और

बेटी के न रहने पर भी नहीं हुआ।

क्षोभ-कोप के ज्वार को मसोसते इतना की कह पाए, "मैं ऐसौ ही अधम नीच ठहरौ, तौ तुमारौ बाप काहे कौ ? बाप-बेटा कौ सम्बन्ध तौ दरक गयौ चन्दरभान ! विरासत की धरती है सो बाँट लेउ लल्लू ! बाद में हमारौ-तुमारौ कोई रिस्तौ, न नातौ। खून-पानी बराबर समझौ।"

गले से निकला स्वर कनपटियों में झनझनाने लगा। गर्दन की नसें रह-रहकर ऐंठ रही थीं।

पिता के ज्वालामुखी-कोप को लड़कों ने निश्चिन्त भाव से झेला। ऐसे देखते रहे, जैसे कड़वे सच को सुनकर ददुआ व्यर्थ ही उबाल खा रहे हों !

वे फिर तड़क उठे, "कान खोल के इतनी सुन लेउ बेटा, कि जमीन के चार हिस्सा होंगे। दो तुम्हारे और एक-एक मेरौ और वेदू कौ।"

बोलों की इन दो पाँतों को सुनकर लड़के दहल गए। ठंडा दिमाग दहकते लाल लोहे में परिवर्तित हो गया। हक्के-बक्के से बोले, "क्या कहा...? दिमाग तो नहीं चल गया तुम्हारा ? करके देखो, कैसे करते हो चार हिस्से ! चलकर तो देखो कचहरी !"

गाँव में भी हड़कम्प मचा, "सब बातें सह ले आदमी, पर हद्द करते हैं ददुआ ! अकल मारी गई है का ? पराए छोरा कौ का हिस्सा-बाँट ? वा कौ हिस्सा वा की देहरी पै।"

मगर तब इस अनकहनी के उत्तर में उनके हाथ-पाँव बलिष्ठ थे। प्रौढ़ता से बुढ़ापे की ओर अग्रसर होती हड्डियों में पुराने बरगद की-सी अकड़ थी, "अपनी जुबान पै काबू राखौ लाला चन्दरभान ! जि जिस्सा रेसम कौ है। जिन्दी नाँय तौ वा कौ हक्क मार लऊँ ?"

उनका ऐलान खारिज नहीं हो सका।

गाँव की गली-गली बुदबुदाने लगी, "ददुआ भी एक ही ठहरे ! अब छोरिन कौ हू हिस्सा बाँट करनो परैगो ? जमाई लड़िंगे आयकें ! जीजा में सालों में मुकदमें बजेंगे ! जि नई रिवाज और...।"

उनकी तबीयत अच्छी नहीं रहती। रोग का लम्बा सिलसिला चल निकला है। वेदू को बतासो ने अपनी गोद में डाल लिया, तब से वे उसकी ओर से तो चिन्तामुक्त हैं। उस पर पूरा भरोसा है। कितनी बार उन्हीं की खातिर उसने चन्द्रभान और सूरज की गाली-गलौज सही हैं, मारपीट भी। वे विवश-से देखते रहे हैं। मन में तो बहुत कुछ जलता है, मगर जहरीले घूँटों को उगलने की कोई शक्ति नहीं है उनके पास।

...वह कभी नहीं डगमगाई। अब संसार से उठ भी जायँ तो चिन्ता नहीं। बतासो के रहते वेदू अनाथ नहीं होगा।

अपने कमजोर हाथों को उलटते-पलटते औसारे के पार देखने लगे, अबकी बार रोग

ने स्थायी रूप से भींच लिया है। डेढ़ महीना बीतने को आया, लेकिन मुक्ति नहीं।

सहसा दृष्टि वेदू की ओर मुड़ गई, वह कच्चे चौकोर खम्भे की आड़ में खड़ा सतर्क भाव से दाएँ-बाएँ ताक रहा है। हाथ में छोटी-सी पोटली जैसा कुछ टाँग रखा है।

उन्होंने राकेश की खाट की ओर तनिक गर्दन उठाकर देखा, सो रहा है। फिर अपना कमजोर हाथ तीव्र वेग से हिलाया, "आ...आजा ! आजा...!"

बच्चे के पाँवों में हरकत हुई, मुख पर आगे की ओर बढ़ जाने का भाव जागा, मगर सोच में डूबी वहीं-के-वहीं ठिठककर रह गया। राकेश को गहरी निगाहों से ताकने लगा।

उन्होंने फिर हाथ का झाला दिया, "आजा...तू !"

वेदू स्थिति को भाँपता-सूँघता आगे बढ़ आया और उनके पास पोटली पटककर चटपट लौटने लगा।

उन्होंने हाथ पकड़ लिया, "का है जा पोटरी में ?"

"गुड़ बहेरे कौ चूरौ।"

"चूरौ ? लड्डू नाँय ?"

वेदू के दूधिया दाँत मुसकराहट में खिल पड़े, "बतासो अम्मा कै रयी कि तेरे नाना के दाँत नाँय, लडुआ कैसे खाय सकिंगे। अम्मा ने लोढ़ा से फोरि कें चूरन कर दियौ।"

वे भीतर तक भीग उठे, जैसे ठूँठ-वन में नरम दूब पर ओस बिखर गई हो। पथराए होंठों पर फूलों की-सी कोमल मुसकराहट दौड़ने लगी। भावातिरेक में बोले, "कहाँ है तेरी अम्मा ?"

"प्रेमचन्द की भेंसनवारी कुठरिया में ठाड़ी है।"

गुड़-बहेरे की पोटली को जतनपूर्वक नस-भरे हड़ीले हाथ से सहलाते रहे। आँखों की कोरों में अनचाहे ही तरलता छलक आई...कहाँ से जुटाया होगा गुड़ ? कहाँ से लाई होगी बहेरा ? गरीब को रोटियों तक की तो तंगी होगी। पर क्या करें वे, यहाँ तो ये राक्षस पहरा दिए बैठे हैं, और वे जर्जर-काया-से विवश...।

"वेदू, उठा मोय ! पकरि हाथ !"

बच्चे ने भरपूर प्रयत्न किया पर लम्बी मरदानी देह का अस्थिपंजर ही क्या कम भारी था ?

"ददुआ, अम्मा को बुला लाऊँ ?"

"ना, ना रे ना !"

लेकिन उसी पल सूनी बेनूर आँखों में द्युतिमान उजियारे की क्षणिक आभा अलौकिक लौ-सी झिलमिलाने लगी...बतासो।

वे चमत्कृत हुए बोल पड़े, "अच्छा, बुलाय ला।"

वेदू के संग मिलकर बतासो ने उन्हें उठाकर बैठा दिया और स्वयं उनकी पीठ को सहारा देकर पीछे बैठ गई।

वे पोटली को निरखकर हरषाते हुए खोलने लगे। बतासो तृप्त भाव से आगे को उझक रही थी और वेदू मुँह में स्वाद का अन्दाजा बाँधता ठीक उनके ऊपर झुक आया।

बहेरे की पंजीरी का स्पर्श ही किया होगा कि राकेश भेड़िये की तरह कूदा।

बतासो हड़बड़ा गई। वेदू डरकर चीखने को हो आया और वे कंचे-सी आक्रान्त आँखें खोले अपलक देखते रह गए, स्तब्ध !

राकेश दनकार उठा, ''नहीं मानती तू ! कैसे आई यहाँ ?''

निरुत्तर, तीनों कसूरवार-से अवाक् जड़...जहाँ-की-तहाँ बैठे रह गए।

''उठ, अभी ! मैं कहता हूँ चल ! आइन्दा देखी तो...टाँग तोड़कर रख दूँगा... समझी !'' बाल झिंझोड़कर खींचने लगा और चटाचट चार-छः थप्पड़ जड़ दिए।

''उठ रही हूँ लल्लू...!'' उसने धीरे से पीठ के पीछे लगा सहारा खींचा और उन्हें सहेजकर लिटा दिया।

चूरे की पोटली गिरकर बिखर गई। कण-कण धरती पर बिछ गया। वह बतासो को खदेड़ता बाहर तक पिछियाता रहा।

दो पल तक बाहर खड़ी बहेरे को देखती रही, ''बटोरन का समय भी नहीं...''

''खड़ी है अभी ! जाती नहीं ! फिर लगाऊँ ?''

मटमैली झीनी धोती के छोर से आँखें पोंछती जल्दी-जल्दी अपनी राह चलने लगी, जैसे किसी ने खेत चरती गाय को डंडों से पीटकर खदेड़ा हो ! वेदू पीछे-पीछे भागने लगा।

अपने तिरस्कार का क्षोभ तो जो था सो...किन्तु ददुआ के मुख से छिने बहेरे का अवसाद मन पर घने कुहासे-सा छा गया, जिसके पार कुछ भी नहीं...केवल धुँधला अँधेरा। दो कौर भी नहीं खा सके। चख ही पाते।

ददुआ उसी तरह पड़े रहे, जैसे सुन्न चेतना-विहीन पंजर पड़ा हो ! अन्तर-पीड़ा की टीसन...सोच का अन्तहीन सिलसिला ! सिर को हिलाते भी तो घुमेर-ही-घुमेर ! देह का खोखल पिंजड़ा...न जाने कितने दिन का दाना-पानी !

उनके बाद ये कसाई, उसे रहने देंगे चैन से ? किस तरह जिएगी ? किसके सहारे ? उनके आँखें मूँदते ही वे ज़मीन के नोट बना ले जाएँगे। कैसे पालेगी वेदू को ? किसी का गोबर-कूड़ा डालकर ?

पीछे मुड़कर देखने वाला कोई नहीं। वेदू को धधकती रेत पर घिसटते छोड़ जायँ, कि उसके कोमल तलुओं की खाल उधड़ती रहे ? ''नहीं !'' वे उठकर बैठ गए।

कई दिनों तक दुश्चिन्ताओं के बीहड़ अरण्य में भटकते रहे ददुआ। भूख न प्यास, चैन न शान्ति। लगता है कि वे सँकरी गुफा में प्रवेश कर गए हैं, जहाँ अन्धकार-ही-अन्धकार। निस्तार की कोई राह नहीं, न कोई महीन-सी किरण।

''मेरे पिरभू, तू ही निकाल मुझे, तेरे सिवा और कौन...यह उचित-अनुचित का पिछियाता फेर। मोह-माया का जंजाल ! अपने-पराए की परिभाषा। इस भवसागर के झूठे बन्धनों से एक बार फिर मुक्त कर मेरे परमात्मा !'' ददुआ के दोनों हाथ खुले आसमान की ओर उठ गए।

फसल की बिक्री होने के साथ निगरानी का शिकंजा ढीला हुआ। बेटों का पहरा उठते ही ददुआ ने हसनपुर वाले वकील साहब को बुला भेजा, "समय का क्या भरोसा, एक बार आकर देख जायँ वकील साहब !"

वे आए। देखते ही ददुआ के भीतर की हिलोर आँखों में उमड़ने लगी। आगे-पीछे की सारी व्यथा उड़ेल डाली, "मेरे पास ज्यादा बखत नाँय ! अब मेरौ काम, तुम्हारी जिम्मेदारी...!"

उनके लाख समझाने-बुझाने पर भी नहीं माने। अटल बने रहे ददुआ।

"एक बार ठंडे दिमाग से सोचकर देखो विश्वनाथ, मैं तो फिर आ जाऊँगा।"

"फिर...फिर कौने देखी है ? और का सोचूँ ? का बचौ है सोचिवे कूँ ?"

वकील साहब ने पढ़कर सुना दिया, "मैं विश्वनाथ प्रसाद वल्द सालिगराम, अपनी सही मानसिक स्थिति में, पूरे होशो-हवास में अपने हिस्से की धरती की वारिस बतासो बेगम बेवा सन्नू खाँ को करार..."

दस्तखत करते समय हाथ कँपकँपा रहा था, किन्तु आँखों में स्थायी दृढ़ता लिए वे देर तक बैठे रहे।

"जि मेरे प्रानन से ज्यादा कीमती मेरी अमानत, अपने पास धरौ सम्भारिकें !"

नहीं माने। वकील साहब को पहुँचाने बाहर गाँव तक गए। लोगों ने देखा, ठीक होने लगे हैं ददुआ, चलने-फिरने लगे अब तो।

...मगर बहुत थक गए हैं वे। धौंकनी की तरह फूलती-पिचकती छाती। हँफहँफी की तेज रफ्तार। पसीने से नहा उठे...जैसे झुलसते जंगल की बीहड़ यात्रा से लौटे हों !

वेदू भागकर पानी ले आया। बतासो ने सहारा लेकर खाट पर बिठा दिए, "ऐसौ का काम आय गयौ ददुआ, जो तुम इतने परेसान..."

उन्होंने बिस्तर पर लेटकर आँखें मूँद लीं। धीरे-धीरे मन में मचा महाभारत विराम पर आ पहुँचा। आत्मा विश्रान्ति में उतरती जा रही है। आज अपने ही रोपे बिरवे तले सुस्ता रहे हैं वे।

बोझ

"अक्षय, उठो !"

"उठो, राजा बेटा !"

मम्मी कई बार पुकार चुकी हैं, मगर बहुत यत्न करने पर भी अक्षय आँखें नहीं खोल पा रहा।

मम्मी फिर आईं, रोशनी जला दी, "अरे उठो, तुम उठे नहीं ?"

वह उठकर बैठ गया। आँखें मूँदे ही बिस्तर पर बैठा रहा। आँखों में चौंध चुभ रहा था।

मम्मी उसी अवस्था में नन्ही उँगली के बराबर का टूथब्रश पकड़ा गईं, "चलो जल्दी, ब्रश करो।"

वह ऊँघता-सा, ब्रश पकड़े बाहर बालकनी में आ गया। अभी तो अँधेरा है ! चन्दा आकाश में ! तारे इधर-उधर रेंग रहे हैं !

ट्यूब लाइट की रोशनी में ब्रश, पॉटी, नहाना आदि हो गया।

भीगा हुआ अक्षय नंगे बदन गुमसुम खड़ा है। उसके तीन वर्षीय नन्हे मन को निरन्तर एक विकराल ख्याल खाए जा रहा है।

"पापा ! पापा !"

"हाँ ! जल्दी तैयार हो जाओ, राजा बेटा !"

"पापा, मैं लाजा बेटा नहीं हूँ !" अक्षय ने बूँदों-भरा चेहरा ऊपर उठा दिया और नन्हे होंठ खोले क्षण-भर पापा को देखता रहा।

"अरे, राजा बेटा क्यों नहीं ? तू तो बहुत अच्छा बेटा है।" पापा ने जल्दी-जल्दी तौलिया से उसका भीगा शरीर पोंछ डाला।

"तुम्हारी शेम-शेम हो रही है न ! लो, जल्दी निकर पहन लो। बन जाओगे राजा बेटा। जल्दी-जल्दी।"

नन्हे निकर के दो गोल छेदों में अक्षय ने बारी-बारी दोनों पाँव घुसा दिए।

पापा ने कब जिप खींची, कब बटन लगाए, उसे ध्यान नहीं...फिर वही ख्याल जो मोटी चमगादड़ की तरह मन की कोमल तहों से तड़-तड़ टकरा रहा है कि अब उसे क्रैश जाना है। क्रैश...क्रैश !

अक्षय सिहर उठता है। इस बात से डर जाता है। इतना डर तो उसे तब भी नहीं

लगा, जब बुआ ने राक्षस और राजकुमारी परी वाली कहानी सुनाई थी।

राक्षस...जिसने राजकुमारी परी को कैद कर लिया था। वह उसे शू...शू करने तक नहीं जाने देता था।

मगर राजकुमारी परी तो उस राक्षस के चंगुल से छूटकर भाग गई थी। बहादुर बूढ़ी परी ने उसे बचा लिया था। क्या बूढ़ी परी उसके पास आ सकती है कभी ? वह क्रैश वाली आया को मारकर उसे क्रैश से छुड़ा सकती है ?

बुआ क्यों नहीं बन जाती बूढ़ी परी ? वे निश्चित ही बचा सकती हैं। पापा ने जब-जब उसे मारा है, तो बुआ ने ही बचाया है। मम्मी तो पापा से डर जाती हैं। उनकी हाँ में हाँ मिलाती हैं, या जल्दी-जल्दी काम निपटाने लगती हैं। वे कैसे हो सकती हैं बूढ़ी परी ? डरने वाला कोई नहीं बचा सकता किसी को।

बुआ, बूढ़ी परी बनकर कैसी लगेंगी ? परी तो सोने के आमों और चाँदी की टाफियों वाले बाग में रहती थी। बुआ भी रहेंगी ! अक्षय हँस पड़ा, हँसता रहा—अहा ! बूढ़ी परी के दाँत सोने के, बाल चाँदी के—वैसे ही बुआ के भी ! वह और हँसा। हँसता ही गया। खिलखिलाती मासूम स्निग्ध हँसी !

"तू हाथ में दूध पकड़े कब से खड़ा है। हँस क्यों रहा है ? जल्दी पी न !"

मम्मी का झल्लाहट-भरा स्वर सुनते ही अक्षय ने पलकें पटपटाईं, बरौनियों को ऊपर उठाया, "बूढ़ी परी...? बुआ...? नहीं, यह तो मम्मी हैं !"

"यह लड़का भी एक ही है। पापा से डाँट पड़वाएगा। इसके कारण इतनी जल्दी उठती हूँ। सुबह से ही कितनी भागमभाग....ब्रेकफास्ट। दोपहर का टिफिन ! दफ्तर की तैयारी। कपड़े लगाना-धरना, सब कुछ निबट जाता है, मगर यह है कि किसी न किसी तरह देर करा ही देगा।" स्वगत एकालाप करती रहीं मम्मी।

मम्मी ने झटके से गिलास ले लिया, "ला इधर...चल पी।" गिलास उसके नन्हे होंठों से जा टकराया।

"आँऽऽ..." एकदम झटककर गिलास अक्षय ने मुख से दूर कर दिया।

"अब क्या हुआ ?"

"गिलास काटता है मम्मा ! यह देखो न !" आहत होंठ से खून छलकने लगा था।

"ओहऽऽ...! लग गई ! अच्छा, चल, धीरे-धीरे पी ले।" मम्मी ने रूमाल भिगोकर होंठ पोंछा। सिर के पीछे हथेली लगाकर दूसरे हाथ से दूध पिलाने लगीं, "एक, दो, तीन, चार...अब खतम। बस, खतम।"

उसने जल्दी-जल्दी गरम दूध किसी तरह हलक में उतार लिया। गला जलने लगा। फिर भी विजय भाव से मम्मी को देखकर मुसकराया। नन्हे-से निचले होंठ पर दूध की बूँदें झूल रही थीं। मम्मी बहुत जल्दी में थीं। हड़बड़ी में ही पप्पी ली, "राजा बेटा !"

अक्षय का टिफिन बॉक्स देती हुई बोली, "पूरा खा लेना।"

"पलाँठा लक्खा है ? ब्लैड नहीं खाऊँगा।" अक्षय ने दृढ़ता से कहा।

"पराँठे में देर लग जाती न। ब्रैड जैम तो तू खाता है, राजा बेटा !"

पानी की बोतल, दूध का थर्मस एक थैले में रखकर पापा को थमा दिया, जिसे लेकर पापा जल्दी-जल्दी सीढ़ियाँ उतर गए, ''जल्दी आओ अक्षय को लेकर, मैं स्कूटर निकालता हूँ।''

अब अक्षय स्कूटर पर आगे खड़ा होता है। पापा समझते थे, अक्षय छोटा है, बहुत छोटा। गिर जाएगा। इसलिए मम्मी को ही बोलते, ''ठीक से गोदी में बिठा लो।''

उससे नहीं बैठा जाता, मम्मी का मोटा पेट...गोदी में नहीं।

बुआ ने उसे गोदी में उठाकर आगे खड़ा कर दिया, ''भइया, यह बड़ा होशियार है। देखना, स्टैचू की तरह खड़ा रहेगा, जैसे फैवीकोल से चिपका दिया हो !''

वह खूब मजबूती से हैंडिल पकड़ता है, नीचे पाँव गड़ाए रहता है, स्पीड ब्रेकर पर भी नहीं उछलता। मम्मी पापा का ब्रीफकेस पकड़कर बैठती हैं। उसे गोद में लेकर कितनी थक जाती थीं मम्मी ! गिरने-गिरने को हो जाती थीं।

वह मम्मी के संग-संग सीढ़ियाँ उतरने लगा, हाथ पकड़े हुए है।

अँई...! उसे तो पॉटी आ रही है ! वह ठिठक गया।

''अरे, चल न ! खड़ा क्यों हो गया ?'' मम्मी बहुत जल्दी में हैं।

उसने धीरे से दूसरी सीढ़ी पर पाँव रखा। मगर फिर पॉटी तो जोर से आ रही है। वह अब आगे नहीं चल सकेगा।

उसका मुँह उतर गया। आँखें सुस्त हो गईं। वहीं खड़ा रह गया।

''क्या हुआ ?''

प्रयत्न करने पर धीमे से बोल पाया, ''मम्मा...पॉटी।''

''ऐं !''

अक्षय का चव्वनी-भरा गोल मुख खुल आया। पेट पर हाथ रखकर सहमा-सा माँ को देखने लगा।

''पॉटी ! ओह गॉड !''

''सुनाऽऽ...जरा रुकना पड़ेगाऽऽ ! अक्षय को तो पॉटी आ रही है।'' मम्मी ने सीढ़ियों से ही अनुनय-भरी आवाज पापा तक पहुँचाई।

''यार, किसी तारीख में, कभी समय से पहुँचेंगी कि नहीं ! सुबह से अक्षय क्या कर रहा था ? तुम्हें तो अपने से ही फुर्सत नहीं मिलती। सवेरे से ही करानी थी। जानती नहीं थी कि असमय तंग करेगा ?'' पापा ऊपर आ गए।

''बिठाया तो था ! अब नहीं करे तो यह भी मेरा ही दोष ?''

''चल अब, जल्दी चल !'' मम्मी का स्वर कड़वा था। उन्होंने दो थप्पड़ अक्षय के सिर पर जड़ दिए।

अक्षय भागते हुए पॉटी के पास जा पहुँचा।

वह हाथ धो रहा है। नल में पानी नहीं...मम्मी मग में भर लाईं। हाथ धोते समय उनकी साड़ी पर पानी बिखर गया।

अक्षय हाथ धोना भूलकर अपराध भाव से उन्हें देखने लगा।

"काम बढ़ाने में तू एक नम्बर है। अब साड़ी बदलूँ तो और देर लगेगी। सुधीर तो पहले ही आग-बबूला हुए खड़े हैं।"

उसने पंजों के बल उचककर वाश-बेसिन पर रखी साबुनदानी में साबुन रख दिया। नलका खूब कसकर बन्द करने लगा। बिना पानी का नल उस दिन खुला रह गया था, पीछे से पानी आया तो पूरे फर्श पर भर गया। मम्मी को तीली वाली झाड़ू से झाड़ना पड़ा था, फिर पोंछा...

पापा ने जोर से तमाचा मारा था, "आइन्दा नल खुला छोड़ा तो..."

क्रैश में आते-आते आज उसे देर हो गई, धूप निकल आई है। गोलू आ चुका होगा। वह धीमे कदमों से दरवाजे में घुसा।

देखा कि जाली की रेलिंग से आँखें चिपकाए गोलू खड़ा है। क्रूर मछेरे की तरह आया उसे खींच रही है, "गोलू बाबा, बाहर क्या देख रहे हो ? चलो अन्दर...। बैठो चल के...!"

"गोलूऽऽ...गोलूऽऽ..." अक्षय का स्वर हवा में तैरने लगा, गोलू की पीठ में गुदगुदी-सी मचने लगी, जैसे निर्जन वन की यात्रा में कोई सहयात्री मित्र दीख पड़ा हो। गोलू आया के हाथों की कठोर गिरफ्त से छूटने के यत्न में अक्षय की ओर घिसटने लगा।

गोलू का नाम प्रशान्त सिन्हा है। अक्षय को उसने पहले दिन यही नाम बताया था। उस समय वे दोनों खूब रो रहे थे। सहसा अक्षय को मम्मी की याद हो आई, "जाते ही दोस्त बना लेना। नाम पूछना दोस्त का। बातें करना, हाँ !"

डबडबाई आँखों से ही उसने पूछा, "तुम्हाला नाम...क्या...है ?"

"परछान्त...अरुन...छिन्हा..." बोलने में सुबकियाँ व्यवधान डाल रही थीं, गोलू का बताया पूरा नाम अक्षय की समझ में नहीं आया।

"औ...तुम्हारा ?"

"अच्छय।"

"बस, अच्छय ?"

"हाँ।"

"मेरा तो कितना बरा नाम। परछान्त अरुन छिन्हा," नाम बताते समय गोलू ने अपनी दोनों नन्ही बाँहें हवा में पसार दीं, "इत्ता बरा !" आँखों में झलमलाते बिन्दुओं के साथ दाँतों की दूधिया पाँत मकई के दानों की तरह खिल पड़ी।

अक्षय ने हाथ बढ़ाया, "हाथ मिलाओ फ्लैंड।"

प्रशान्त कहकर बुलाने से गोलू कभी नहीं बोला। सुनता ही नहीं था। उत्तर कहाँ से दे !

मैडम बुलातीं, "प्रशान्त सिन्हा !" वह प्रतिक्रियाहीन बधिर-सा अपने खेल में लगा रहता।

अक्षय उसे हिला-डुलाकर बुलाता, "तू बोलता क्यों नहीं ?"

एक दिन गोलू को ले जाने उसकी आया आई, बोली "गोलू बाबा कहाँ हैं ?"

क्रैश की आया कुछ न समझ पाई। मैडम अलग हैरान, ''यहाँ तो कोई गोलू नहीं !''

''अये, सोरी मैडम जी ! गोलू नहीं, परसान्त बाबा ! दइया, भुलाय जात है नाम ! मेमसाहब ने कितनी बेर तो हमें याद करवाया।''

उस दिन से वह क्रैश में भी गोलू हो गया। अक्षय भोलू, गोलू कुछ भी पुकारता है, वह भागकर आ जाता है।

धूप चली गई। अब तो अँधेरा भी होने लगा। सारे बच्चे तो कब के चले गए। आज पापा क्यों नहीं आए ? रात में आएँगे क्या पापा ? अक्षय क्रैश की भाँय-भाँय करती इमारत पर नन्ही निगाह घुमाने लगा। पेड़ तले आया बैठी है। उसकी मुखमुद्रा असहनीय है। अक्षय उस पर नजर पड़ते ही तुरन्त आँखें घुमा लेता है। अभी तक तो गोलू रुका था उसके साथ। दोनों बतियाते रहे।

''गोलू, तेले पापा तुझे लेने क्यों नहीं आते ?''

''डाट्टर हैं मेरे पापा। छुई लगा देंगे।''

''मम्मी ?''

''मम्मी कलब जाती हैं। तू जानता है अच्छय, कलब ? बहौत बरा होता है।'' गोलू ने फिर छोटे-छोटे हाथ हवा में लहरा दिए, ''इत्ता बरा ! इत्ता बराऽऽ...!'' आँखें भी उसी हिसाब से फैलती रहीं।

''तूने देखा है कलब ?''

''बच्चे नहीं जाते वहाँ !'' गोलू पुरखों की तरह समझाने की मुद्रा में था।

''गोलू बाबा, चलो।'' आया ने क्रैश की आया के पास से उठते हुए कहा।

गोलू की नन्ही नाक और छोटी-छोटी भँवें एकदम सिकुड़ गईं, आया पर झल्ला पड़ा, ''नहीं जाते हम ! अच्छय के पापा नहीं आए।''

''मेमसाहब डाँटेंगी हाँऽऽ...!''

''तुम चली जाओ।''

''देख लो, तुम मार खाओगे मम्मी से ! मैं नहीं बचाऊँगी फिर।''

गोलू विवश भाव से उठा, और आया के साथ छोटे-छोटे डग भरता चला गया।

''बाई-बाई करो फरैंड को !'' आया ने याद दिलाया। गोलू ने मटर की पतली फलियों-सी उँगलियों वाली हथेली हवा में हिला दी।

अक्षय से उत्तर देते न बना। भीतर बेचैनी फड़फड़ा रही थी।

आज कैसा-कैसा तो लगा। बहुत खराब ! टुन्नी भी नहीं खेली। उसे बुखार था। उल्टी आ रही थी। सारा दिन रोती रही। पानी माँग रही थी बार-बार। गोलू और वह बारी-बारी अपनी बोतल से पिलाते रहे।

मैडम ने दोनों को 'रायम्स' सुनाने बुलाया। वे नहीं मिले। किसी तरह आया ने खोज लिए। 'सिक रूम' में बैठे थे।

आया ने सब कुछ बता दिया, ''मैडम जी, टुन्नी के पास बैठे थे दोनों। डॉक्टर-डॉक्टर खेल रहे थे। वह बीमार है न !''

''फिर घर से आई क्यों थी टुन्नी ?'' मैडम के तेवर गुस्से के थे।

''उसकी नौकरानी नहीं आई न। माँ-बाप ऑफिस से छुट्टी नहीं लेते। माँ कहती है कि तुम लो, और बाप कहता है कि तू छुट्टी ले। जिद में बच्चा की फजियत !''

पापा ! स्कूटर की आवाज ! अक्षय पहचानता है अपने पापा के स्कूटर की आवाज।

अरे, आया तो पापा से उलझ रही है, ''जल्दी आया करो साब ! हमें भी घर जाना होता है। मैडम जी नाराज हो रही थीं। कमाल है, आपको अपने बच्चे का ख्याल नहीं रहता। सवेरे के सात बजे से पाँच बजे का बखत कम नहीं होता।

''अरे सुनो साब, आपका बच्चा जब न तब कच्छे में पेशाब कर देता है। दस बार उन्हीं का कपड़ा तो नहीं बदलते रहेंगे। यह तो इतना बड़ा है, इससे छोटे-छोटे नहीं करते। बखत से टट्टी-पेशाब की आदत नहीं डाली। धन्य हैं रे पढ़े-लिखे माँ-बाप।''

अक्षय को लगा, आया तड़ातड़ उसे पीट रही है। उसके होंठ भिंच गए। आँखें तरेरकर आया को घूरने लगा।

''और देखो साब, हम भी गरीब आदमी हैं ! साँझ तक आपके बच्चे की डूटी में बैठे हैं, टट्टी-पेशाब धोते हैं, आपने तो यह भी नहीं सोचा कि कभी पाँच रुपया हाथ पर...कि एक साड़ी मौके-औसर पर...''

पापा ने आया के हाथ से झोला ले लिया। झटके से अक्षय को आगे किया और लगभग खींचते हुए स्कूटर पर खड़ा कर दिया, ''चलो ! खड़े हो ढंग से।''

पापा को क्या पता, वह शू-शू को कितना रोकता है। आया गन्दी है। उसके कान खींचती है, चाँटे मारती हैं। अंडा खिलाएगी तो मुँह में ठूँसती जाएगी, भले उल्टी आ जाए। वह कसकर मुँह बन्द कर लेता है, कितना ही कहे, नहीं खोलता।

मैडम के सामने उसकी आवाज पतली हो जाती है, ''गोलू बाबाऽऽ, अच्छय बाबा ! टुन्नी बेबी, शिखा बिटिया !''

वही क्यों, वहाँ तो सभी शू-शू करते हैं। टुन्नी ने बताया, अच्छय, तेरी निक्कर भीग गई। दूसरे दिन उसने टोका, ''टुन्नी, तेली फिलाक गीलीऽऽ...! छू के देख।''

टुन्नी नीचे का होंठ दाँतों से चबाती रही...शर्म और उपेक्षा का मिलाजुला अपराध बोध। उसने टुन्नी के सिर पर हाथ फेरा, गाल पर प्यार किया। टुन्नी ने उँगलियों से अपनी आँखें ढँक लीं, ''शेम-शेम तो नहीं करेगा अच्छय ?''

''तू भी नहीं कलना !''

पापा अक्षय से गुस्सा रहने लगे हैं। क्रैश से उसकी इतनी शिकायतें जो मिलती हैं। बात-बात पर झिड़क देते हैं पापा। मम्मी चिड़चिड़ी हो गई हैं। बुआ कहती हैं, अब घर

में डॉल के बराबर एक बच्चा आएगा। मम्मी अस्पताल से लाएँगी। अक्षय का भाई या बहन। उसके साथ मजे से खेलना।

''मैं क्रैश फिल भी जाऊँगा बुआ ?''

''नहीं रे, तब तो मैं रहूँगी यहाँ, छुट्टी लेकर आ जाऊँगी हॉस्टल से। तू सारा दिन मेरे पास रहेगा।''

अक्षय ताली पीटकर हँसने लगा, ''अहा !''

''बहादुल ! ओ बहादुल !

बहादुर ने ऊपर देखा, अक्षय था।

''अरे ! अच्छय बाबा !''

''बहादुल, तुम काँ जालये हो ?''

''बजार, अच्छय बाबा ! हम साब के लिए सिगरेट लेने जा रहे हैं।''

''मैं आऊँ तुम्हाले साथ ?''

''आओ बाबा ! मगर इतनी दूर चलोगे कैसे ? अच्छा, आ जाओ, हम तुम्हें गोद में उठाकर ले जाएँगे।''

बहादुर ने मारे लाड़ के अक्षय को अपने कन्धे पर बिठा लिया, ''तुम हमारा सिर पकड़े रहना बाबा ! हमारे देस में बच्चों को ऐसे ही ले जाते हैं, वहाँ बच्चा गाड़ी और स्कूटर, मोटर कहाँ से आए।''

बहादुर ने छः की जगह पाँच सिगरेटें लीं। एक सिगरेट के पैसे से लैमनजूस खरीद लीं, ''लो अच्छय बाबा। खाओ, मीठी है।''

''बहादुल तुम भी...''

''तुम खा लो बाबू ! हमारा तो पेट भरा है। चा पीकर आए हैं।''

कैसी अच्छी ! खट्टी-मीठी ! अहा ! पापा क्यों नहीं लाते ?

बहादुर उसका पक्का दोस्त बन गया। गोलू के जितना पक्का। उसको बहुत सारे खेल आते हैं—'अटकन बटकन दही चटक्कन' करता है। अक्षय की दोनों हथेलियाँ उलटी करके जमीन पर रखवाता है, बड़ा-सा गाना गाता है। फिर कहेगा, पलटो हाथ। अक्षय की धूल-सनी हथेली, रेत में लिपटी नन्ही-नन्ही उँगलियाँ बहादुर चूम लेता है। फिर खेलता है :

''मेरी गइया खो गई है, खो गई है, पा गई, पा गई,'' कहकर बाँह पर गुदगुदी मचाता है। अक्षय खूब हँसता है। यह रोज की दिनचर्या में शामिल है।

बुआ के साथ अक्षय ने यही खेल खेला तो बुआ हँस-हँसकर पागल हो गईं, बोलीं, ''छोड़ रे, बड़ी जोर से गुदगुदी...!''

अक्षय ने सारा गाना रट लिया। गोलू और टुन्नी को सुनाया। उनकी बाँहों में गुदगुदी मचाई, वे खूब हँसे। खिलखिलाहट सुनकर आया दौड़ी आई। खूब डाँटा, मगर

वहाँ तो वही गाना—

अटकन बटकन दही चटक्कन, बड़फूले बंगाले !
मामा लाया सात कटोरी, एक कटोरी फूटी !
मामा की बहू रूठी। काहे बात पै रूठी।
दही-दूध बहुतेरा। खाने को मुँह टेढ़ा।
बिछा दे ंरानी पलिका !

समवेत स्वर में इमारत गूँजने लगी। मैडम ने डाँटा, "शटअप ! गँवारू गाना कहाँ से सीखा ?"

सब चुप।

सन्नाटा खिंच गया। मकई के दानों की नन्ही पाँतें सहमे हुए होंठों में छुप गईं।

उसके तुरन्त बाद—'बाबा ब्लैक शीप। हैव यू एनी वूल' बच्चों ने भारी मन से गाया था।

"अक्षय ! ओ अक्षय ! तू सुबह से कहाँ चला जाता है ?"

उसने ऊपर को देखा, मम्मी ! बालकनी में खड़ी हैं।

वह सँभल-सँभलकर सीढ़ियाँ चढ़ा और ऊपर पहुँच गया।

"कहाँ था ? बोल !"

मम्मी के तमतमाए चेहरे की झार से उसका गदबदा मुख झुलसने लगा। डोरी खिंचे बन्द बटुए के मुख-से सिकुड़े होंठ और सहमी हुई बड़ी-बड़ी आँखें।

"चल, पॉटी कर ले।"

वह बैठ गया। बहुत देर तक बैठा रहा। पॉटी है कि आती नहीं...। वह उठ गया। मम्मी दौड़कर आईं और धम्म से फिर उसी तरह बिठा दिया, "बैठ थोड़ी देर और। नहीं तो क्रैश में..."

वह टँगा-टँगा थक गया है। कुर्सी से लटकते छोटे-छोटे पाँव सुन्न हो गए।

"मम्मी...मम्मी ! पैल में चींटियाँ काट लई हैं।"

"अच्छा बाबा, चल उठ। जा, पापा से नहा ले। फिर दूध पी लेना। अंडा क्यों नहीं खाता ? रोज लौटाकर...तू बहुत बिगड़ता जाता है अक्षय ! कहना नहीं मानता। राजा बेटा नहीं बनना तुझे ?"

मम्मी ने नहाकर अच्छी-सी साड़ी पहनी है। बाल काढ़े हैं। मुँह पर कुछ लाल-लाल लगाया है। कितनी सुन्दर बन गईं मम्मी ! सबसे सुन्दर ! सबसे अच्छी ! अपनी नन्ही-सी तौलिया हाथों में थामे वह नंगा ही खड़ा रहा देर तक। मम्मी को निरखता रहा।

"अरे, तू तो अभी यहीं खड़ा है ! जल्दी जा। पापा गुस्सा करेंगे। अभी उन्हें भी नहाना है। तंग मत करना उन्हें। अपने आप देह पोंछ लेना। पाउडर लगा लेना। जल्दी जा। सात बजने वाले हो गए, बस आधा घंटा बचा है।"

मम्मी का कहना अक्षय ने पूरी तरह निभाया।

क्रैश में मैडम की साड़ी बिलकुल मम्मी के जैसी थी, छू-छूकर देखता रहा। मन में आया कि लिपट जाए मैडम की साड़ी में। पूरा दुबक जाए। मैडम खुद भी आज बिलकुल मम्मी जैसी लग रही हैं—अच्छी, सुन्दर। अक्षय टकटकी लगाए देखता रहा।

अरे, पापा ! इतनी जल्दी !

पापा मैडम के कमरे में घुस रहे हैं। उसको देखकर भी वे नहीं रुके ! क्यों ?

मगर वह दौड़ रहा है, "पापाऽऽ...पापाऽऽ !"

आया ने उसे बीच में ही दबोच लिया, "ओ अच्छय बाबा, कहाँ जा रहे हो वहाँ ? पापा को मैडम ने बुलाया है।"

भीतर पापा अपराधी-से खड़े हैं। मैडम पापा को डाँट रही हैं, "आप लोगों को अपने बच्चों को अच्छी आदतें सिखानी चाहिए। इतना बड़ा बच्चा, पूरे तीन साल का। निकर गीला करता है, गन्दा करता है। मैं तो उसे बुलाती आपके सामने, मगर इस तरह वह अधिक कांशस हो जाएगा। यू मस्ट अंडरस्टैंड इट।"

वह सुन रहा था। समझ रहा था कि उसकी शिकायत...

"और देखिए चोरी की आदत...मिन्नी का पराँठा चुराकर खा लेता है। उसके माता-पिता तो मेरे ऊपर चढ़ आए कि कैसे-कैसे टुच्चे घरों के बच्चे रखती हैं आप। अब ऐसी आदतें हम तो सिखाते नहीं। जिस चीज का अभाव रहता होगा, उसी की चोरी करेगा न बच्चा।"

पापा उसे सीढ़ियों से चढ़ाकर नहीं, घर तक घसीटकर ले गए थे। ढकेलकर मम्मी के सामने खड़ा कर दिया, "लो सँभालो ! पूछो कि कहाँ-कहाँ से सीखकर आता है गन्दी आदतें।" पापा ने सारी बातें दुहरा दीं।

अक्षय की छोटी-सी देह काँपने लगी।

मम्मी ने जैसे ही पूछा, "अक्षय, चोरी...! तुमने...?"

निकर में से शू-शू की धार बहने लगी।

"कह नहीं सकता था कि पराँठा...किस बात की कमी रखते हैं तेरे लिए। महँगे से महँगे बिस्कुट, टॉफी, च्युंगम, चॉकलेट...फिर भी तू नादीदा, ललचाया हुआ..." मम्मी विलाप कर रही थीं।

वह धरती पर आँखें गड़ाए लाचार, बूढ़े व्यक्ति की तरह खड़ा था।

"नम्बर वन, नम्बर टू नहीं बोल पाता तू ? कितनी बार समझाया है तुझे कि शू-शू के लिए एक उँगली दिखा देना, मगर तू..." मम्मी ने खिसियाकर उसे झकझोर डाला। वह लड़खड़ाकर किसी तरह सँभल पाया।

भौचक्का-सा खड़ा मम्मी को देखने लगा। कहा तो था, शि-शि...दो उँगली भी दिखाई थीं। नम्बर टू भी बोला। आया ने नहीं सुना। उसकी ओर देखा भी नहीं। निकर की इलास्टिक इतनी तंग कि वह और गोलू दोनों लगे रहे। खींचते रहे नीचे को। तब तक तो...

...लेकिन मुख से कुछ न कह सका अक्षय। इतनी बातें कहनी ही नहीं आएँगी, बोला, "मम्मी, सॉली..." और सिसक-सिसककर रोने लगा।

पापा मम्मी को समझाने लगे, "तुम क्यों दुखी होती हो, वैसे ही आजकल क्या कम परेशान हो। ऐसा करते हैं, दूसरे क्रैश में डाल देंगे। इन मैडम जी का तो दिमाग ही सातवें आसमान पर रहता है। अमीरों के बच्चे जो आते हैं यहाँ। यहाँ की फीस भी इतनी है कि..."

अक्षय बालकनी में खड़ा है। नीचे को झाँका तो बहादुर सड़क पर दिखाई दिया। बहादुर रुक गया। खड़ा होकर मिचमिची आँखों से ऊपर देखने लगा। मुसकराकर बोला, "अच्छय बाबा ! चलो घुमा लाऊँ। उतर आओ।"

अक्षय न हँसा, न मुसकराया। नाक के नन्हे नथुने रुलाई की उमड़ से उठने-गिरने लगे। अन्त में फूट-फूटकर रो पड़ा।

"अरे, अच्छय बाबा, तुम रोते हो ? क्यों ?"

उसे कुछ भी नहीं दिख रहा था। पुतलियों पर आँसू छितरा गए। गालों और ठोड़ी पर धार बनकर बहने लगे।

कमीज की आस्तीन से रगड़कर आँखें पोंछ डालीं। फिर देर तक आस्तीन को देखता रहा—गन्दी हो गई। मम्मी मारेगी...।

आँखें निर्जल हुईं तो नीचे को झाँका—सपाट सूनी सड़क ! बहादुर कहीं भी नहीं...। उसकी नाक बह रही थी। सुन-सुन करता बहादुर के विषय में सोचता रहा।

नीचे उतर जाने का मन हुआ कि शायद बहादुर...। दरवाजे के पास पहुँचा। बहादुर की फुसफुसाहट किवाड़ों की दूसरी ओर से आ रही थी।

"अच्छा बाबा, तुम रोते क्यों हो ? चलो मेरे साथ ! बाजार चलेंगे।"

अनुराग-भरे आग्रह से विचलित वह ललचाया-सा किवाड़ों को पूरे बल से ढकेलने लगा। नन्हे कद पर बहुत उचका, मगर कुंडी नहीं खुल सकी।

हैं ! यह रोने की आवाज ! अक्षय दौड़कर बालकनी की रेलिंग से सट गया। सिर पूरी तरह नीचे को लटका दिया। दाएँ-बाएँ गौर से देखा।

"ओऽऽ ! बहादुल !" उसकी गहरी चमकीली आँखें असामान्य रूप से फैल गईं।

शाम का समय। बच्चे सामने के पार्क में खेल रहे हैं। अक्षय ने अभी-अभी क्रैश से आकर दूध पिया है। दूध का गिलास वहीं छोड़ वह सीढ़ियाँ उतरने लगा। मम्मी पुकारती रह गईं।

बहादुर गिड़गिड़ा रहा है, "मैंने चोरी नहीं की ! मुझे नहीं पता कि आपकी जेब में कितने..."

"झूठ बोलता है ? तूने नहीं चुराए...तो हमारे बच्चे चोरी करेंगे क्या ? सिगरेट तक में से तो पैसे मारता है, साला !" उसके मालिक तड़ातड़ डंडे से पीटने लगे, "चल थाने, सब उगल देगा।"

अनचाहे ही अक्षय का मुख रोने की मुद्रा धारण करने लगा। बहादुर की आह-कराह के साथ-साथ ही वह पूरे वेग से रोने लगा—आँखें रो रही थीं, होंठ रो रहे थे। बहादुर को खींचकर ले जाने लगे तो दौड़कर वह उसकी टाँगों से लिपट गया, चीखकर रोया, "बहादुलऽऽ...आँऽऽ..."

तमाशगीरों में से कोई चिल्लाया, "अरे यह बच्चा..."

ठीक उसी समय पापा बाज की तरह झपटे, अक्षय को गोदी में उठा लिया। वह और भी जोर से चीखा, "नहीं ईऽऽ...बहादुलऽऽ...।"

"चोप ! मारूँगा, जो तनिक भी आवाज निकाली।"

पापा लपकते कदमों से एक साँस में सीढ़ियाँ चढ़ गए।

घर आकर पटक-सा दिया उसे।

"लो सँभालो अपने सपूत को ! आज पता चला, उस बदमाश गौकर के साथ रहकर सीखा था चोरी। मैं तो अचम्भे में था कि गन्दी आदतें कहाँ से...सस्ती लैमनजूस की गोलियाँ इसकी जेब में ! उन्हीं को खाकर खाँसता था रात में।"

"इन नौकर की सारी कारस्तानी आज खुली है। मुँहजोरी तो देखो, गुप्ता जी से कहा है कि चोरी आपके बच्चों ने की है।"

मम्मी दुःख-भरे असमंजस में पड़ी उसे देखती रहीं, फिर कातर भाव से बोलीं, "अक्षय बेटा, तू क्यों जाता है उसके पास ? अब तो नहीं जाएगा राजा बेटा ? देख, वह चोर है, बड़ा चोर ! गन्दे बच्चों से दोस्ती ! छिः-छिः !"

अक्षय आँखें फाड़-फाड़कर कभी मम्मी को देखता, तो कभी सहमकर पापा को।

उस रात उसे भयानक सपना आया—पुलिस और बहादुर का ! पापा और मम्मी का। सिपाही पीट रहा है। बहादुर रो रहा है। पापा क्रूर भाव से हँस रहे हैं। मम्मी उदास बैठी हैं। और वह...वह बहादुर को बचाते-बचाते पानी में गिर गया। डूबने लगा।

अक्षय हड़बड़ाकर उठ बैठा। देखा कि सारा बिस्तर गीला ! नाईट सूट भीगा हुआ ! मम्मी-पापा को जगाए ? वह अँधेरे एकान्त में गीले कपड़ों में लिपटा पड़ा रहा।

"बहादुल ! ओ बहादुल !" अक्षय ने सबकी आँखें बचाकर बहादुर को पुकारा।

ऊपर की ओर बिना देखे ही बहादुर चला गया।

बहादुर की बेरहम उपेक्षा से आहत अक्षय मम्मी-पापा के आतंक को भूल गया।

उसने खूब चिल्लाकर आवाज दी, "बहादुल ! देखो ! अच्छय बाबा। अच्छय बाबा !"

मगर नहीं, कोई प्रत्युत्तर नहीं।

अक्षय देर तक विस्मित-सा खड़ा रहा।

अधीर हुआ, जल्दी-जल्दी सीढ़ियाँ उतरकर नीचे पहुँच गया। देखा कि सामने हाथ में दूध का डब्बा थामे बहादुर आ रहा है। अक्षय के मन में नन्ही-नन्ही तरंगें उठने लगीं।

किलककर बोला, ''बहादुल !''

''अच्छय बाबा !'' बहादुर ने उसे गोद में उठा लिया।

''लो बाबा, यह लैमनजूस। हम अपनी पगार के पैसे से लाए हैं। अब हमें कोई नहीं पीट सकता। हमने वह नौकरी छोड़ दी। पर पहले मालिक नाराज हैं, कहते हैं कि वे हमें थाने में बन्द कराके रहेंगे।''

अक्षय की समझ में बहादुर की बात का सार न जाने कितना आया। वह निरीह भाव से होंठ भींचकर पलकें छटपटाता रहा। बहादुर ने उसकी खूब सारी पप्पी ली।

सहसा उसने ऊपर देखा—पापा !

तुरन्त जीने की सीढ़ियाँ दबे पाँव चढ़ने लगा और चतुर खरगोश की तरह छुपता-छुपता बुआ के कमरे में जाने लगा।

''नहीं माना तू ?''

अक्षय वहीं बर्फ की तरह जमा रह गया।

पापा के हाथ में फुटा है ! उसकी आँखों में भय थरथराने लगा।

'जाएगा ? और जाएगा ? बोल ? कितना ढीठ हो गया है तू ? कितना बेशर्म ?' जितने प्रश्न, फुटे के उतने ही भरपूर वार ! उतनी ही प्रताड़ना !

मम्मी भीतर से भागीं, ''यह तुम क्या...सुधीर ! मारते क्यों हो ?''

न जाने क्या समझ गईं मम्मी कि अक्षय पर ही खीजने लगीं, ''खूब जा ! चोर बन ! वहीं गया होगा ! उसी नौकर के पास...''

पापा का अन्तिम प्रहार एड़ी के ऊपर की कोमल त्वचा में जा गड़ा। मांस फट गया। खून रिसने लगा।

अक्षय चिंघाड़कर रो पड़ा।

अभी-अभी बुआ घर में घुसी हैं, सीधी हॉस्टल से आ रही हैं।

''अक्षय ! ओ अक्षय ! क्या हुआ ?''

अपना बैग एक ओर पटककर उधर को ही लपक पड़ीं, ''क्यों मार रहे हो इसे ? मैं कह रही हूँ क्यों ?''

''नाक में दम कर रखा है इस लड़के ने। बात मानकर तो देता ही नहीं है। गन्दी आदतों में पड़ता जा रहा है, क्रैश से रोज शिकायत...'' मम्मी का स्वर रुआँसा हो उठा।

''छोड़ो इसे ! छोड़ो ! छोड़ो भइया !'' बुआ ने हाथ पकड़कर अक्षय को अपनी ओर घसीट लिया।

''तू चुप रह सुनीता ! तूने ही इसको बिगाड़ा है, हर समय इसका पक्ष लेगी। इतना ही प्यार है तो रह यहाँ ! रख इसे ! छोड़ पढ़ाई।''

''यह तुम्हारा बेटा है। तुममें से एक जना छोड़ दे नौकरी ! ले लो छुट्टी ! नहीं

पाल सकते तो पैदा क्यों किया ? पंछी-पखेरू तक अपने बच्चों को उड़ना सीखने के पहले दूसरों के भरोसे नहीं छोड़ते। तुम तो मनुष्य जात ! पढ़े-लिखे ! सभ्य-सुसंस्कृत हो...''

पापा-मम्मी ठगे-से बुआ को देखते रहे। कैसे अव्यावहारिक बात कर रही है। सुनीता ! गृहस्थी का खर्च, रहन-सहन के स्तर को साधे रखनेवाले मेरुदंड न उखड़ जाएँगे ? किसी अय्याशी की खातिर तो नहीं करते दोनों जने काम !

''यह बताओ भाभी, सूरज निकलने से लेकर सूरज छिपने तक यह तुम्हारे पास नहीं रहता। रात को आकर सो जाता है, फिर किस बात का हिसाब माँग रहे हो इससे ? क्या सिखाते हो आप लोग...अपना कितना समय...?''

''कोई कमी तो नहीं रखते हम।''

''मार की कमी रखते थे, वह भी पूरी कर दी। तुमसे न हुई तो मैं पीटूँ ? सुधारूँ ? बिगड़ जो रहा है !'' बुआ बिफर उठीं, और दो तमाचे अक्षय के गाल पर जड़ दिए।

''क्यों चिपकता है मुझसे ? क्यों जाता है बहादुर के पास ? क्या कमी है तुझे ? मम्मी-पापा मांस के लोथड़े की तरह जहाँ पटक दें, वहीं पड़ा रहा कर ! बच्चों की-सी भूलें क्यों करता है ?'' बुआ कहते-कहते रोने लगीं।

मम्मी अपने कमरे में बैठी रो रही हैं। पापा स्कूटर से कहीं चले गए। बुआ ने उसके पाँव में दवा वाली रुई टेप से चिपका दी।

वह रोता-रोता ही सो गया। उठा तो पाँव में टीस थी। एड़ी उठाकर चल रहा था। अँधेरा हो चुका है। उसने कुर्सी पर चढ़कर बत्ती जला दी।

बुआ कहाँ हैं ? चारों ओर उझक रहा है।

ड्राइंगरूम में दीवान पर लेटी हैं। उनकी चुन्नी फर्श पर गिरी पड़ी है। अक्षय ने चुन्नी उठाकर बुआ को ओढ़ा दी।

बुआ सोई नहीं थी। उन्होंने उसे गोद में भर लिया। छाती से चिपका लिया, ''अक्षय, बाबू ! उठ गया ! मारा था न मैंने ?''

वह होंठ भींचे बड़ी-बड़ी आँखों से निरखता रहा, सिर हिलाकर बोला, ''नहीं।''

''बुआ बहुत गन्दी है। तू मार बुआ को।''

उसने हाथ की नन्ही मुट्ठी बुआ की हथेली पर खोल दी, ''बुआ, लैमनजूस ! खाओ, मीठी-मीठी है।''

आजकल अक्षय बड़े मजे में है। जो चाहता था वही हुआ। बुआ घर में रहती हैं उसके साथ। उनका रसीला स्वर पूरे घर में बहता है। उसके साथ खेलती हैं।

कितना मजा आया जब बुआ उसे बाजार ले गईं। जिद करके बैटरी वाला मंकी दिला दिया। वह तो ललचाई निगाह से देखता हुआ भी बराबर मना करता रहा था।

बोलीं, ''क्या खाएगा अक्षय ?''

"ऑरेंजबार ?"

बुआ ने भी उसके साथ-साथ खाई।

आजकल उसे लगता है कि खुरदरे फर्श पर आह्लाद की कोमल दूब उग आई है, जिस पर वह कबूतर के शैतान बच्चे की तरह फुदकता फिरता है। तरह-तरह के खेल रचता है। बहादुर का सिखाया गाना निर्द्वन्द्व गाता है।

मम्मी तीन दिन से घर में नहीं हैं।

बुआ कहती हैं, "अक्षय, तेरा भाई आ गया, अस्पताल में।"

"कैसा भाई बुआ ?"

"एकदम तेरे जैसा।"

"अक्षय, देख भाई !"

बुआ की गोद में गुड्डे के बराबर जीव ! हाथ-पाँव चलाकर रोता हुआ ! अक्षय कुतूहल से देखता रहा।

भाई को सब देखते हैं ! सब उठाते हैं ! खिलाते हैं ! मम्मी तो उसको सारे दिन गोदी में रखती हैं। भाई शू-शू करता है, छोटी उँगली नहीं दिखाता। नम्बर टू भी बार-बार...मम्मी चुपचाप उसकी नेपी बदल देती हैं ! एक बार भी नहीं डाँटतीं ! बुआ उसे कपड़े पहनाती हैं। सारी प्रक्रिया अक्षय न जाने किस भाव से देखता रहता है—कभी विस्मित-सा तो कभी विरक्त-सा।

"तू गोदी में लेगा इसे ?"

वह झटपट बुआ के पीछे दुबक गया।

अब वह चुप रहता है। कुछ नहीं बोलता। शैतानी भी नहीं करता। बुआ कहती हैं, "तू बुड्ढा हो गया है अक्षय। बूढ़ा बाबा ! दाढ़ी लाएँगे तेरे लिए ! लगाएगा ? सान्ता क्लॉज जैसी !"

अक्षय हँस पड़ा...मगर बड़ों की तरह दबी हुई हँसी !

"भाई अच्छा है न ?"

यह प्रश्न उससे दिन-भर में कई बार पूछा जाता है।

वह उत्तर में चुप रहता है।

बुआ ने पूछा तो वह चीखकर बोला, "गन्दा है !"

मम्मी ने भइया को उठा लिया। गोदी में लेकर बैठ गईं।

भइया का झूला खाली है। अक्षय दौड़कर अपनी बड़ी वाली बॉल उठा लाया। जल्दी से पालने में सुला दी। उस फुटे को भी उठा लाया, जिससे पापा ने उसे...

वह बॉल को पीटने लगा। पीटता गया। जितना पीट सकता था पीटा, "गन्दा !

गन्दा ! गन्दा !''

मम्मी ने पापा को पुकारा, ''सुनोऽऽ...अरे देखो तोऽऽ...यह लड़का तो घर में रहकर बर्बाद होता जा रहा है। दूध पीने में, नहाने में, खाने में बेमतलब ही जिद करता है। छोटे की निपल नीचे फेंक दी। बॉल पीट-पीटकर फाड़ डाली। बहुत चिड़चिड़ा हो गया है।''

''सुनीता है तो सँभाल रही हैं। पीछे कौन...? जल्दी से क्रैश का प्रबन्ध करो न।''

''बात कर आया हूँ। कल ही ले जाना है।'' वे विरक्त भाव से कह रहे थे।

बुआ की छुट्टी समाप्त। वह तैयार हो रहा है। कपड़े पहन लिये। जूते-मोजे भी। टिफिन में चॉकलेट, टॉफी, पराँठा ! बुआ ने उसके लिए पराँठा बनाया है, आज उसे क्रैश में जाना है।

वह नीचे उतर आया। पापा ने स्कूटर स्टार्ट कर दिया। आगे खड़ा हो ही रहा था कि बरबस ही निगाह उस घर पर जम गई जहाँ बहादुर...

''अक्षय, बेटा, नए क्रैश में जा रहे हो आज तो ! अच्छा, ठीक से खड़े हो जाओ !'' पापा का स्वर बहुत मीठा है।

''अरे सँभलकर अक्षय !''

उसने स्कूटर को कसकर पकड़ लिया। पाँव गाड़कर जमा दिए।

सामने अजनबी दीवारें ! अनजाना परिदृश्य ! यह नया क्रैश है। पापा आगे-आगे...वह पीछे रह गया। रुककर पापा ने उसका हाथ पकड़ा। खोया-खोया-सा भीतर घुसा। नन्ही धुकधुकी तेज होती जा रही है।

हड़बड़ाकर इधर-उधर देखा, अपरिचित बच्चों के उत्सुक चेहरे !

गोलू, टुन्नी, शिखा...!

पापा ने अक्षय का हाथ आया के हाथ में दे दिया।

''मैं चलूँ ! रोना नहीं, तुम राजा बेटा हो न !'' चारदीवारी के मैले अहाते से निकलकर पापा जाने लगे।

स्कूटर मुड़ गया। अक्षय की करुण मुखमुद्रा पर जड़ी आँसुओं से लबालब दो आँखें, साइलेंसर के पाइप से बहते धुएँ की लकीर को पिछियाती रहीं।

ओझल होते ही अक्षय दहाड़ मारकर रो पड़ा, ''पापाऽऽ...प्लीज, पापा, मुझेऽऽ...''

उसके नन्हे कोमल हाथ पर आया की मजबूत पकड़ और अधिक कसती चली गई।

ललमनियाँ

नन्ही पिड़कुल बाहर से भागती आई और छप्पर के नीचे लीपती हुई माँ को झकझोरते हुए बोली, "अम्मा, साबो मौसी अपने सासरे से आ गईं।"

मौहरो ने लीपते-ही-लीपते बच्ची की छोटी-छोटी हँफनी सुनी। वह अपने काम में लगी ही बोली, "आ गई तो आ जाने दे, तू क्यों हलकान हो रही है ?"

पिड़कुल ने माँ की ठोड़ी पकड़कर उसका मुख अपनी ओर घुमा लिया, "अम्मा, साबो मौसी मुझे देखते ही बोलीं, 'पिड़कुल, कैसी है ? मजे में तो है ? तेरी अम्मा कहाँ हैं ? जा बुला ला, मैं उसी की खातिर पाँच कोस चलकर आई हूँ।'

"अम्मा, हाथ धो, जल्दी चल, मौसी मुझे पेड़े देगी।"

मौहरो दो पल ऐसे ही देखती रही, फिर शान्त स्वर में बोली, "पहले लीप लूँ फिर हाथ-पाँव धोकर चलूँगी। पेड़े कहीं भागे थोड़े ही जाते हैं।"

बच्ची उदास हो गई।

छः वर्षीय पिड़कुल चंचल और समझदार लड़की है। हलके ऊदे रंग की चिड़िया की तरह फुद-फुद फुदकती है। सम्भवतः उसकी फुदकती चाल और गम्भीर आँखों को देखकर ही उसकी माँ ने उसका नाम पिड़कुल रख दिया है।

हाथ धोते समय मौहरो को एकाध जरूरी काम याद आ गए। मक्का दलनी है। मठा रखा है, महेरी बना लूँगी, नहीं तो मठा ज्यादा खट्टा हो जाएगा। आज आटा नहीं है।

वह चाकी पर मक्का दलने बैठ गई। पिड़कुल न जाने कब बाहर चली गई।

मक्का का दलिया बटोरकर मौहरो पटली झाड़ती हुई उठ ही रही थी कि पिड़कुल साबो जीजी को लेकर हाजिर हो गई।

जीजी को देखकर मन उमड़ आया। हिलोरें आँखों में भर आईं। पपड़ाए-सूखे होंठों से तो उसने मुसकराने का प्रयत्न किया था। साबो जीजी के कन्धे पर सिर रखकर वह रोई।

बान की खटिया पर पाँव लटकाकर बैठ गईं जीजी। मौहरो कुछ बोल नहीं पा रही थी। आँसुओं के आवेग ने आँख-नाक को ऐसा गीला किया कि वह सुन-सुन करती हुई चुपचाप ही बैठी रही। हाँ, जीजी के पाँवों पर लगे आलता और उँगलियों में चपीं नई मछली-बिछियों को देखकर अनुमान लगाने लगी। हो न हो जीजी सुभ कारज में

से आई हैं।

पिड़कुल की आँखें भी खुशी से चमक रही थीं। वह बार-बार अपने बालों पर हाथ फेरती, फिर अपनी गुथी हुई नन्हीं चुटिया के रिबन को सहला लेती। वह जीजी से सटकर खड़ी थी और उनकी कोरी धोती की गन्ध को नथुनों में भर-भरकर सूँघ रही थी।

उँगलियों की कोमल पोरों के बीच मौसी की धोती के छोर को घिसकर परख रही थी कि रेशमी है या नहीं।

जीजी कुशल-खैर पूछने के बाद बोलीं, "मौहरो, अब तू तैयार हो जा, हमारे गाँव ब्याह है। तुझे ललमनियाँ दिखाने चलना है। काम-धन्धा छोड़कर आई हूँ इसी कारन।"

वह जीजी की ओर देखती रही, ज्यों कुछ समझी न हो।

"तू चलेगी न ?"

"कहाँ जीजी ?"

"अरी मैं क्या कह रही हूँ, ललमनियाँ के लिए।"

वह उदास-सी अपनी ठोड़ी की गुदी बिन्दी को टटोलती हुई धीमे स्वर में बोली, "जीजी ललमनियाँ की रिवाज बची है बिरज के गाँवों में ? हमारे जाने तो इस नाच की कदर उठ गई।" ठंडी साँस भरते हुए उसने माथे पर ऐसे हाथ रख दिया, ज्यों तकदीर बिगड़ जाने के शोक में डूबी हो।

जीजी उत्साह में थीं, "हाँ-हाँ, हम भी जानते हैं अपने गाँवों में कदर नहीं बची पर यह बता, ललमनियाँ क्या रिवाजों का मोहताज है ? उसे कोई दबंग जनी नाचे तो सिलैमा-ठेठरों को पानी कर दे। तू बहादुर जनी होकर पोच बातें क्यों करने लगी ?"

"काहे की बहादुर जीजी, सब तरह से जूझकर देख लिया।" मौहरो ने अपने होंठों पर धोती का पल्ला ढाँप लिया।

"मौहरो, तेरे मुख से ये बातें सोभा नहीं देतीं। जबर करेजा की न होती तो ललमनियाँ नाच लेती ? द्वार आए समधी को उसका असली रूप गा-गाकर रिझा-रिझाकर सुना देना बहादुरी नहीं है ? तू क्या जानती नहीं है, दरपन हाथ में लेकर नाचने का क्या मतलब है ? बस यही कि ऊपर से सुगढ़-सलौने बन आए सजनवर अपना असल रूप निहारो, झाँको अपने हिरदै में कि तुम कितने मनिख हो और कितने सैतान...बेटी के बाप को..." कहते-कहते साबो जीजी का स्वर भारी हो गया।

"हमारे गाँव में लम्बरदारनी ने बुलाया है तुझे। कहने को तो न लम्बरदारी बची, न धन-दौलत और न सान-सौकत, पर अपनी देहरी पर टिकी अपनी धूल-माँटी में पड़ी और अपने परब-त्यौहारों में बसी वह हमारे गाँव ताहरपुर की माँ है। तू क्या जाने कि ललमनियाँ के लिए कितेक ठौर हैं उसके करेजा में ?"

"जीजी, अजब-अजब खेल-तमासे चल गए हैं, नित रोज दुनियाँ बदल रही है। सहर के लोग तो बीडुआ चलाएँगे। सहर से नचनी भी लाएँगे।"

साबो जीजी की काजल लगी छोटी-छोटी आँखें और सिकुड़ गईं, "तू बीडुआ और सहरी नचनियों से डर रही है ? चलते रहे सौतेला। हमारी लम्बरदारनी के किस काम

के ? यों तो उनके पूत कह रहे थे कि हम अपनी बहन की सादी सहर में से करेंगे। लम्बरदारनी नहीं, अंगेजी। बिरज की असल जाटिनी है वो।''

मौहरो ने अमृतवाणी सुनी। उसकी निस्तेज आँखों में किरणें फूटने लगीं। मुरझाया मुख सूरजमुखी के फूल की तरह खिल गया।

आस्थापूर्वक बोली, ''जीजी, ब्याह कब का है ?''

''अरी कल्ल, कल्ल आवैगी बरात।''

वह जीजी के लिए पल-छिन में चाय बना लाई। कनकटे पीतल के गिलास को उन्होंने धोती के छोर से पकड़ा और फूँक मार-मारकर घूँट भरने लगीं।

''मौहरो, गुजर-बसर...?'' उनका स्वर गम्भीर हो गया।

वह हँसी, ''जीजी अब की बार फसल अच्छी थी। किसानों के खेतों में कटाई के बाद बालें अच्छी गिरीं। भले बीनने के बाद मालिकों ने हमें चौथा हिस्सा दिया, पर इतना तो जोड़ लिया कि अगली फसल तक मैं और पिड़कुल भूखे न मरें। बिना खेती-पाती वालों के तो ये ही साधन हैं जीजी। सिलु-सांगुरे-बीनना, कटनई और बुवाई करना।''

जीजी ने चाय का अन्तिम घूँट भरा और उठ खड़ी हुईं।

''तू चिन्ता न करना। हमारी लम्बरदारनी का करेजा चौड़े पाट का है, तुझे भी अच्छा देगी।''

मौहरो क्षीण-सी हँसी हँस दी। विनीत भाव से बोली, ''कैसी बातें करती हो जीजी ? ललमनियाँ क्या लेने-देने के लिए किया जाता है ? अरे वो तो अपनी बिरज भूमि का नाच है। बस मरता हुआ नहीं देखा जाता...अम्मा क्या कमाई के लिए ललमनियाँ दिखाती थीं ? उसे तो अटूट पिरैम था इस नाच से।''

''अरी और क्या।'' जीजी ने उत्साहपूर्वक समर्थन किया।

जीजी जाने लगीं। पिड़कुल का मुँह छोटा हो आया। आँखों की उमंग मरने लगी। वह धीमे-धीमे कदमों से चली और जीजी से बहुत पीछे रह गई।

जीजी लौटीं, कुछ याद पड़ा, ''अरी लो ! मैं तो बातों में भूल ही गई। इस नन्ही के लिए पेड़े लाई थी, और खोखा झोले में ही लिये जा रही हूँ।''

पिड़कुल ने फुर्ती से डग भरे और उनके पास पहुँच गई। उन्होंने उसके बालों पर हाथ फेरा। गालों को पुचकारा और पेड़ों का खोखा छोटे-छोटे हाथों में थमा दिया। पिड़कुल ने कागज के थैले को सावधानीपूर्वक पकड़ा।

जीजी फिर बोलीं, ''अच्छा तो चलती हूँ। दिन उगे से पहले ही निकल लेंगे कल। भायटे-गरमी का बखत है फिर घाम कर्री हो जाएगी।''

दिन में इतनी बातें हुईं फिर भी वह निश्चित तौर पर तय नहीं कर पा रही थी कि साबो जीजी उसे सचमुच ललमनियाँ के लिए बुलाने आई हैं या वह कोई सपना देख रही है। लम्बरदारनी जैसे आठ-दस गाँवों में भी लोग निकल आएँ तो ललमनियाँ की चल्ला फिर से चल निकले।

आस बाँधकर भी उसका मन मुरझा जाता है। असल में उसका हौसला टूट गया

है। बार-बार वह अम्मा को याद करके हिम्मत जोड़ती है लेकिन...

कुन्दन काका की बेटी के ब्याह में कैसी हुलस थी उसके मन में, जब सुना कि काका बेटी का ब्याह गाँव में ही कर रहे हैं। अम्मा का जमाना और था। आज बात पलट गई है। अब तो गाँव के खाते-पीते लोग अपने गाँव की धूल-धक्कड़, कीच-काई और अँधियारे से बचने के लिए शहरों की ओर भाग जाते हैं, ब्याह का समारोह वहीं जँचता है उन्हें।

पर कुन्दन काका ने ऐसा नहीं किया। सारे गाँव के अँधेरे पर ज्यों जगमगाती रोशनी छा गई। शहरी बरात को अपने गाँव की खास चीजें दिखाने की ललक सबके भीतर उठी। लड़कियों ने अच्छी-अच्छी ज्यौनार, गारियाँ और मंगलगीत तैयार किए। बड़ी-बूढ़ियों ने शगुन के गीतों को लयबद्ध करके दुहरा लिया।

मौहरो ने अपना पुराना लहँगा धो-धोकर निखारा। लोटा में गरम राख भरकर इस्त्री की। ओढ़नी में खोंपें हो गई थीं, उसने सावधानीपूर्वक सँभालकर ऐसे सिया कि कोई जान न पाए, ओढ़नी कभी फटी भी थी।

जर्जर लत्तों को देखकर उसके मन में यह इच्छा जागी कि ब्याह में जुड़ी नातेदारिनों से कपड़ों की मदद ले ले। मगर उसकी बात आई-गई कर दी औरतों ने।

वह सुरमा-बिन्दी-महावर से लैस होकर हाथ में दरपन लिये छत पर चढ़ गई। जहाँ से वह बरात को और बरात उसे पूरी तरह देख सके ऐसी जगह चुनकर खड़ी हो गई।

नाइन की गंगा ने ढोलक पर थाप दी।

उसने गीत उठाया, "ओ मेरे साजन तू देख ललमनियाँ।"

और नाचने लगी।

पहला ही आखर गाया, दरपन का लश्कारा नीचे को मारा कि कुन्दन काका का दरोगा बेटा पलक झपकते छत पर आ कूदा, चीखकर बोला, "ओ मौहरो की बच्ची ! किसने कहा तुझसे नाचने को ? देखती नहीं हमारे बरातियों की शान-शौकत ? चीथड़े पहनकर गँवारू नाच ! चली आई कहीं की ! हमारी इज्जत धूल में...? बन्द कर री गंगा ये ढोलक-मँजीरे।"

उसे लगा ढोलक के पल्लों पर गंगा के अवसन्न हाथ काँप रहे हैं। और स्वयं के पाँव थरथरा रहे हैं।

नीचे बाजे बज रहे थे। बरात में आई लड़कियाँ, घर की पढ़ी-लिखी बहू-बेटियाँ आँचल-दुपट्टे फेंककर बेसुध होकर नाच रही थीं; मर्दों की छाती से लगी, उनके कन्धों पर झुकीं...

भोंपू चीख रहा था : "चुम्मा चुम्माऽऽ...चुम्मा दे देऽऽ..."

उस दिन वह भूखी सोई। ब्याह वाले घर में से लाकर नाई परोसा दे गया। पूरी पकवानों को देखते नहीं बनता था। पिड़कुल को भी नहीं जगाया। अम्मा की बहुत याद आई। अम्मा तो सपने में भी ऐसा नहीं सोचती थी कि इस तरह...चार-पाँच साल में ही...! भला हुआ अम्मा मर गई।

ऐसा उसके साथ एक बार नहीं हुआ, कई बार घटा।

...मगर आज ! ललमनियाँ का मान हुआ है। उसकी खातिर मौहरो को बुलाया है, वह पूरी मेहनत, सम्पूरन तन-मन से करेगी। ऐसा...ऐसा कि लोग सलीमा के गाना और बीडुआ का नाच भूल जाएँ। तसवीर और आदमी में कुछ तो फरक रहता ही है न ?

लेकिन लहँगा ? उसने अपनी तार-तार काली धोती को नजर-भर देखा। हाथों में चूड़ियाँ नहीं, काले धागे बाँध लिये हैं। उसे अनायास ही हँसी आ गई। साबो जीजी ने कैसा अमन-चैन-भरा गीत गा दिया ! क्या जीजी जान न गई होंगी हाथों की ठेकों को देखकर कि ये घास खोदनेवाले हाथों में खुरपी के बेट से पड़ जाती हैं।

जाटिनी की जात भारी पड़ रही है उस पर या अम्मा जैसी कूवत में कमी आ गई है ?

उसी समय पिड़कुल बोली, जो बान की खरहरी खाट पर सो रही थी और एक लम्बे धागे को बार-बार अपने दोनों घुटनों पर लपेट रही थी, ''अम्मा, हमारे बापू...रधिया कह रही थी, तेरे बापू मर गए।''

''धत्।'' मौहरो ने बच्ची के मुख पर हाथ धर दिया।

''दिनेसा कहता है कि वे तेरी अम्मा से रूठकर चले गए ! हाँ अम्मा ?''

''हाँ।'' मौहरो ने मुकम्मल उत्तर मानकर हाँ बोला।

''क्यों रूठ गए अम्मा ? तुमने उन्हें मारा था ?'' बच्ची उठकर बैठ गई।

''अच्छा, तू चुप होगी कि नहीं ? आज ये बातें कहाँ से उठ आईं तेरे मगज में ? पुरखिन हो गई है छिटंकी।''

पिड़कुल फिर लेट गई !

रात के अँधेरे पर कुप्पी की पीली रोशनी फैल रही है। पिड़कुल अपनी परछाईं को देखती रही, जो दीवार पर पड़े चित्र की तरह उसे दीख रही थी। उसकी नाक लम्बी, बाँहें पतली और पाँव लकड़ी के जैसे, डंडानुमा ! वह हँसी और बोली, ''अम्मा, देखो बिजूका !''

मौहरो उठा-धराई में लगी थी। किसी पोटली को टटोल रही थी। उसकी ओर ध्यान नहीं दिया। पिड़कुल ने उसी समय एक गीत गाया।

''सबके तो बाबू हैं, हमारे बाबू हैं ही नहीं।

''रधिया के बाबू हैं, दिनेसा के बाबू हैं, पिड़कुल के बाबू हैं ही नहीं !''

उसने पलटकर देखा, निगाहें बुझने लगीं। आज इस लड़की को बाबू की धुन इस हिसाब से क्यों शुरू हुई ? जरूर कोई बात सुनकर आई है। लोग भी अजब हैं, इसे देखते ही कराहने लगते हैं कि हाय बाप की सूरत तक नहीं देखी अभागी ने।

भट्टे में सुलगते कंडों पर हँडिया में महेरी खदबदा रही थी। मौहरो ने उसे काठ के चमचे से चला दिया। दाने निकालकर परखे।

छोटी-सी थरकुलिया में महेरी परोसकर पिड़कुल के पास पहुँच गई।

''ले, बेटा खा ले। भूखी ही सो जाएगी ? बखत से खाती ही तो नहीं है, पसलियाँ

निकल आई हैं।''

पिड़कुल को नींद आ चुकी थी, फिर भी वह आज्ञाकारिणी बिटिया की तरह उठी और उनींदी आँखों से नन्हे महात्मा की तरह थाली के सामने आ बैठी। अधमुँदी पलकों को यत्नपूर्वक खोलती हुई फूँक मार-मारकर महेरी खाने लगी।

खाकर पानी पिया और छोटी-सी डकार लेती हुई थाली मोरी पर रख आई।

मौहरो उसके साथ ही खटिया पर जा लेटी। पिड़कुल के कोमल बालों में हाथ फिराती हुई बोली, ''सों जा। सबेरे जल्दी उठना है। साबो मौसी के संग ताहरपुर चलेंगे।''

बच्ची ने माँ के सीने में सिर गड़ा दिया और बोली, ''तू पाँव-पाँव चलाएगी अम्मा, पाँवों में काँटे लगेंगे। अब की बेर रधिया अपनी चप्पल नहीं देगी। बापू की बात पर मेरी कुट्टी है उसके साथ।''

मौहरो ने उसका नन्हा मुख चूम लिया, ''हम रेत-रेत चलेंगे। कटीली रास्ता में मैं तुझे गोदी में ले लूँगी।''

''अम्मा, साबो मौसी कह रही थी कि ब्याह में पूरी-साग-दही मिलेगा और लड्डू-जलेबी भी। दिनेसा मुझे दिखा-दिखाकर खाता है। उसके बापू बजार से लाते हैं।''

मौहरो ने बच्ची को खूब प्यार किया। अन्त में कथूलिया बिछाकर खाट पर सुला दिया और तब तक दबदोरती रही, जब तक नन्ही-नन्ही लम्बी-सी उसाँसों से गहरी नींद का अहसास न हो गया।

जो कुछ भाया, सो कौर-दो कौर खा लिया। आँखों में नींद दूर-दूर तक न थी, हाँ पिछले ख्याल जरूर गहराने लगे आँखों में...

अम्मा का हौसला भर दे भगवान मेरे सीने में, जो बहता हुआ हाथों से पाँवों तक चला जाए। गले की आवाज में बोले और हाथ के दरपन में कौंधे।

माँ चार बहनें थीं, एक से एक रूपवती ! एक से एक कलावन्ती !

उनका बाप गरीब के घरौंदे में पटक गया अम्मा को।

अपने पिता की याद है मौहरो को। गरीब के साथ वे रोगी भी थे। पेट फूलता था उनका। इसी कारण पेटफूला नाम भी पड़ गया। अम्मा कहती थीं, नाम भी दौलत के हिसाब से बिगाड़े-सुधारे जाते हैं नहीं तो रामसिंह जाट को ऐसे बेढब नाम से कोई क्यों पुकारता ? खेती-बैलों वाले जाट रहे होते तो लोग उन्हें ठाकुर रामसिंह कहते।

उनके इलाज में अम्मा ने अपनी हमेल में से चाँदी का एक-एक रुपया बेच डाला, उसमें गिलट के सिक्के कसवा लिये, और उसी को पहनकर वे ऐसा ललमनियाँ नाचतीं कि...

उसने जोग-तप माना ललमनियाँ को। उसके बदले किसी ने कुछ दिया तो उसे भोग-परसाद समझकर ग्रहण किया।

जिस दिन पिता मरे थे बुरी घड़ी थी। अम्मा की आँखों में आँसुओं से ज्यादा भूख से बिलखते अपने छोटे-छोटे बच्चों को देखकर लाचारी बरस रही थी। उन्हें याद था कि आज के दिन ललमनियाँ दिखाने जाना था सिमरधरी गाँव में। लेकिन घर में

लाश धरी हो तो...आने-जाने वालों के सामने बच्चों के पेट में कुलबुलाती आँतों को मसककर शोक दरशाना जरूरी है। अम्मा इस रूढ़ि-रिवाज को नहीं तोड़ पाईं। उसके कान में बोलीं, "बेटी तू चुपके से ललमनियाँ कर आ। परोसा मिलेगा सो उसी परसाद के संग कई दिनों तक पानी पीते रहेंगे। हमारे यहाँ रोज-रोज खाना भी कौन धरने आएगा ?"

लौटकर आई तो बापू का दाह करके लौट चुके थे लोग। अम्मा औरतों के बीच मुँह लाल किए बैठी थीं। चिन्ता से घायल आँखें उसकी ओर फेरीं और बोलीं, "कठौती के नीचे दाब दे प..."

उसने उसी लय में बताया, "नहीं दिया अम्मा। घर की मालकिन ने बोला ब्याह के घर का परोसा मौत वाले घर में नहीं जाता। तू आई क्यों बेटी ?"

अम्मा की सूखी आँखों में से पानी की धारा फूट पड़ी। वे दहाड़ मारकर रोने लगीं। यह बात आज तक समझ में नहीं आई कि अम्मा किस बात पर रोई थीं ? अपने बच्चों की भूख पर ? बापू की मौत पर ? या ललमनियाँ की बिन भोग आराधना पर ?

कभी लगता है कमजोर हो गई थीं अम्मा, या शोक में अधीर थीं अथवा ललमनियाँ के तिरस्कार पर रोष आया था उन्हें ?

वह नौ साल की अवस्था से ही नाच में प्रवीण मानी जाने लगी। अम्मा ही उसकी गुरु थीं। अम्मा का ललमनियाँ आसपास के गाँवों में मशहूर था। ऐसे तो हर गाँव में कोई न कोई औरत बरात को ललमनियाँ दिखा लेती पर अम्मा की बात उस्तानी के जैसी रहती।

अम्मा गरीबी पर धीरे-धीरे कला की रंगत चढ़ाती चली गई। उनका मान बढ़ने लगा। चटकदार लहँगा, पीली फरिया और चाँदी के गहने धारण करके जब वे ललमनियाँ दिखाने खड़ी होतीं तो वे लोग बेध्यान मूरत से खड़े रह जाते। बरात रुकी रहती। गाड़ीवान बैलों की रास कसे रहते।

आते-आते वह समय आ गया कि सेठ-साहूकारों के घरों में भी उनके बैठने के लिए चौकी-पीढ़ा दिया जाता। पत्तल की जगह थाली परसी जाती। संग में लहँगा-ओढ़नी और अँगिया का जोड़ा जैसे सम्बन्धियों को दिया जाता, ठीक वैसे ही।

अम्मा चाहती थीं गाँव की बहू-बेटियों को भी ललमनियाँ सिखाएँ। जब कोई भी उनकी निगाह में खरी न बैठी तो तो वे गाली देतीं। सिलैमा को कोसतीं। फेसन को गरियातीं। कहतीं कि हरजाई रंडियाँ बनी डोलती हैं। त्यौहारों और सगुन के मंगलगीतों की जगह बेसियाई गाने लगती हैं छिनार ! बताओ, जादूगर सैंया, छोड़ मोरी बहियाँ गा रही थीं कुन्दना की छोरी ! कुलच्छिनी बाप-काकाओं की आँखों के आगे बहियाँ छुड़ा रही हैं सैंया से ! कलजुगिनी !

अम्मा को कुछ नहीं सूझा तो अपनी बेटी पर ही बस चला और वह सात बरस की अवस्था से अम्मा के संग-संग दरपन लेकर घाघरी पहनकर नाचने लगी। नाच का गीत—

देख ललमनियाँ
पीरी पाग वारे तू देख ललमनियाँ
नैनन सुरमा वारे तू देख ललमनियाँ
ओ माया के लोभी, ओ जोरू के चाकर,
बेटा के व्यापारी
तू देख ललमनियाँ...

जैसा समधी होता उसी तरह के गीत।

जिस बेटे को उन्होंने ओखली में खा-खाकर, टोने-टोटकों को पूरा करके जन्मा था वही दिन-रात गाली देता, क्योंकि वे भेदभाव न बरत पाती थीं। सक्का गड़रिया-कुम्हार-खटीकों के यहाँ भी नाच आतीं।

भइया का ब्याह नहीं हो पा रहा था। वह चिड़चिड़ा हो गया और उन्हीं दिनों अम्मा ललमनियाँ उदार होकर दिखा रही थीं।

कहने पर भी नहीं मानीं तो भाई ने पीटा अम्मा को, बोला, ''तू माँ है या हत्यारी दुसमन ! नीच-कमीनों के द्वार-दरवाजे नाच रही है। बिरादरी वालों का भी खौफ नहीं ? जाटिनी होकर नटिनी बनी फिरती है। कोई ऐसी डायन माँ होगी जो बेटे का घर बसता न...''

अम्मा उफन पड़ीं, ''कनास ! गरीब-गुरबा के ब्याह में ललमनियाँ दिखा आई तो तेरी हेठी हो गई ? अरे और इसके सिवा हमारे पास है ही क्या देने को ? सलगी गड़रिया की बेटी का ब्याह क्या मातम की तरह होता ? ढोल-ताँसों की गुंजाइस दोनों समधियों में नहीं। मैं तो ठाड़ी-ठाड़ी देख़ती रह गई। भरे ब्याह में सुन्न गमी का-सा आलम !

''बेटा, मेरे पाँव हैं न ? जे बड़े जिद्‌दी हैं, नहीं माने। जात-बिरादरी का जुआ तोड़के भाग छूटे। मैं क्या चीज हूँ, सिमरधरी का जफरा जो मस्जिद में नमाज पढ़ता है, अपना पेटपीटा बाजा लेकर आ गया तो मैं सुध-बुध खोकर नाच उठी। भूल ही गई कि मेरा पूत जाटों में पैदा होकर इन्दुर भगवान समझ रहा है खुद को। और याद रह गई तो एक ही बात की सलगी के समधी जैसा मनिख देवता मैंने आज देखा, जो हमारी बेटी को कच्चे पत्तों के मंडप तले से ढाई कपड़ों में सिर-माथे ले जा रहा था।

''कपूत तू न्यारा मान अपने आप को, और ले आ पर्दामनी ब्याह के।''

अम्मा बूढ़ी हो चली थीं। नाच का जिम्मा उसने ले लिया। लोग कहते चन्द्रकला की तरह बढ़ रही है मौहरो ! अपनी माँ की तरह ही नचनी निकलेगी।

ब्याह वाले घरों में उसकी पूछ होने लगी। नाते-रिश्तेदार हँस-हँसकर कहते—''लो आ गई मौहरो ! समधी को दान-दहेज उस समय गिनाना जब मौहरो नाच रही हो। ऐसे विरमा लेगी कि कमी-बेसी मालूम न चलेगी। लोभी समधी को मेड़ा बनाकर बाँध लेगी ओढ़नी के छोर में।''

किसी समधी को मेड़ा बनाया कि न बनाया, मालूम नहीं उसे।

हाँ उसे जरूर...

जोगेस को मेड़ा बना लिया था। अपनी ओढ़नी के ठोक से बाँध लिया था ! कि काजल की तरह नैनों में...

मानसिंह चाचा की विमला का ब्याह था। बरातियों में ठंडाई लस्सी बँट रही थी।

वह काली मगजी का लाल लहँगा और गोटेदार पीली ओढ़नी ओढ़कर ऊपर छत पर आ गई। बाँकड़ादार हरी चोली को आधी ढँकते हुए पल्ला खोंसा, कलाइयों में लाल-लाल कामदानी चूड़ियाँ खनकने लगीं। खड्डआ पौंहची और पाँवों में झाँझन ! आँखों में सुरमा। माथे पर लाल टिकुली और लश्कारा मारती नगदार लौंग नाक में।

हथेली के बीच छोटा-सा दरपन लेकर खड़ी हुई।

गंगा ने ढोलक पर थाप दी, सखियों ने गीत उठाया : "बतइयो डाबर नैनी, जटिनियाँ चाल कैसीऽऽ ?"

उसने मुख पर घूँघट डालकर उत्तर दिया, "तुम देखो मेरे राजा, जटिनिया चाल ऐसी।"

घूँघट में से हंडे की रोशनी में साफ तौर पर दिखाई दिया।

एक छैला !

हाथ में गिलास थामे एकटक देखता हुआ ! आँखों में नशा भरे हुए। जैसे किसी जादूगरनी के असर से जड़ हो गया हो ! किसने मारा मन्तर ? किसने फेंके जादू के फूँके हुए तिल ?

उसने घूँघट उलट दिया।

गीत का मुखड़ा पलट दिया :

कारी जुल्फन वारे तू देख ललमनियाँ
बाँके नैना वारे तू देख ललमनियाँऽऽ।

उसकी हथेली के बीच दबा दरपन लश्कारे मारने लगा। जोगेस की आँखों में चकाचौंध ! हर बार हाथ में लहराता दरपन चमकता।

वे हड़बड़ा गए।

उसकी लौंग की बिजली कौंधी।

उन्होंने गाड़ीवान को टोनियाया। गाड़ी रुक गई।

वह उन्हीं के ध्यान में डूबी गा रही थी :

सफेद कमीज वारेऽऽ तू देख ललमनियाँ
ओ लीली पेंट वारे तू देख...

वे जान ही तो गए थे कि नाचनेवाली की मस्त आँखों का इशारा उसकी ओर है। नजरों के बान उनको ही लेकर छोड़े जा रहे हैं।

गाड़ी में बैठे बुजुर्ग कसमसा रहे थे, उधर उँगली दिखा रहे थे जिधर बीड़ी-सिगरेट मिल रही थीं, मगर जोगेस गाड़ीवान का कन्धा थामे उसे हिलने तक न दे रहे थे। बैलों की रास पकड़कर जुए पर आ बैठे।

वह नाचती रही। वे अपनी माला में से गेंदा के फूल तोड़-तोड़कर फेंकते रहे।

बारौठी द्वार चार के समय वह नीचे आ गई। पीछे से किसी ने कहा—अपरूप ! अपरूप सुन्दरी !

मुड़कर देखा, वही ! सफेद कमीज, नीली पैंट, बाँके नैन।

सवेरे पानी-भरी गागर सिर पर धरकर जब वह ओसारे में घुसी, देखा तो धक् से रह गई—मइया ! रात वाला छैला !

झटपट गागर उतारी और भीत की ओट में खड़ी हो गई।

अम्मा से बातें हो रही थीं।

मन में गीत गूँजने लगा ऐसे ही, अचानक रस-भीगा गीत :

झटपट झटपट अम्मा गगरी उतारि,
बागन कौ मोरिला मेरे मन बसौ जी।

कान सुन रहे थे। आँखें मुस्कुरा रही थीं। उन्हीं बातों के बीच पता लगा, साथ जो आए हैं वे उनके जीजा हैं। जे कह रहे हैं, "चिन्ता न करो माँजी। आपकी बेटी सातों सुख पाएगी। अकेला बेटा ठहरा जोगेस।"

वह दाँतों में धोती का ठोक चबाती रही, गीत की कड़ी मन में हिलोर ले रही थी :

तुमरी तो सासुल मोरिला, हमरी है माय।
आज बसेरौ चम्पे बाग में जीऽऽ।

माँ ने तर्क दिया, "अकेले बेटा ठहरे, हमने मान ली, पर उनके पिता आ जाते तो ठीक रहता। तसल्ली हो जाती। अखेल लड़का।"

जीजा बोले, "हम तो बुला भी लाते, पर वे इस समय गाँव में होंगे नहीं, माल भरने कलकत्ता गए हैं। अब जात-बिरादरी भी एक ही मिल गई। नहीं तो हमें भी समस्या लगती। और माँजी, जब बेटा मन की बहू माँग रहा है तो दान-दहेज पर भी वे क्यों रूठेंगे ? ऐतराज बस इतना ही भले करें कि पढ़ते में ही ब्याह...सो यह आपकी नहीं, हमारी चिन्ता है।"

गाँव के बड़े-बूढ़े जुड़ आए। माँ को समझाया। "मौहरो की माँ, घर आए बर की अवज्ञा न करो। तुम बाबरी, सौभाग को ठुकरा रही हो ?"

उसके अंग-अंग में गुदगुदी होने लगी। अनचाहे ही हँसी फूटती। वह दबाने का यत्न करती। लोगों से आँखें चुराती फिरती।

उसका नसीब सराहा गया। घड़ी-महूरत की महिमा बखानी कि लो ऐसी शुभ घड़ी में सब के घर बेटी जनमे कि मुँह माँगकर ले जाए वर।

सखियों ने छेड़ा, "अब तो तू चौके में भी चप्पल पहनकर रहा करेगी। सिलवार-कुर्ती पहरेगी। लायलौन की साड़ी और खमम खोल बिलौज !"

उधर मानसिंह चाचा की विमला की भाँवरें पड़ीं। इधर उसके ओसारे के भीतर कोठे के द्वार पर बंदनवार बँध गए। मंडप छव गया। चौक पूरे गए। साबो जीजी हरी चूड़ियाँ

ले आईं।

विदा के समय अम्मा जोगेस से बोली थीं, "बेटा, भैमाता जब एक हजार एक मनिख सिरजती है, तब मौहरो पैदा होती है। मेरी बेटी हीरा जनम है।"

ऐसा उसने कभी नहीं देखा था।

उसके गाँव में यदि कोई लड़का बरात में गया और वहीं किसी को पसन्द आ गया, मानो भाँवरें डाल दीं और बहू ले आया। उस बहू का स्वागत देवता पूजकर, कौरे पर रखी ऐंपन की घोड़ी पुजवाकर होता है। बहू अतिथि मानी जाती है, उसके सम्मान में आस-पड़ोस के लोग, नाते-रिश्तेदार इकट्ठे होते हैं।

'ससुराल' में ऐसा कुछ नहीं हुआ !

उसे पाँव से चौखट तक नहीं छूने दी ! वह घूँघट में से यह तक न देख पाई कि उसके घर का द्वार कैसा था ?

दुत्कार दिया।

"कहाँ से उठाकर लाया है इस नटिनी को ? इसका नाच पसन्द आ गया ? पर हमें भी पता लग गया है कि नाचकर ही पेट भरती है, भीख माँगकर...तू अन्धा हो गया तो हम भी आँखों पर पट्टी बाँध लें ?"

ये सब जोगेस के माता-पिता के मिले-जुले बयान थे।

उसकी आँखें घूँघट में ही पथरा गईं। रोम-रोम जड़ हो गया।

जोगेस की जुबान सूख गई।

केवल जीजा लड़े, बहस की, दलीलें दीं, "भगाकर नहीं लाया है। विधि-विधान से पूरे गाँव के सम्मुख ब्याह किया है। बहू का अनादर करने का हक नहीं बनता आपको।"

पिता आपे से बाहर हो गए, "दामाद जी, रिश्तेदार हो, रिश्तेदार की तरह रहो। हमारे घर में टाँग अड़ाने का आपको क्या हक ? जब तुमने हमारे घर की हैसियत के बारे में नहीं सोचा तो ऐसे नातेदारों से सम्बन्ध नहीं रखना चाहते हम। चले जाओ।"

उस रात एक धर्मशाला में रहे।

जोगेस संग भी नहीं आ पाए।

वह रेशमी साड़ी में लिपटी गठरी की तरह बैठी जीजा से डरती रही। जीजा करवट लेते तो वह काँप जाती। वह रात ऐसे कटी जैसे फाँसी के फन्दे में गर्दन डालकर अटकी रही हो। रो भी नहीं पाई, कहीं जीजा चुपाने के बहाने ही...

आज लगता है, जीजा सतजुगी जीव थे। अकेले, निहत्थे और निस्सहाय प्राणी को उन्होंने शिकार के रूप में नहीं, मनिख के रूप में देखा।

फिर एक किराए का कमरा...जीजा सारा भार उठा रहे थे।

जोगेस छिपते-छिपते आते। सूनापन बोलने लगता। स्वर्ग उतर आता उस छोटी-सी खटिया पर। सिकुड़े-सिकुड़े बिस्तर पर विश्वास न बँधता कि ये जोगेस मेरे...सब तरफ से उन्हें ही निरखती रहती। चले जाने के बाद उनकी छवि को छिपाए रहती मन में, आँखों

में, अंग-अंग में !

जीजा के पास खर्च की कमी होने लगी।

हारकर वे एक दिन गाँव में छोड़ गए। जोगेस ने छाती से लगाकर कहा था, ''नौकरी लगते ही लिबा लाऊँगा तुम्हें, अपरूप !''

ठीक नौ महीने बाद पिड़कुल का जन्म हुआ।

दो साल बाद अम्मा नहीं रहीं।

जोगेस आज तक नहीं आए...

आस तोड़नेवाले तरह-तरह के ख्याल उठते हैं। चम्पे बाग के मोर वाला गीत अनचाहे ही रुलाता है ! पर आँखें नहीं मानतीं...राह पर लगती रहती हैं—कोई गैल-बटोही आएगा, उसके हाथ का पानी माँगेगा।

मौहरो ने ठंडी साँस भरकर दाईं ओर को करवट ले ली। सोच में डूबे कितनी रात निकल गई ! आकाश में शुक्र तारा झिलमिला रहा है ! पिड़कुल के कोमल मुख पर जुन्हैया बरस रही है। उसके निरीह मुख को चूमकर कल जाने का शीतल विचार भिगो गया उसे।

कितने दिनों बाद ललमनियाँ दिखाएगी ! उसकी मूर्च्छित शिराओं में रक्त संचार जीवित गति से होने लगा। वह उठकर बैठ गई। हाथ में बँधे काले धागे, लाल कामदानी चूड़ियाँ ! बिवाई फटी एड़ी, कोमल आलता लगे पाँव ! काली तार-तार धोती। साठगजी लाल लहँगा !

सवेरे से दोपहर तक की यात्रा करते-करते चिलचिलाती गरमी की धूप में पहुँची ताहरपुर। साबो जीजी अपने घर ले गईं। बोलीं, ''उनके घर सकुचाएगी तू। बरात के बखत ही चलना।''

साँझ हुई। सूरज छिप गया।

बरात आ गई। बाजों की ध्वनि गाँव में सीवान में गूँज रही थी। इधर साबो जीजी रंगीन लहँगा फरिया चोली, कड़े, दस्ताने, ऐरन, तगड़ी, चूड़ियाँ आदि सँभलवा रही थीं, उसके मन में तरंगें उठने लगीं।

देखते-ही-देखते बरात गाँव में प्रवेश कर गई। अगवानी के लिए लोग पहुँचे। स्वागत-सत्कार की चीजें लेकर इधर से उधर दौड़ने लगे। वह झटपट हाथ-मुँह धोकर आ गई।

उठती हुई धूल और पास से आती हुई बाजों की गूँज से समझ लिया, बरात लम्बरदारनी के द्वार पर आने वाली है।

अपने मुरझाए और कलछोंहे पड़ गए चेहरे पर लाल टिकुली लगाई। आँखों में काजल आँजा। नाक में बिजली-सी कौंधती लौंग पहनी। होंठों के बीच पान का बीड़ा दबाया और चाबने लगी।

लम्बे-दुबले तन पर लहँगा-ओढ़नी से लेकर चाँदी के सब जेवर। पाँवों में झाँझन और पाजेब पहनकर, हाथ में दरपन लिये छत पर जा चढ़ी। औरतों ने अपरिचित मगर प्रशंसा के भाव से देखा।

ढोलक पर गुमक़दार थाप पड़ी।

बरात स्वागत करवाती हुई गली में ठीक उसके सामने से गुजरने लगी।

मौहरो ने दरपन वाला हाथ लोच देकर लहराया।

वह नाच उठी :

ओ जुल्फन वारे तू देख ललमनियाँ
लाल टाई वारे, ओ कारे चस्मा वारे तू देख...

वह बिजली की तरह तड़पती गति से घुमेर ले रही थी, देह का नग-नग लचकाकर। बराती देखते रह गए। ठंडा पेय भूलकर ठगे-से..ब्रज के गाँवों में फिर ललमनियाँ।

मौहरो हँस-हँसकर दरपन के लश्कारे मारने लगी। जिस पर चौंध पड़ता वह अभिभूत प्रेम से देखने लगता।

उसी समय ! नाच के बीच ! पिड़कुल दौड़ती आई, "अम्माऽऽ रुक जाओ। रुको अम्माऽऽ !"

"नीचे चलो, जल्दी नीचे..." वह माँ की टाँगों से लिपट गई।

नाच में व्यवधान आया, उसने बच्ची को परे झटक दिया। मगर वह नहीं मानी। बोली, "साबो मौसी कह रही है हमारे बाबू आ गए। हमारे बाबूऽऽ..."

"बाबू !" मौहरो के पाँव ठिठके, दरपन ठहरा।

"हमारे बाबू दूल्हा बने हैं अम्मा !

"हंस-मोटर पर बैठे हैं !" बच्ची ताली पीटकर हँसने लगी।

आते-आते हंस-मोटर ऐन सामने से गुजरने लगी। मौहरो की आँखें फट पड़ीं, पुतलियाँ चूर-चूर हो गईं। दरपन वाले हाथ की नसें ऐंठ गईं।

बेहद गुस्से में पिड़कुल माँ का लहँगा खींचती हुई रो पड़ी, "अम्मा चलोऽऽ..." उसकी चीख बाजों के शोर पर छा गई।

सारे शोर से बेखबर मौहरो दरपन के लश्कारे मार-मारकर बेसुध हुई नाचती रही...नाचती ही रही...एक आदिम नाच।

बिछड़े हुए...

स्वामी शतानन्द का सिर झनझना रहा है।

अभी-अभी स्कूल-मास्टर ने उन्हें बुरी तरह झकझोरते हुए जगाया है। वे हड़बड़ाकर उठ बैठे। आँखें मलते हुए उस मास्टर की उत्तेजना का कारण सोचने लगे।

मास्टर मुँह लाल किए खड़ा था। उसकी साँस कुछ तेज-तेज चल रही थी। स्वामी शतानन्द पर ज्यों फिर से आक्रमण किया मास्टर ने—"अबकी बार मेरी आँखें धोखा नहीं खा रहीं। पहले दो-तीन बार गाँव के लोग भरम गए हैं, पर अब कोई सन्देह नहीं। खूब अच्छी तरह पहचान गया हूँ—तुम सुग्रीव हो। पंडित प्रभुदयाल के भतीजे सुग्रीव। हो न ?"

स्वामी शतानन्द मुँह खोले देखते रह गए, क्या बोल रहा है ? बिना सोचे-समझे। अनाप-शनाप।

"ऐसे देख रहे हो, जैसे मुझे पहचानते नहीं !" मास्टर बोला।

वे क्या उत्तर दें ? टाट-पट्टी पर उनींदे-से बैठे हैं। मास्टर ने उँगली से संकेत दिया, अर्थात्, हटो एक ओर। वे कम्बल छोड़कर एक ओर धरती पर सरक गए।

वह कम्बल की तह बनाते हुए फिर ललकारने लगा, "लम्बी दाढ़ी, घनी मूँछों और संन्यासियों के जोगिया बाने में खुद को छिपाकर समझ रहे हो, हमारी आँखों में धूल झोंक दोगे ! मुझे तो रात ही शक पड़ गया था, लेकिन तुम उस समय बोलने की स्थिति में नहीं थे।"

तो रात के समय मास्टर इसीलिए विनम्र था ! अपना कम्बल देकर तख्त पर सुलाया था मुझे। हाथ पकड़कर बैठा रहा था दो क्षण, फिर करुणापूर्वक बोला था, स्वामी जी, तुम्हें तो तेज बुखार है। क्या पता था कि एकाएक ईंट-पत्थरों जैसे शब्दों से प्रहार करने लगेगा। सतगुरु हो, अब क्या होगा ?

अपनी जोगिया चादर को हाथ-पाँवों पर अच्छी तरह फैलाते हुए वे चिन्तित किन्तु सतर्क मास्टर की ओर नितान्त अपरिचित, अनपहचान भाव से देखने लगे। काश, वे अजनबी होते ! विडम्बना तो यही है कि वो भी मास्टर को पहचान गए हैं। मास्टर—उनका सहपाठी, ब्राह्मण टोले का शंकर, शंकरलाल। यह उनका अपना ही गाँव...वे तो रात ही पहचान गए थे। अनहोनी ने कहाँ ला पटका।

शंकर...साथ पढ़नेवाला, खेलनेवाला। वह मास्टर हो गया था और सुग्रीव अपनी

खेती देखने लगे थे। शंकर के बालों में सफेदी झलक रही है, उन्होंने ध्यान से देखा। उनकी अपनी लटें भी धूसरित सफेद ऊन की डोर-सी...शंकर के मुख पर प्रौढ़ता की लकीरें...शतानन्द ने दर्पन नहीं देखा, जल में देखी है अपनी प्रतिच्छाया। कठोरता ने घेर लिया है उनका भी चेहरा। यह तरुणाई से विलग होती देह...राख-भस्म पोतने से मैले-खुरदरे, चिरे-फटे हाथ-पाँव और ढीली त्वचा। उम्र का एक-सा उतार है दोनों पर।

शंकर की आँखों से चिनगारियाँ छिटक रही हैं। आज क्या होनेवाला है ? उन्हें याद आ गया सतगुरु का वचन—प्रातःकाल की निद्रा—घोर अनर्थ। असमय सोना—देह का प्रमाद ! विकार और तामसी लक्षण। दुहाई हो सतगुरु, किस कुघड़ी में प्रस्थान किया था तुम्हारे चरणों से...

''क्यों भागे थे चन्दा भाभी को त्यागकर ? भाभी को नहीं, गंगाघाट पर गंगा की धारा को धोखा दिया तुमने। नहाने के लिए भरमाकर ले गए थे उन्हें ? कपटी-ढोंगी ! ऐसा ही करना था तो अकेले ही जा डूबते। दुधमुँही बच्ची का भी ख्याल नहीं आया तुम्हें ?'' शंकर फिर फूट पड़ा।

शतानन्द मौन ही बैठे रहे। कलेजे के ऊपर से धड़धड़ाती रेलगाड़ी गुजर गई। गड़गड़ाहट से मन में भूचाल मचता रहा। नियन्त्रण के अतिरिक्त कोई दूसरी राह नहीं।

'साधु सुभाय धारिये सोई, आँख मूँद जग परलय होई।'

सतगुरु की जय ! परीक्षा की कठिन घड़ी है। संयम का हथियार लिये बैठे हैं शतानन्द। भावहीन मुद्रा ही सच्चे संन्यासी का लक्षण है।

बेचारा शंकर...संसारी जीव, क्या समझे भवसागर के दुख, मृत्यु-भुवन के क्लेश ? अज्ञानी, सांसारिक बन्धनों को ही परम आनन्द मान रहा है। वे क्या बताएँ कि राजा शुद्धोदन के पुत्र सिद्धार्थ ने क्यों त्यागा था राजपाट ? पत्नी और पुत्र का मोह क्यों काट फेंका था ? क्यों नहीं व्यापा गृहस्थ का मोह ? गृहस्थ ही तो शाप बन गया था सुग्रीव के लिए...मीठा विष पीते-पीते भीतर से खोखला हो गया था सुग्रीव नाम का जीव। दुनियावी झंझटों ने घेर लिया था उसे—खेती, फसल, गुजर-बसर, कर्ज, सूद, पत्नी, बच्ची...कच्चे सूत में लिपटकर छटपटाने लगा वह। जीवन केवल पेट भरने के लिए है ? माया के बन्धनों में जकड़ने के लिए है ? नमक, तेल, लकड़ी की चिन्ता में आत्मा होम देने से लाभ क्या ? त्रस्त सुग्रीव दुख-भरे संसार से मोक्ष चाहता था। भागने के सिवा रास्ता भी क्या था ?

मास्टर के स्वर ने फिर ध्यान भंग कर दिया—''तुम तो बड़े चतुर निकले, भाग गए जान छुड़ाकर। पाँच-सात बीघे के दो टुकड़ों पर छोड़ गए गृहस्थ। ऊपर से कर्ज। भाभी हल हाँकतीं या मजूरी करतीं ? अच्छा हुआ, तुम्हारे खेत भी तुम्हारे ही निमित्त स्वाहा हो गए।

''मुई नारि गृह सम्पत नासी, मूँड़ मुड़ाय भये संन्यासी। यही बात हुई न, सम्पत्ति का नाश तो तुम अपने ऐबों से, गाँजे-भाँग की लतों से, मनमाने खर्चों की बदौलत कर ही गए। भाभी को भी मरा मान लिया, नहीं तो ऐसे जाते ? अच्छा होता, अभागिन को

बेटी समेत गंगा में धक्का दे जाते।''

शंकर की बात सुनते-सुनते ही अचकचा गए शतानन्द। अधनींद में रात उन्हें भ्रम हुआ था, या सचमुच...वह चन्दा थी ? उन्होंने तो समझा था, बुखार के अधिक ताप में वे पुरानी बातों को दोहराने लगे हैं। माथा सनसना रहा है। ध्यान एकत्र नहीं, कहीं से कहीं भटक रहा है मन। कानों में रेलगाड़ी की कनफोड़ सीटी—कूँऊऽऽऊँ, कूँऊऽऽऊँ ! रेल बाबू की फर्राटेदार चाबुक-सी गालियाँ—सबकुछ गड्डमड्ड हो रहा था। यह भी याद नहीं कि रेल बाबू ने किस स्टेशन पर कोंचा मारकर उठा दिया था—''एऽऽ बाबा ! कहाँ लेटा है ? यह रिजर्व कम्पार्टमेंट है। साहब लोगों को तंगी होगा। चलो, उतरो। भागो यहाँ से। स्सा...गाँजा-वाँजा है ? तो निकाल। स्सा...गँजेड़ी। लाल-लाल आँखें दिखाता है !'' कहते हुए उनकी गर्दन मरोड़ दी। सत्यानाश हो रेल बाबू का।

स्वामी शतानन्द अपनी गर्दन पर हाथ फिराने लगे। मरोड़ बुरी तरह पीड़ा दे रही थी। उसी समय बिजली-सी कौंधी शतानन्द के मन में, हाथ तीव्र गति से जोगिया जामा के खीसा पर जा पहुँचा—'परसादी ! सतगुरु हो सतगुरु !' टटोलकर महसूस किया, पुड़िया सलामत है। साँस में साँस आई। ऐसा कई बार हो गया है कि कोई मूर्ती दिल्ली से 'परसादी' का जुगाड़ करके लाया है और बीच में ही पुलिस-सिपाही या रेल बाबू ने हत्था मार दिया। बेचारा मूर्ती...सतगुरु का कोड़ा खाया।

कहाँ गया शंकर मास्टर ? गाँव में चला गया ? वे भाग सकते हैं। भरम जाल से छूट सकते हैं। उन्होंने बैठे-बैठे ही तनिक उचककर देखा, शंकर चारदीवारी से सटा पास खड़ा था। सूली पर चढ़ाकर छोड़ेगा आज। 'परसादी' के कारण पुलिस ने न पिछियाया होता तो वे भागते-भागते यहाँ न आ पहुँचते। पुलिस को चकमा देकर बच लिए, लेकिन...।

उनकी निगाह अनायास ही बाहर की ओर चली गई। बड़ा-सा ऊसर था वहाँ, फिर मुसलमानों का कब्रिस्तान ! अब तो घर-ही-घर ! बसावट-ही-बसावट ! बहुत कुछ बदल गया है।

लोग आते ही होंगे। वे अचानक चौंके। घबराहट होने लगी। रोम-रोम में खलबली-सी मची है। रात के समय वह चन्दा ही होगी। सचमुच में चन्दा। वही आवाज, वही गीत...तो सपना नहीं देख रहे थे वे ? पहले भी कई बार उसके मुख से वे ही आखर सुने हैं :

कंकर कुइया प्यारे सरग खुदाई रे,
कछु रे खुदाई, कछु खुदने न पाई रेऽऽए !
जेठ कौ लड़िका मइया, ससुर कौ नाती रे,
ढोला कौ भतीजौ मोहे लैबे कूँ आयो रेऽऽए !
जाके तो संग री मइया, मैं नहिं जाऊँ री,
क्या रे खोट, मोहे लैबे न आयौ रेऽऽए !

यह विरह-भरा ढोला आज तक गा रही है चन्दा ! सुग्रीव भी कहाँ भूला है...माँ,

मुझे जेठ का लड़का लिवाने आया है। इसके साथ मैं नहीं जाऊँगी। 'वह' क्यों नहीं आया ? मेरी क्या खता थी ? हम दोनों ने मिलकर कंकर-कुइया खोदी थी, अधूरी ही रह गई। प्यास कैसे बुझे ? माँ ने तर्क किया—बेटी, जरूर तूने मेरे जमाई का कहा नहीं माना, या फिर बोल-कुबोल...

सन्निपात के रोगी-सी दशा थी शतानन्द की। बुखार ने बुरी तरह दबोचा हुआ था। होश था कि नीमबेहोशी...लेकिन उन्होंने आगे की पंक्तियाँ सुनी थीं। चन्दा का स्वर गूँजा था :

नाक नथुनियाँ मइया, जर में से टूटी रे,
अपने बलम से मैं तो कबहुँ न रूठी रेऽऽए !

—माँ, तेरे दामाद ने झगड़े में, छेड़खानी में एक बार नथनी तोड़ डाली, दूसरी बार हाथ से मुँदरी कहीं खो गई, लेकिन मैं अपने सजन से कभी रूठी नहीं, कोई शिकायत नहीं की।

इस बात में दो राय नहीं, मानते हैं सुग्रीव। चन्दा ने मुँह से अपशब्द नहीं कहे कभी। गीत सुनकर वे गिरते-पड़ते चारदीवारी तक आए थे। फाटक से सटकर कुछ देर खड़े भी रहे। देखा कि ग्रामवधुएँ पूजन को आई हैं। शायद किसी विवाह का 'घूरा पूजन' है।

गहन तन्द्रा थी कि सपना ? उन्होंने खुद को समझाया—'तुम्हें बुखार है शतानन्द ! जानलेवा बुखार। इस हौलदिली में तुम पीछे की ओर भाग रहे हो। कहाँ चन्दा ? कहाँ ग्रामवधुएँ ? कौन-सा गाँव ? अँधेरे में आदमी धोखे खाता है। तुम्हारा भ्रम है कि यह तुम्हारा गाँव...'

रात की बात रात के संग, लेकिन अब ? सतगुरु ! रक्षा करो दास की। भवबाधा काटो स्वामी...

प्रमाद का इतना बड़ा दंड न दो। जीवन-भर का तप भंग। इस शठ शंकर को सुबुद्धि दो। संन्यासियों का पन्थ नहीं जानता अज्ञानी। गाँव है तो भी क्या, सन्तों के लिए मेरा-तुम्हारा कुछ नहीं होता। पत्नी, बेटी, बन्धु-बान्धव सांसारिक जंजाल है। मिलन-बिछोह से परे है जीवन। सब मिथ्या है, ब्रह्म सत्य है—निर्मल ज्ञान-संवाद का जाप करने लगे स्वामी शतानन्द।

लगा कि मन कुछ स्थिर हुआ है। अविचल-अविनाशी परम गुरु की महिमा अनन्त है। उन्होंने ध्यान किया, कानों में सतगुरु की वाणी का अमृत झरने लगा—तुम पूर्ण सिद्ध हो शतानन्द ! ताप का नाश स्वयमेव हो जाएगा।

प्रभो ! मायाजाल का घेरा बढ़ता जा रहा है। बचाओ ! त्राहिमाम् !

नादान ! पंचखप्पर पंचाग्नि तप भूल गया ! पाँच स्थानों पर प्रज्वलित लपटों के बीच आसनी लगाकर नंगी देह बैठा रहा था पूरे तीन बरस। सप्ताग्नि, सप्तखप्पर तप, प्रचंड गर्मी, कड़कती ठंड और मूसलाधार बारिश में सात जगह अग्नि प्रदीप्त करके फिर तीन वर्ष। द्वादश, चौरासी पुनः तीन-तीन वर्ष। अन्तिम बार सिर पर खप्पर-भरी अग्नि

साधकर तप किया था, तब गुरु-दीक्षा मिली थी तुझे। तू कुन्दन की तरह खरा साधु है। ऐसे तपस्वी को संसार का मोह नहीं व्याप सकता। मोह नहीं तो लोभ नहीं, लोभ नहीं तो भय नहीं। भय से मुक्ति के लिए समाधि-साधना में लीन हो जा।

शतानन्द ने अपना जोगिया दुशाला देह के इर्द-गिर्द कसकर लपेट लिया। बाहरी विकारों से बचते हुए आँखें मूँद लीं। इन्द्रियनिग्रह का परम तप साधना चाह रहे थे वे।

"जाने नहीं दूँगा अब। बाहर आओ। स्कूल के अहाते में पड़े तखत पर बैठो। लोग आ रहे हैं।" मास्टर ने जिद्दी बालक की तरह उनका दुशाला खींच डाला।

घिर आए हैं वे। शंकर का स्वर सुनते ही ज्ञान-ध्यान भूलने लगे। पलकों के भीतर पुतलियों में हलचल मची है। मठ पर होता तो सतगुरु मोहमाया के मारे शंकर को आँखों से ही भस्म कर देते। वे मास्टर का अनुसरण करते हुए स्कूल के प्रांगण में आ गए। जाल में फँसे कुरंग की तरह छटपटाते हुए तख्त पर बैठ गए।

लोग चले आ रहे हैं। घर-परिवारी जन भी पहुँचने वाले होंगे। सगे-सम्बन्धियों के सवालों की बौछार केवल मौन से तोड़ी जा सकती है।

...लेकिन चन्दा ! मायाविनी नारी...मोह जगाएगी—शपथ-सौगन्ध देगी। रो-रोकर करुणा...कैसे बचेंगे वे ? तप का खंडन, योग का नाश। बेटी का प्रेम और ममता... सत्यानाश ! भवसागर में डूबकर रहेंगे। स्वामी शतानन्द ने पलकें मूँदकर प्राणायाम में साँस खींची। माथे पर भृकुटि चढ़ाई। पद्मासन लगाए समाधि साधक की तरह घोर तपस्या में लीन हो गए।

"ओ निरमोही ! आँखें खोलकर तो देख।"

यह सुना कि सुग्रीव का धैर्य हिल गया। पलकों के ऊपर से नियन्त्रण हटा कि देखा, बूढ़े चाचा बोल रहे थे, जिन्होंने पाला-पोसा, पढ़ाया-लिखाया। अपनी सामर्थ्य के अनुसार शादी-ब्याह किया उनका।

"चन्दा तो समझती रही कि तू गंगा में डूब मरा। महीनों गंगाघाट पर पड़ी रही। धूप, ताप, ठंड, बरसात नहीं देखी। अपनी देह, देह नहीं मानी, हर संकट को झेलती रही। वैसे तो घर में था भी क्या ? छोटा-मोटा नाक-कान का कील-काँटा, जो भी पास था, बेच डाला। खेत रेहन चढ़ते-चढ़ते बिक गया। मल्लाहों की मजूरी भरती रही। गंगा मइया की लहर-लहर छनवा ली नादान ने।" चाची की आवाज कमजोर थी, मगर रोष-भरी।

"किसी ने आकर बताया कि सुग्रीव साधु...फिर तो चन्दा चाची मठ-मन्दिरों में रहीं सालो-साल।" भीड़ में से कोई छोकरा बोला, जिसे शतानन्द नहीं पहचानते थे।

"चन्दा को बुलाओ भाई।"

"मगना ? मगना नहीं आई ?"

"देख, मगना आ गई। मगना, तेरी बेटी।" बूढ़े चाचा के ढीले हो आए होंठ काँप रहे थे। स्वर थरथरा रहा था।

स्वामी शतानन्द की आँखें फटी रह गईं, जिनमें से सुग्रीव निकलकर देखने लगा—मगना ! मगनाऽऽआ ! जैसे यहीं कहीं शंख-झालर बज रहे हों। मगना-मगना गूँज

रहा हो। मगना नाम उन्होंने ही तो दिया था बेटी को।

सफेद तिनकों-सी दाढ़ी-मूँछों में रोते हुए चाचा मगना के सिर पर हाथ धरे खड़े हैं। शतानन्द से उसके पिता की भीख माँगते हुए...

गुलाबी धोती में गोरे रंग की नवयुवती। गोल मुख, काली आँखें। निरीह बछिया-सी टुकुर-टुकुर देख रही है उन्हें। अनाथ...लम्बाई उन्हीं की ले गई। पतली लचकती कच्ची डाल-सी। सुग्रीव के नथुने तड़प उठे। होंठ सूखे पत्तों की तरह काँपने लगे। कंठ भर आया। निचले होंठ को दाँत से कुचलते रहे वे।

सँभाला खुद को। मोह-ममता झूठा बन्धन। नाश की निशानी। मूर्ख शतानन्द, मन चंचल न कर। मन चंचल शैतान का वासा। माया के प्रबल घात से आत्मा को बचा। विकारों को त्याग। खुद को पहचान...

काँच बाँस का पींजरा, जा में दिया न लोय,
हंसा उड़ता ईकला, संग न जाता कोय।

सतगुरु हो सतगुरु ! ज्ञान-चक्षु खोलिए, अन्तर-ज्योति जगाइए।

"जल्दी करो भाई, चन्दा भाभी अभी तक नहीं आई, क्यों ?" शंकर चिन्ता और आतुरता में बोल रहा है।

शतानन्द के शरीर में जूड़ी की-सी ठंडी और तेज लहरों के थपेड़े आ-जा रहे हैं। हाथ-पाँवों में कम्पन-ही-कम्पन।

फिर मूर्खता ! जिस स्त्री का तेरे जीवन में कोई स्थान नहीं, जिससे कोई लगाव नहीं, उससे डर कैसा ? उसके लिए पछतावा क्यों ? साधक, त्यागी, सन्त, तू साधु-जन्म को भ्रष्ट मत कर।

"चन्दा तो बाजार से चीनी लेने गई है।" किसी ने सूचना दी।

"हाँ जी, उसकी जान को सौ काम।" किसी दूसरे ने समर्थन किया।

"अरी मगना बेटी, पहचान लिया ? तेरे बापू हैं साधु जी।" लक्ष्मीनारायन चाचा की आवाज अब तक भी वैसी ही है, सुग्रीव ने जान लिया !

"चरन छू ले बेटी ! क्या भाग कि आज..." कहनेवाले का गला रुँध आया।

सुग्रीव जानते हैं, रामस्वरूप भइया कच्चे जी के हैं।

मगना झिझकी हुई खड़ी है। घूँघट वाली एक स्त्री उसे आगे को ढकेल रही है, शायद चरण छूने के लिए। चाचा की पतोहू होगी। शतानन्द के पाँवों में सिकुड़न पैदा हुई। पाँव छू लिए तो ?

नारी-स्पर्श ! तपस्या भंग ! उन्होंने नए सिरे से पद्मासन लगाया। मुखमुद्रा योग में अकड़ी हुई, आँखें अधखुली और देह तनी हुई रखी।

...लेकिन मन अशान्त है। छाती में आग-सी धधकने लगी है। विकराल तूफान में फँसे हैं स्वामी शतानन्द...उद्वेलन लील रहा है।

"देखो तो भाई, यह होता है करम का फेर ! आज बीस बरस बाद बहुरा है अपनी देहरी पर। भाग बली है बेटी का। मगना के ब्याह के चार दिन पहले...बाप के हाथ

का कन्यादान बदा था।''

ब्याह ! मगना का ब्याह ! उनकी नजर बेटी पर ठहर गई। हाँ, हाथों में हरी चूड़ी, कंगन। उनका ध्यान कहाँ भटका था अब तक ? सुग्रीव विमोहित-से मगना को ऐसे देखने लगे, जैसे प्रसव के बाद माँ देखती है बच्चे को, पहली बार। तो चन्दा बेटी के ब्याह के मंगल-गीत गा रही थी ! ग्रामवधुएँ उसी को पूजन कराने ले गई थीं। पूजन के बाद तो घर से निकलते नहीं, मगना क्या उन्हीं के कारण रिवाज तोड़ आई है ?

चन्दा...खे ले गई जीवन की टूटी जर्जर नाव। मैं पिता...पाल-पोस नहीं पाया बेटी को। कोई पुण्य उदय हुआ है जो मैं इस महूरत पर...कम-से-कम कन्यादान ही... कहीं-कहीं तक पुत्री के ऋण से मुक्त हो जाऊँगा। उन्होंने भीड़ के चेहरों में चन्दा को खोजा।

''चन्दा आ गई। आ गई चन्दा !'' कई कंठों से एक साथ स्वर फूटा।

लोग उसी ओर मुड़-मुड़कर ऐसे देखने लगे, ज्यों पहली बार देख रहे हों चन्दा को।

स्वामी शतानन्द दृढ़ होकर बैठ गए। फिर से पूरी शक्ति सँजो ली। पुनः संन्यास समेट लिया। पालथी में मुड़े घुटनों पर अपनी दोनों बाँहें सीधी तानकर जमा लीं। जोगिया जामा हाथ-पाँवों पर फैला लिया। सीना तन आया। पेट पीठ से जा मिला। बालों के जटाजूट पीठ पर बिखरे हैं। निर्विकार मुखमंडल पर अधमुँदी आँखें।

चन्दा रोएगी, कलपेगी। विनती-प्रार्थना करेगी। क्या कहेंगे वे ? माँ-बेटी चरण गहकर मनुहार करने लगीं तो ? स्वामी शतानन्द का मन फिर से बेर-सा काँपने लगा।

मंजूर करना ही होगा चन्दा का आग्रह।

''चन्दाऽऽआ ! ओ चन्दा ! अरी यहाँ आ। वहीं खड़ी काहे को रह गई ? देख तो कौन आया है ?'' किसी औरत ने ऊँचे स्वर में कहा।

''अम्मा, ओ अम्मा !'' मगना बुला रही है शायद। मगना की बोली अपनी माँ की तरह महीन है—चूड़ियों की खनक-सी।

चन्दा भीड़ के बाहर ठिठकी खड़ी है। मास्टर शंकर चन्दा की बाँह पकड़कर तेजी से स्वामी शतानन्द के सामने आ खड़े हुए।

''लो, पहचानो भाभी ! आ गया कि नहीं ? मनाकर घर ले जाओ अब। शुभ महूरत में आया है। बेटी का भाग्य।'' हर्ष के साथ कहा शंकर ने।

वे नेत्र झुकाए हुए बैठे थे अब तक। स्वामी शतानन्द की अनचाहे ही निगाह ऊपर उठ गई। चन्दा...दुबली काया। वही मझोला कद। रंग कलछौंहा पड़ गया है। सिर पर छोटा-सा बोरा लादे हुए...माथे तक घूँघट खिंचा है। धूप से क्लान्त...

संयम, नियन्त्रण, अंकुश, निग्रह पर पूरी शक्ति से लगे हैं शतानन्द, लेकिन सीने में हिलोरें उठ रही हैं। आवेश का अतिरेक दाढ़ी-मूँछों में छिपा गए—बड़ी चतुराई से। होंठ को दाँत से कुचलते हुए, गले का तरल घूँटते हुए सोचते रहे, नहीं मानेगी तो कह देंगे—हम जोगी-जती हैं माता। मृत्यु-भुवन में हमारा कोई सगा-सम्बन्धी नहीं। संन्यासी का नाता—पानी का बगूला। मोह में न फँसे।

फिर भी नहीं मानी तो ? तो ? तो ?

चन्दा सिर पर लदे चीनी के बोरे को दोनों हाथों से साधे खड़ी है। नासमझों की तरह कभी भीड़ को देखती है तो कभी स्वामी शतानन्द को। नजर काँप-काँपकर रह जाती है। छाती और गर्दन के आगे का भाग थरथरा रहा है।

सुग्रीव अवाक्-कातर...गुरुदीक्षा शतानन्द ? हथेली पसीज रही है। जोग-विधान ? कंठ रुँध आया। पंचखप्पर तप ? हलक में जमा पानी निरन्तर घूँटते जा रहे हैं। चातक की-सी नजर से देख रहे हैं चन्दा की ओर...

चन्दा की थकी-थकी निगाह। बेबस चेहरा, होंठ काँपने लगे। आँखें डबडबा आईं।

आँसुओं को पी जाना चाहते हैं सुग्रीव। चन्दा की गीली आँखें पोंछ देना चाहते हैं। बीस वर्ष के बिछोह का जमा दुख पिघल रहा है...कि पहचानने के बोध से देख रही हो मुझे। मैं सुग्रीव, सुग्रीव हूँ मैं...तुम्हारा अपराधी। रीती आँखों से क्या देख रही हो ?

वह हड़बड़ाई, लस्त-पस्त-सी, लड़खड़ाती हुई बढ़ने लगी आगे। शतानन्द सीधे होकर बैठ गए।

...मगर बोरे को सँभालती हुई चन्दा बेटी के पास जा पहुँची। टूटती हुई आवाज में बोली, ''मगना बेटी, तू यहाँ...घर में तो कितना काम फैला है ! इस गाँव के आदमी तो बाबरे ठहरे, जो भी साधु आता है, उसे ही तेरा पिता...''

फिर पीछे मुड़कर नहीं देखा उसने। मगना को लिवाकर चली गई।

स्वामी शतानन्द फटी-फटी आँखों से देखते रहे दूर तक। देर तक।

भीड़ छँटने लगी।

बारहवीं रात

‘‘आज बारह दिन हो गए लो।’’

‘‘...’’

‘‘चोरों की तरह भागते-छिपते फिर रहे हैं। पर कब तक...?’’

‘‘...’’

‘‘सुरेन्द्र के पिताजी, बोलो, हम क्या करें ? छाती छनक रही है हमारी तो...तुमसे कुछ कहें तो आँखों पर बाँह धरकर खटिया में पड़ जाते हो। बताओ, बेकसूर मोंड़ा को धर लिया न दरोगा ने ?’’

‘‘...’’

‘‘अब आँखें जिन तरेरो। तुम ही कहो, इस काल-कोठरी में कब नौं...दइया, जेल से भी बड़ी जेल। आँगन तक में जाने को मोहलत और साँची कहें तो न हिम्मत। बलिहारी है बखत की।’’

‘‘...’’

‘‘ऐसे क्या सुन रहे, कान लगा कें ? बाहर कोई है क्या ? पौर में जाके देखो तनक, साँची, हमारे तो हाड़ काँप गए। इतेक भभका में जूड़ी-सी चढ़त आ रही। एऽऽ...हा हा, तनक देखो तो !’’

‘‘...’’

‘‘धरे रहो खटिया में, न देखो। कुत्ता भौंक रहा है, कोई न कोई तो है। तुम कहो तो ढिबरी मिलका दें ? साँची, गोड़े थरथरा रहे हैं हमारे तो।’’

‘‘...’’

‘‘लो, लो, बुझाए देते हैं ढिबरी। बखरी में अँधेरा करने से क्या दुनिया में अँधेरा हो जाएगा ? अब बैठ तो गए गोड़ों में मुँह दैकें। हमारा तो जी घबराता है, ढिबरी बुझाने की हिम्मत नहीं पड़ रही।’’

‘‘...’’

‘‘वैसे है तो कोई नहीं। जा कहो कि बहम की बीमारी चिपट गई है हमारे मन से। सीता ! सीता बेटी...तें हमारी पिछाई काये नहीं छोड़ रही ! छाती फोड़े देती है हम दोनों की। सुरेन्द्र के लाने अलग कैद...भोला पगला, कहो कलेजा ही निकाल धरे निठुर दरोगा के अगाई। मार बुरई चीज है, आदमी खाया-पिया उगल दे। सिर्रिया, कहो हमारा ठिकाना

भी बता दे।...पर हम तो कहते हैं, कि बता दे। सुरेन्द्र के बदले कोई हमें न सूली चढ़ा दे मोरी महामाई।''

''...''

''अब ऐसे क्या देख रहे हो ? अपने बच्चा की बाबत सोच-सोचकें हम तो मरे में न जीते में ! बेटा कसाईखाने में जिबह हो रहा होगा, मतारी नऱ्याये नहीं...?''

''...''

''क्या कह रहे, फाँसी ? साँचऊँ फाँसी होगी सुरेन्द्र को ? अये नोने रहो, कुभाखा न बोलो।''

''...''

''नजरन में ही चबाओ जिन। तुम्हें तो ऐन अच्छी तरह जान गए हम, अपनी खाल बचाए फिर रहे हो। हमें तो कर दोगे दरोगा के सामने। पोंदन (चूतरों) की चमड़ी उधड़वा दोगे। अरे वाह रे आदमी ! अपने करम भी देख लेते तनक।''

''...''

''बिना गाली बात न करना तुम ! हाँ ! गन्दी जुबान...।''

''...''

''ओ दइया ! आऽऽ...बाँह छोड़ो ! अरे टूट ग़ई रे टूट...आऽऽ...!''

''...''

''अरे, आज हमारी गाँठ में पइसा होता तो इस कसाई का मुँह...अरे, अब तक अपने बेटा को छुड़ाकें ले आए होते। बैरी ने ढोरों से बुरई कर दी हमारी हालियत... नरक में डले तो हैं, मुँह पर पट्टी कस लें !''

''...''

''मार ! तें मार ! काढ़ दै हमारे प्रान। अरे वाह रे इज्जितदार ! हमारी जिन्दगी के लाले...''

''...''

''रोयें नहीं ! ऐन कसकें रोयेंगे हम। लो चढ़ा दो फाँसी।''

''...''

''खता किसकी और भोग रहे हैं हम मतारी-बेटा।''

''...''

''ढिबरी काये बुझा दी ? तुम्हें लगता होगा डर, हमें नहीं लगता, हाँ !''

''...''

''किबाड़ बन्द कर दिए ! अवा सुलग रहा है इस कोठरी में। कैसे रहे कोई !''

''...''

''आँखें मूँदे, होंठ कसे चलते रहो इनके कहे में, मुँह खोला कि बस...! पर अब, अब नहीं रहा जाता हमसे। प्रान जाने ही हैं तो चुप काये को रहें ? खोलकर रहेंगे हम भी, बता देंगे कि हमारा कसूर कितना था। लो, हो जाय न्याय।''

"..."

"अब हम जैसे बैठे हैं, बैठे रहने दो। हम तिरिया-चैहत्तर दिखा रहे हैं न ? रहम-दया नहीं समझते...कठकरेज, राच्छसिनी और बेपढ़ी गँवार...सो तुम्हारी सीता बहू की कदर नहीं जानी हमने। बी.ए. पास मैम से घर का काम कराया। काम...परात भर-भर आटा की रोटी...सो भी कंडा-लकड़ियों के धुआँ में ! परी, सबुज-परी की आँखें धुँधिया गईं और काया कल्लू पड़ गई। सहर की बेटी...आय-हाय ! हम चौधराहट छाँटते रहे...तुम कुढ़-कुढ़ मरे !"

"..."

"ऐन खा लो हमें ! तुम्हारी आँखों से नहीं डरते अब। तुम आज से नहीं, तब ही से हमें राह का रोड़ा मान रहे हो, जब से सीता बेटी..."

"..."

"पढ़ी-लिखी ! हओ, काये की पढ़ी-लिखी ? मूरख इतना तो समझ नहीं पाई कि हमारे घर की माली हालियत क्या है। तुम कहते हो कि हमने उसे घरू मामलों में सामिल नहीं किया। बताओ, कैसे करते ? और सुन लो कि न हमने मोंड़ा के कान भरे कभी। अरे, जो हम सुरेन्द्र को भड़काते तो कभी कहा-सुनी न होती खसम-लुगाई में ? ऐसे खोटे काम नहीं करते हम। हमारे मताई-बाप ने टुच्चपन नहीं सिखाया।"

"..."

"अरे, होंठों पर उँगली धरकर क्या समझाते हो हमें ! हम क्या जानते नहीं कि यह जांगा ऊँचा बोलने की नहीं। बारह दिन से मुँह सिये ही तो बैठे हैं।...पर इतेक कहे देते हैं कि सुरेन्द्र की गिरफदारी सुनकें तुम चुप बैठे रहो, हमसे न बैठा जाएगा। ठठरी बँधे किसी खानदानी ने ही भेद दिया है थाने में, नातर दरोगा को क्या सपने आ रहे थे ? मोरा निरदोष बेटा सजा...और तुम यहाँ मस्कऊँ...खुद बँधके जाते तो मालुम हो जाती कि जेल कैद क्या चीज होती है।"

"..."

"मोरे बेटा की बैरिन तो अपनी ही लुगाई हो गई। रह-रहकर बातें सालती हैं—नादान को बड़ी बखरी की बहुओं ने सिखा-पढ़ा दिया कि खुद ही सेंग करने लगी उनकी ? इतेक नहीं सोची कि कहाँ उनके घर की आमदनी और कहाँ हमारी ! दो-दो हजार की साड़ी पहना सकते थे हम ? अरे, इतेक माया होती तो आज गठरिया भर रुपइया फेंककें अपने सुरेन्द्र को रिहा करा लाते..."

"..."

"हँस रहे हो कि बिस उड़ेल रहे हो ? बड़ी जहरीली मुस्कान है तुम्हारी। ऐसी कि बस चले तो हमें आज, इस बखत खतम कर दो। सो तो हम तब ही जान गए थे कि तुम्हारे मन से उतर गए हैं हम, नहीं तो कौन-सा अजस कर डाला था हमने... इतेक ही तो कहधरी कि—सीता बेटी, इतेक महँगी धुतिया कभी मायके में पहनी-ओढ़ी है ? कि हमसे ही सवाल...? तुम्हारे बापू जू, चलो वे पाँच सौ की पहना दें तो हम

दो हजार की खरीदवा देंगे, भले कर्जा उठाना पड़े।...पर तुम तो सब सौंख-मौज हमारी ही चुटइया पकड़कें...''

''...''

''लो, इतनी ही कही थी बस। गाली तो नहीं दी उसके माता-पिता को। और सुनो, न हम दान-दायजे के भूखे। उन कँगलों ने कुछ दिया नहीं, हमने माँगा नहीं और जो थोड़ा-बहुत आया, वह कौन-सा हमारी मुट्ठी में आया ? आदमी की जात इतेक भोरी नहीं...जनी के बहाने अपनी जेबें भरती है। तीस कि चालीस हजार, जितेक भी हों, तुमने ही गिरे-धरे होंगे।''

''...''

''हाँ, मानते हैं कि तुमने गहना-गुरिया बनवाया।...पर हमें तो देखो कि नेठम ही अपनी गाँठ से...मायके से तुम्हारी पढ़ी-लिखी मैम बहू कानों में ऐसी बाली लटकाए आई थी, जैसी आठ-नौ साल की लरका-बिटिया पहने। अब इतेक तो तुम्हें भी समझ होगी कि गरीब से गरीब माँ-बाप बिटिया के नाक-कान के लाने ढंग का चीज-वसत बनवा देते हैं। किरोड़ीमल समधी से इतेक नहीं बनी कि अठन्नी-भर की झुमकी पहनाकें विदा कर देता आग लगै... । तो हमारी जगहँसाई तो न होती। लो, हमें तो बड़ी बेइज्जती लगी। पुरा-पड़ोस, नाते-रिश्तेदारी में नंगी-बूची बहू...सो अपनी दो मुँदरी तुड़वा डालीं और सीता के कानों की झुमकी... ।...पर वाह री बहू, तेरी दस हाथ लम्बी नाक ! उँगली नहीं छुवाई झुमकियों से।''

''...''

''करबट ले गए ! हाँ, मत सुनो। पर साँची बात को खोट नहीं। हम जो कर रहे हैं न, तुम भी खूब समझ रहे हो। याद आई, क्या बोले थे तुम—सीता ऐसी बेगैरत नहीं कि बाप के लाने गालियाँ सुने, कँगला-कँजरा कहलवाए, तब जाकर तुम्हारी दामी सौगात कबूले।''

''...''

''न कबूल। कौन कर रहा है थराई (विनती)। पर सीता से ज्यादा मलाल तो घुमड़ा तुम्हारी छाती में। तभी तो बहूरानी...तुम्हारी सै न होती तो...अरे, दो-दो हजार की दो साड़ियाँ कौन लाया ? पढ़ी-लिखी बहू हमें मूरख समझ रही थी सो समझाने लगी—'अपने मायके से लाए हैं हम तो।' अरी नोंने रह ! मायके में एकदम से देवता हुंडी बरसा गए, सो बापजू बिटिया के लाने पारसल भेजने लगे ! हमने अपने बाल धूप में धरकें नहीं सेंके और तनक उमर मोंड़ी हमें भरमा रही थी !''

''...''

''ऐन भींचो दाँती। और तुम्हारे बस में है ही क्या ? पराए गाँव में जा एकान्त बखरी में बेबस बिड़े न होते तो तुम हमारी चुटइया तानकें गली में फेंक देते और डायन-चुड़ैल के संग एक से एक भद्दी गाली...बहू के सामने भी तो नहीं चूकते थे जैसे कि हम उसकी लड़क उमर कों चबाए जा रहे हों।''

"..."

"देख तो लो, चुप्पी ! ऐसी चुप्पी तब न साधी ? संजीदा रहते तो आज ऐसी नौबत आती ?...तब तो लुक्क-लुक्क करके बस घर में घुसे रहना। बहू के बदले लेने को हमें ताने देना...बताओ, असोक के ब्याह की साड़ी हम बहू को काये न देते, जबकि रिश्तेदारनियों को दी थीं। तुमने क्या सोचकें कही सुरेन्द्र के पिताजी, कि हमने बहू को नाइन-ढींवर की दर पर नहीं समझा ? हमारे कलेजा में आज तक कटारी की तरह..."

"..."

"बताओ ? बोलो, हम तुम्हारी प्यारी-दुलारी बहू के गोड़े गह लेते ? अरे...हम तो तब भी अपने दोई पूतों का कौल भरने को तैयार थे, कि वही कह देती अपने बाप-भइयों की सौगन्ध खाकें कि हमने साड़ी नहीं दी थी ? तब तो एक हाथ नीची झूल डालें लजवन्ती बनी बैठी रहीं।"

"..."

"ठीक है, तुम यह बताना चाहते हो कि वह नकटी-बेसरम नहीं थी, ससुर-जेठों की मरजाद मानती थी।...पर वाह री परदानसीन ! आड़-घूँघट के चलते ही मटका दिए नैन ! नहीं तो कैसे पहुँच गईं सब बातें तुम तक ? अब खींच लो मोरी जीभ। साँची बात कहने की खातिर तो हम सूली चढ़ने को तैयार हैं, समझे ? हमारे और सीता के बीच की बातचीतें...अरे वाह रे ससुर साब !"

"..."

"नहीं कढ़ रही बोली ? कहो कि बेसा (वेश्या) ने तिल पढ़कर मारे थे तुम्हारे ऊपर, सो बुद्धि खा गई गुलाटें। हम तो देखकें रह जाएँ कि बहू जी तनक अनमनी हों, और ससुर साब की भौंयें खिंच जाएँ, जैसे फूलमती रिसा गईं तो खेतन में नौन जम आएगा। वा तौ तिरिया चैहत्तर मचा रही थी और तुम पहौंच गए थे दोनों हाथों पर साड़ी सजाके कि बेटी, हमारे हाथ से लै लो। खूब पुटियाईं ! बेटा खूब खिलाईं गद्दी पै। सो मूँड़ पै चढ़कें बोलीं। तुम सोच रहे थे, बहू माथे से लगाके लेगी। दिखा दी तुम्हें भी औकात।"

"..."

"अब हमारे माथे मढ़ो, सो विरथाँ है। हमने तो साड़ी तुम्हारे हाथ से इस मारे खेंच ली थी कि सुरेन्द्र ही बुरा मान रहा था। कह रहा था कि बाई, तुमने दी, हम दे देते, पिताजी काये घुसे फिरते हैं, सीता के मामलों में ?"

कुप्पी की लौ अचानक भकभकाई। सुरेन्द्र के पिताजी जलजले की तरह उठे। चील की तरह झपट्टा मारकर पत्नी की चोटी पकड़ ली।

"साली, हरामजादी ! इतनी देर से बक-बक...जूतों के मारे तेरी खोपड़ी खोल दूँगा। यह, यह...यह काम तो मुझे तभी कर डालना था, जब सीता...पर उसका ही लिहाज करके..."

"..."

"हम कहते हैं, धरे रह अब वह धोती। अपने मइया-बापों के कफन की खातिर...डायन, तेरी मुँहभाखा ही पार उतर गई ! जिस पर कफन पड़ना था, पड़ गया ! तेरी मैली आँखें...सीता बहू उतार दी चिता पर !"

"..."

"पूरे पच्चीस बरस से झेल रहा हूँ, साली कुतिया ! घर घूरा कर दिया तेरे पीछे। हमारी माँ झूठ नहीं कहती थी कि जो औरत अपने बच्चों का हिस्सा भी चाट ले, वह सौ डायनों की डायन !"

"..."

"कहती है कि रोटी के अलावा...कि मजूरी करी है घर की...कि हाड़ तोड़ती रही हूँ तुम्हारी देहरी पर...कि तुम्हारी जरखरीद बाँदी ! सब बकवास ! हमारे घर का भाग्य चाट गई तू। बरक्कत सोख गई।"

"..."

"बहू की खातिर दो पइसा खर्च कर दिए तो आसमान उठा लिया सिर पर ! कि तुम माल-मिठाई उड़वा रहे हो बहू को, कि दूधन-अस्नान करा रहे हो ! ऐसा किया होता तो अभागिन का गरभ न गिरता। पहला गरभ खंडित हुआ और तें उसे भरपेट रोटी तक नहीं दे रही थी, साली कर्कशा !"

"..."

"होंठ बिदोरती है ! ले लात ! तू इसी लायक है। मेरा तो दिल ही खट्टा हो गया है साली गृहस्थी से। हो भी न तो कैसे, साँस भी निकालो तो आग हो जाता है तेरा चेहरा या फिर वे ही स्वाँग-नौटंकी...बहू भी बेचारी खूब समझ गई थी कि तू किस कड़ी मिट्टी की बनी औरत है, पिघलने वाली नहीं। ऊपर से इलजाम हमारे ऊपर कि हमने इसकी मिट्टी पलीद कराई है। आदमी के करम ही इज्जत और बेइज्जती बख्शते हैं, समझी कि नहीं ? सीता ने क्या कहा तुझसे ? बेचारी चिट्ठी लिखती थी मायके के लिए, उस पर भी तेरा और तेरे पूत का पहरा..."

"..."

"अब क्या देख रही है गटा निकालकर ? जब तो बड़ी भोली बनती थी कि बहू गालियाँ देती है, कि अपने बाप की लुगाई बनाती है तुझे ! नहीं, तेरी तो पूजा-वन्दना करती सीता, कि सौतिया डाह बरता है मेरी सास ने धन्य-धन्य ! जानबूझकर सजा दे रही थी राक्षसिनी। भर दोपहरी में बीसियों बाल्टी पानी खिंचवाने का मतलब ? घर में नहर निकालनी थी ? धूप-घाम में ढोरों का चारा-पानी...मईंदार मर गए थे ? भारी वजन उठवाया...हाँ, तुझे उसका हमल गिराना-ही-गिराना था, कि बहू के आते ही तू सिंहासन पर विराज गई !"

"..."

"मुँह खोला तो समझ लेना, फिर...पिछली बातें हम नहीं कह रहे, तू ही उखाड़ रही थी गड़े मुर्दे। इतना डाह कि बहू की कोमल उमर कुचल डालने में आनन्द आ रहा था

तुझे। कहती थी कि हम देवता नहीं सो सहन कर जाएँ, मनिख की जात हैं। अरे, हम कहते हैं कि साली तू जाहिल औरत खौफनाक ढोंरनी है।"

"..."

"तेरे बिना कहे ही जानते हैं हम कि क्यों जली मरती थी ! बहू की हारी-बीमारी पर तवज्जो जो देते थे हम। थोड़ी-बहुत दर्द-पीर की परवाह न भी करे आदमी, पर दर्द जब हद के बाहर हो चले तो ? गर्भवती बहू को डॉक्टरनी के पास ले गया तो कौन-सा आसमान टूट पड़ा ? लाँछन दिया था कि ससुर के सामने बहू गर्भ-महीना की बातें... अरे बेवकूफ की औलाद, क्या कमरे से बाहर निकलकर खड़े नहीं हो सकते थे हम ? पड़ोसियों का बहाना लेती है। पड़ोसियों की ऐसी-तैसी। अपना दामन देखें पहले और अब बचा रहे हैं पड़ोसी ?"

"..."

"पापिन ! तेरी तो चमड़ी उधेड़कर नमक का लेप कर देना चाहिए। आज दूसरी जगह छिपकर बेबस न होते तो...सोचते हैं कि एक और हो-हल्ला खामख्वाह...साँस भी साली आहिस्ता लेनी पड़ रही है यहाँ।"

"..."

"वह एक हौलू बसन्त ! औलाद की दुम। कहती है, सुरेन्द्र के हाथ पर रुपइया धरते, वह ले जाता बहू को डाकधरनी के पास। ले गया ! ले गया वह तो। कामचोर बुद्धू ! रुपए उड़ाकर वापिस आ जाता। निकम्मा ! अच्छी-खासी नौकरी लग गई थी फैक्टरी में, पर साहबजादे तो मजनू को मात कर रहे थे। छोड़कर यह आ, कि वह आ। और तू है कि दोष मेरे ही ऊपर—फूलबानो के मोह में लड़के की नौकरी छुड़वा दी, घर रहेगा तो बहू भी घर ही रहेगी। खाक साली, खाक !"

"..."

"हाँ, बता हम कितने दिन अपनी गाँठ से रुपइया पुजाते रहते ? सात सौ रुपट्टी में आदमी आटा-दाल पूरा नहीं कर पाता और तुम्हारे कुँवर साहब ढाई सौ का तो तमाकू ही हथेली पर घिसकर फाँक जाएँ। पर हमने तब भी नहीं कहा था कि सुरेन्द्र, तू घर आ जा।"

"..."

"हाँ, इसमें कोई शक नहीं कि हमारे खानदानी ही पुलिस की मदद कर रहे होंगे। सीता के माँ-बाप को भी कुटम्बियों ने ही खबर की थी। केस को रंग दे रहे हैं दुश्मन। वे ही बड़े भइया हैं, जिनको तूने यह संदेश भिजवाया था कि सीता को उसके मायके भिजवा दें। लेकिन उन्होंने बात को पर लगा दिए। कि ये लोग बहू को घर से निकालना चाहते हैं।"

"सूँऽऽऊँ...सूँऊँऽऽ...! सुरेन्द्र के पिताजी, अब कुछ भी कह लो, हमारी घड़ी बिगड़ रही है। सो बड़े भइया भी उलटी कहने लगे। सूँऊँऽऽ...असली बात तो तुम भी जानते हो कि दिन-रात की कलह, गाली-गलौज, मार-कूट...बेजार हो उठे थे हम। मोंड़ा एक

दिना नहीं सोया चैन से। अरे, हमने तो यही विचारा कि महीना-खाँड़ एक-दूसरे से अलग रहेंगे तो चाहना करेंगे। बिछोह से प्रेम बढ़ता ही है, लो तुम्हीं बोलो !''

''ठीक है, पर हमारी गलती बता दे कोई ? अरे भाई, हम तो यही मानकर चल रहे थे कि दूसरे की बेटी हमारे घर तकलीफ से न रहे। कल के दिन लोग थूकेंगे। पर कुछ न हो सका...तेरी खता क्या ? सीता का बाप ही दगा दे गया। साले ने एक लाख बदे थे, चालीस हजार टिपाकर हाथ जोड़ दिए। झूठे बेईमान आदमी पर गुस्सा नहीं आएगा ? सो तू उससे मुस्तकिल खफा हो बैठी, पर मेरा मानना था कि इसमें उस बेचारी का क्या दोष ?''

''...''

''और तूने बाप का ताना देकर दस का नोट उसके हाथ से खींच लिया। असली बीज उसी दिन पड़ा कलह का।''

''सूँऽऽ...ऽऽ...! सुरेन्द्र के पिताजी, वह बात न दुहराएँ तो भला हो। हर बात की सफाई नहीं है हमारे पास। यह तो जानी-मानी बात थी, तुम उस पर लुटा रहे थे पइसा। उपासी रही थी, तुमने ही दिए होंगे रुपइया। खूब करो फलाहार, हमें क्या गुरेज ?''

''गुरेज नहीं था तो फिर क्या हुआ ?''

''मुकद्दर रूठ गया था हमसे, भाग की मार...कि यह बात भी हमारी जान से बँधनी थी। नहीं तो उसी दिन तुम्हारे जीजा जू काये आ जाते ? बस, इतेक समझ लो कि पाउने की थाली में बिना साग-सब्जी के रोटी नहीं परस पाए। सो बस माँग लिया बहू से दस का नोट। सुरेन्द्र नहीं है इस बखत, हमारा ईसुर-भगवान गवाह है कि तीन रुपइया के आलू मँगवाकें हमने सात रुपइया लौटा दिए थे उसी दम।...पर तुम्हारी बहू तो चढ़ी थी सत्यानासी के झार पै। हमारे ऊपर रुपइया फेंककें बोली—कुतिया की जात समझना, जो मैं इन पइसों का बिस भी खाऊँ।''

''अच्छा !''

''लो, आज तो बड़ा अचम्भा किया तुमने। भूल गए कि तुम ही बोले थे कि तेरे मन की हो गई, सात रुपइया भी बचे और तेरी बैरिन भूखी भी मरी।''

''फिर वही बात ! हम कहते हैं कि उस बेहूदे ने बहू को पीटा क्यों ? क्यों कहा तेरे पूत ने बहू से कि अपना काला मुँह न दिखाए अब ? कौड़ी की कमाई नहीं और हाथ उठाने को मुकदम ? साले के हाथ-पाँव चटका देता, सामने नहीं दिखा था, दुआ मनाओ।''

''सो तो हम जानते हैं। इन्दरपरी के कारन बेटा की हड्डी तोड़ डालते तुम। सुनो, हमारा लड़का न तो लूला-लँगड़ा है, न अन्धा-काना। सीतादेवी ने कुछ अहसान नहीं किया था। धमना वालों की बिटिया कोई कमतर थी क्या इस बहू से ? कितनी विनती-थराई करी थी बिचारों ने, पर संजोग...मोरी महामाई, यह दिन देखना बदा था तकदीर में।''

''...''

''नाक तक पानी चढ़ आया। चुप रहते हैं तो क्या तुमने यह समझ लिया सुरेन्द्र के पिताजी, कि हमें सबुर भी आ गया ? तुम मन आए तैसी कहते जा रहे हो और हम मान रहे हैं कि अब सहने-सुनने की वेला ही आन थमी है हमारे आगे। मतारी...यह आधार तो था कि हमारा बेटा हिफाजत में है, अब तो पाँवों के नीचे कुआँ...हूँऽऽऊ...दइयाऽऽआ...!''

''ओ पगलू ! रो-पीटकर क्या दिखाना चाहती है ? हम कहते हैं कि साँस न निकले। भीतें भी सुनती हैं। यहाँ लग रहा है कि द्वार पर सरसराहट...चुप !''

''सूँऽऽऊँ ! सूँऽऽऊँ !''

''सुनो, साकिन वाले जीजा आए थे।''

''क्या कहते थे ननदोई जी ?''

''रुपइयों की बाबत ही...''

''कितने ?''

''चालीस हजार से पचास हजार तक टूटेगी बात।''

''अररर...रंडी खुद ही तो झूली थी फंदा गें घिची बाँधकें।''

''तुम्हारी बात कौन मानेगा ?''

''साँची बात है, माने न माने कोई।''

''साकिन वाले जीजा से कहा था कि धमना वालों को खबर कर दें। जब संजोग नहीं बैठा था, पर अब तो...''

''हाँ, कुँआरी के भाग ब्याही मरती है।''

''पर यही कि...''

''क्या ? तुम्हें हमारा कौल, बताओ तो।''

''कुछ नहीं। कुछ नहीं।''

''खोजिन, छोत ! हमारे दीन करा गई। सुरेन्द्र के पिताजी, धान का पौधा दूसरी जगह की मिट्टी में नहीं बँधता तो मर जाता है। इसमें किसी की खता नहीं।''

''...''

''पर वह तो हमारे ऊपर कूद रही थी। बात-सी बात तो नहीं थी कोई, बुआ के गाँव जाने की जिद्द धर गई। बताओ, ब्याही-ठियाही बिटिया ऐसे आती-जाती है ? लिवाने-बुलाने तो कोई आया नहीं, सादी का कारड पठा दिया फुआ ने। कायदा था बहू को भेजने का ? बस, इतनी ही खता बन गई कि हमने यह दै कही कि कारड आया है, ब्यौहार सुरेन्द्र दे आएगा। ऊपर से बहू की हालियत दूसरी...गरमी-भभका अलग। अरे, ऐसी रुत में गाभिन गाय-भैंस तक का गरभ गिर जाए।''

''सुरेन्द्र की अम्मा, तुमने गम नहीं खाई। हम और काये के लाने जीप का इन्तजाम करे ला रहे थे ? और ऊपर से तुम्हारी जुबान कतरनी...कि लाज-लिहाज नहीं करती यह बहू, कि इसकी फुआ का गाँव है तो हमारा ममाना है वहाँ, मरजाद नहीं मानेगी तो हमारी नाक कटेगी...तमाम अंट-चमंट बातें !''

''चलो, तुम ही सही, हमने सब बातें गलत-ही-गलत कहीं, पर ऐसी बातें तो नहीं थीं कि फाँसी पर झूल जाए कोई।''

''अब भगवान ही जाने कि कैसे ऐसी मजबूर हो गई ! रोई तो बहुत थी उस दिन। अकेली ही पड़ी थी। तुम औरों ने बहलाई-पुटियाई भी नहीं।''

''तुम थे तो सही बहलाने को। धोती-बिलौज पै इस्तिरी करके खड़े रहे थे बन्द द्वारे के अगाई।''

''फिर वही ! देख, गुस्सा न दिला मुझे। तेरी ऐसी ही बातों ने उसकी जान...''

''दाँती भींचे हमारे ऊपर झपट रहे हो ! बहू का मरम तो दो ही बरस में जान-समझ गए ! और हम पूरे पच्चीस साल से घर में डले हैं सो...सुरेन्द्र के पिताजी, बेटा ब्याहा तो समझ में आया कि वह बहू का हो गया अब। अपने आदमी पर भरोसा करके रहती हैं जनीमानसें, पर तुम तो बेटा से भी पहले बाँह छुड़ाकें अलग ठाड़े हो गए !''

''अरे ! रोती हो ! धीरज धरो। देखो, साँस भी सुनाई देगी तो हम पकड़ जाएँगे। विपता साली बाघ की तरह मुँह बाए खड़ी है।''

''ऐसे ही...ऐसे ही सुरेन्द्र के पिताजी, ऐसे ही मेरे मूँड़ पै हाथ धरे रहना, मैं होंठ भींचके पी जाऊँगी अपने दर्द-तकलीफ, जीने का हौसला जुटा लूँगी।''

''हाँ, घबराना नहीं।''

''सुनो, सच्ची-सच्ची बताना सुरेन्द्र के पिताजी, धमना वाले अस्सी हजार की बात पै राजी हैं न ? क्या कहा था साकिन वाले जीजा ने ? हम तो कहते हैं कि अब किसी तरियाँ निकलो यहाँ से और सम्बन्ध पक्का कर लो। देरी ठीक नहीं।''

''...''

''तुम बोल काये नहीं रहे ? धमना वाले तो मिलने की कह रहे थे। कहाँ मिलोगे कि कोई देखने न पाए।''

''मन्नू मिठिया की दुकान के पीछे।''

''हाँ, सही है, ओट है वहाँ। धमना वालों का भला करें महामाई। आज हमारी विपत में संग दे रहे हैं। हम तो समझ रहे थे कि अब तक तो बैरियों ने भड़का दिए होंगे। पर भरम था हमारा। असल में बेटी का बाप कान कच्चे नहीं रखता। अफवाह में आया तो कहो बिटिया कुँआरी ही बैठी रह जाए।''

''...''

''तुम रंज-से में काये बैठे, मुँह डाले हुए ?''

''क्या बोलूँ ?''

''जीजा गए थे, बात तो पक्की है ही। हमारे जानें ब्याह भी जल्द से जल्द ही करेंगे धमना वाले। वे रुपइया भिजवा दें तो हमारा सुरेन्द्र रिहा हो आए, बस। एक बात का ध्यान रखना, बड़े भइया को कानोंकान खबर न हो, हाँ ! हमारे घर-कुनबा के नहीं, ठठरी बँधे लंका के विभीषन हैं। पर धमना वाले ठहरे बेटी वाले, बिचारे बेबस जीव ! वे तो खुद ही बचकर रहेंगे हमारे दुसमनों से।''

"..."

"तुम चुप्पी काये साधे हो ?"

"..."

"आज कौन आया था, साँझ की बेराँ ?"

"धमना का नाई था।"

"नाई !"

"रकम लाया था। चलो इसुर-भगवान ने उनकी भी सुन ली, सो हमारा लड़का खाली हो गया। तीन-चार साल से परेशान हैं। बिटिया का संजोग ही नहीं भिड़ा कहीं। पर हमारे सुरेन्द्र के भी रिस्तों की कमी है क्या ? यह कहो कि हम यहाँ पड़े हैं पराए गाँव की कैद में..."

"हाँ, खूब नेकनामी हो रही है तुम्हारी, सुरेन्द्र की अम्मा। लोग लाइन बाँधकर चले आ रहे हैं सगाई के लिए।"

"अब मस्खरी न करो हमसे, हाँ !"

"..."

"ओ मोरे कुल देवता, मोरे घर के इतर-पितर, मेरे बेटा के सीस पै असीसें बरसाओ। मोरे लाल की उजड़ी-बिखरी जिंदगानी सिमट जाए, गृहस्थी बस जाए, बस। मोरा बिनमुँह का बेटा..."

"ह ह ह ह..."

"हैऽऽअ, बेमतलब ही हँसी सूझ रही है तुम्हें ?"

"पूछा नहीं, धमना का नाई क्या दे गया ?"

"कितने ? तुम्हें हमारा कौल, साँची बताना। हम कौन से छिनाये ले रहे हैं तुमसे।"

"अभी तो संदेसा दे गया है।"

"कब ला रहे हैं सगाई ? कह दिया न कि अगुन-सगुन विचारने की वेला नहीं, जो करना है, जल्दी करें। लाचार घड़ी है हमारी और संग में उनकी भी। सुरेन्द्र को छुड़ाने का हीला...सबकुछ चुपचाप।"

"सगाई नहीं आ रही।"

"चलो न सही सगाई। एक बेर हो तो गया धूम-धड़ाके से ब्याह। गुप्त रूप से दे दें, हमें मंजूर है।"

"सुरेन्द्र की अम्मा, होश में आओ। मालूम है, संदेश किसका था ? नाई कह रहा था कि क्या करें धमना वाले, उनकी बिटिया अड़ी है कि दद्दा, हमें कुँआरे रहना मंजूर है। कतल होने उनके घर नहीं..."

"..."

"अरी तोरी बिटिया की...चंडालिन !"

"ढिबरी जला दो। अँधेरा बहुत है।"

"धमना वालों की बिटिया...रंडी कुँआरी ही बूढ़ी भई जा रही हैं, और ठसक देख

लो कि..."

"चमगादड़ें उड़ने लगीं सुरेन्द्र की अम्मा ! उजाला करो।"

"असगुन ! चमगादड़ें असगुन की निसानी। तुम तो कुछ सोचते ही नहीं...याद है, आज तेरहीं होती सीता की, बारहवीं रात...। हम कहते हैं, जब तक सूतक नहीं छूटते, चुड़ैल ऐसे ही सताएगी मोरे लाल को। देख लो, ठिकाना तोड़ ही दिया न मोरे सुरेन्द्र का, कुलच्छिनी !"

"रोओ मत सुरेन्द्र की अम्मा, धीरज..."

बेटी

धूल नहाए पैरों से जिस रेत-भरे रास्ते पर मैं चल रही थी वह तनिक भी अजनबी नहीं था। यहाँ होकर तो मैं अपने बचपन में रोज स्कूल जाती रही हूँ। गाँव से सारे विद्यार्थी सुबह-सवेरे ही बस्ता लादकर चल देते थे और भाग-भूगकर स्कूल के घंटा बजने का वक्त पकड़ ही लेते थे। मैं मन-ही-मन बड़ी दुखी होती थी—'मेरी माँ को भी न जाने क्यों मुझे पढ़ाने की धुन सवार है ?' मेरी सहेलियाँ पढ़ाई से मुक्त गाँव में ही उपले थापतीं, जाड़ों की धूप में बैठी खिलखिलातीं, रोटी बनाना सीखतीं और गीत गातीं। इन सभी कलाओं से वंचित होने का दुःख मेरे नन्हे कलेजे में हर वक्त सालता था।

जिस राह से मैं स्कूल भागी हुई जा रही होती थी, उसी रास्ते पर मेरी अभिन्न सखी मुन्नी के खेत थे। वह वहीं अपने पिता के साथ खेतों में बुवाई कराती मिलती, कभी पानी लगा रही होती और कभी रहट हाँक रही होती। मुझे मुन्नी से ईर्ष्या होने लगती थी कि उसके मजे हैं, चाहे जब घर चली जाएगी, रोटी खाएगी और फिर खेलेगी, बस। एक मैं हूँ...सारे दिन पढ़ाई में लगी रहूँगी, कभी न याद होने वाले इतिहास, भूगोल को मास्टरजी के डर से जोर-जोर से रटूँगी, फिर चार किलोमीटर पैदल चलूँगी, तब कहीं लौटकर घर का दरवाजा देख पाऊँगी—भूख के मारे अलग बुरा हाल।

लौटकर ही मुन्नी से मिलना हो पाता था। मुझे देखते ही वह भागकर मेरे घर आ जाती—फिर जिस ललचाई निगाह से मेरे बस्ते की ओर देखती—मुझे आज भी उसकी वह ललक-दृष्टि याद है। लेकिन उस समय वह मुझे निरी मूर्ख लगती—भला पढ़ाई के लिए क्या ललकना ? मेरे खयाल से उस समय पढ़ाई से ज्यादा नीरस कोई दूसरा काम नहीं था, लेकिन मुन्नी हमेशा मेरी किताबों को उलट-पलट करती रहती। मेरी और उसकी रुचियाँ सर्वथा भिन्न होते हुए भी हम न जाने किस सूत्र से एक-दूसरे से बँधे हुए थे। उसे छोड़कर मुझे स्कूल जाना जरा भी नहीं रुचता था। बहुत बार मैं स्कूल के रास्ते में मुन्नी के खेतों पर रह जाती और उसके साथ रहट हँकवाती रहती। कितनी बार उसकी माँ से भी मिन्नत की थी—

''चाची, मुन्नी को स्कूल भेज दो न !''

''अरी बिटिया, क्या कहती हो ! वह लड़की जात, कहाँ जाएगी और क्या करेगी पढ़-लिखकर ! तुम्हारी बात और है वसुधा, अकेली औलाद, बेटा-बेटी तुम्हीं हो अपनी माँ की, सो जिन्दगी-भर पढ़ो तो कोई कुछ कहनेवाला नहीं, बाप न भइया।''

इतना लम्बा तर्क सुनकर मैं भी चुप हो गई। क्या कहती इसके आगे ! मैंने भी सोच लिया, मेरे पढ़ने का यही कारण है, नहीं तो माँ मुझे भी घर का काम सिखाती। वह लड़कपन था, शिक्षा का लाभ मुझे दिखता भी कैसे ?

इतवार का दिन था, मैंने बाल धोए थे...सुखाने छत पर पहुँच गई। मुन्नी के घर की छत से ही हमारी छत भी मिली थी। कुछ ही क्षण पश्चात् मेरे कानों में मुन्नी की आवाज पड़ने लगी—

"अम्मा, तुम मेरे साथ जो कर रही हो, वह कुछ अच्छा नहीं कर रहीं। तुम पाँच-पाँच लड़कों को पढ़ा सकती हो, लेकिन मेरे लिए तुम्हारे घर अकाल है...मेरी किताब-कॉपी के पैसे तुम्हें भारी हैं अम्मा !"

"रोज एक ही बात की हठ करती है तू। हमने कह दिया न, नहीं पढ़ा सकते तुझे..." उसकी माँ ने एक बात खींच के कह दी थी।

"क्यों नहीं अम्मा, मुझे क्यों नहीं ?"

"चुप होती है कि नहीं ? बहुत जबान चल गई है तेरी। तू लड़कों की बराबरी करती है ! बेटे तो बुढ़ापे की लाठी हैं हमारी, हमें सहारा देंगे। तू पराए घर का दलिद्दर। तेरी कमाई नहीं खानी हमें...कह दिया, कान खोलकर सुन ले।" मुन्नी इसके आगे क्या कहती ? एक ही हाँक में चुप हो गई। मैं इतना तो अवश्य समझती थी कि मुन्नी बड़ी चतुर और बुद्धिमान लड़की थी। अगर उसे पढ़ाया जाता तो वह अति प्रतिभाशाली छात्रा साबित होती, अपने भाइयों के मुकाबले वह कुशाग्रबुद्धि बालिका थी।

पढ़ाई के अतिरिक्त मुन्नी उन सारी विद्याओं में पारंगत हो गई थी जिन्हें सीखने का जरा-सा भी अवसर वह पा सकी। उसकी जैसी पाक-कला मुश्किल से ही देखने को मिलती। ढोलक पर थाप देकर गाना उठाती तो गली में चलते लोग एक पल को रुक जाते। पड़ोस में पंडितजी के हितेश की शादी में जब मुन्नी नाची थी तो मुझे अपनी सारी विद्या धूल नजर आने लगी थी। कैसी वाह-वाह हुई थी उसकी ! उसकी देह में अभूतपूर्व सौन्दर्य जगमगा उठा था...कमर की लचक के साथ ही घाघरा ऐसे घूम रहा था मानो जमीन नाच उठी हो। सिलाई-कढ़ाई में अति प्रवीण। वह मेरी सखी पूरे गाँव में अपना लोहा मनवा चुकी थी।

वह अपनी अम्मा की सारी जिम्मेदारी उठाकर घर का सारा काम करती रही। मुँह अँधेरे भाइयों के लिए पराँठे सेंकती रही, उन्हें स्कूल भेजती रही, उनके कपड़े धोती रही, पिता के साथ खेत में काम कराती रही और बासी-कूसी रोटी खाकर चन्द्रकला-सी बढ़ती रही। फिर भी ब्याह के कारण अपने माता-पिता की चिन्ता का विषय बनती रही। लेकिन चाचा को मुन्नी की शादी के लिए भाग-दौड़ नहीं करनी पड़ी। वह रूपवती, गुणवती बड़ी सरलता से अपनी रिश्तेदारी में ब्याहकर चली गई।

जब वह गई तो मुझे लगा था कि जैसे मेरा कलेजा आधा कटकर रह गया हो। मुझे जितना कष्ट हुआ था, उसकी माँ उतनी ही आश्वस्त हो गई थीं। मुन्नी के जन्म से ही जिस भार को उन्होंने महसूस किया था, उससे मुक्त हो जाना अपने में एक अहम

काम था। अब क्या था चाचा-चाची के यहाँ। सिर्फ लड़के रह गए थे...उनका क्या, 'चैक' हैं, कभी भुना लो...अपनी मनमर्जी पर निर्भर है। यही धारणा उनके लिए आनन्ददायिनी थी।

मुन्नी गाँव आती-जाती तो थी...मायके आने की रस्म अदा करने, बस। चाचा-चाची तो उसे ब्याहकर गंगा नहा चुके थे। वह आती तो एक धोती और डलिया के सामान का वजन ही पड़ जाता चाचा पर...बेटी दे ही क्या सकती है, लेकिन उसके मन में माँ के प्रति जो लगाव था, पिता के वात्सल्य का अथाह सागर था...उस पर किसी की दृष्टि कहाँ जाती थी ! वहाँ तो पुत्र-मोह का ऐसा ताना-बाना बुना पड़ा था जिसमें से मुन्नी झाँक तो सकती थी लेकिन उसके पार माता-पिता के स्नेह-आँचल तक नहीं पहुँच सकती थी।

समय बीतने लगा...लड़कों की शादियाँ होने लगीं। पढ़ाई-लिखाई में ऐसा खास तो कोई लड़का निकला नहीं। एक अवश्य जूनियर इंजीनियर हो गया। वह सबसे बड़ा था। ब्याह भी खूब दान-दहेज के साथ हुआ उसका...चाची के पाँव जमीन पर नहीं पड़ रहे थे, लेकिन दूसरी बार आकर ही बहू ने सारा सामान समेटा और ऐलान कर दिया कि इस गँवई-गाँव में वह एक पल भी नहीं रह सकती...लड़का बीवी का सामना कहाँ कर सकता था...दबी जुबान से उसके समर्थन में ही खड़ा हो गया। अगले दिन ही दोनों हल्द्वानी को विदा हो गए। एक बार आया तो वह नकद रुपए भी ले गया, जो चाचा ने उसकी ससुराल से दहेज स्वरूप प्राप्त किए थे...किराए के मकान की मुश्किलें दिखाकर तथा नया फ्लैट लेने की योजना बताकर।

विवाह होते गए, बहुएँ आती गईं, लड़कों के तेवर बदलते गए। दूसरे नम्बर का लड़का वहीं गाँव में ही दुकान करने लगा था अतः जाता कहाँ, लेकिन उसकी बहू असल बनिये की बेटी आई। चाचा-चाची की चाय-चीनी तक का हिसाब बड़ी तंगदिली से रखने लगी, अतः चाची उस कुलवधू से अलग चूल्हा कर बैठी।

इस प्रकार कोई किसी तरह, तो कोई किसी बहाने सब अपना-अपना अलग घोंसला बना बैठे। चाचा-चाची निपट अकेले-न्यारे पूत पड़ोसी दाखिल हो गए। मुन्नी के रहते चाची ने तवे पर चंदिया नहीं डाली थी लेकिन बुढ़ापे में तो खटना लिखा था। आँखें साथ नहीं देती थीं। धुँधला दिखने लगा था। घुटने के जोड़ अलग अकड़ने लगे थे। लड़कों के साथ बुढ़ापे ने भी तेवर दिखाने शुरू कर दिए। इसके अलावा पाँच-पाँच बहुओं की सास अपनी चार रोटी अलग डाले...इस तौहीन का दंश कहीं गहरे टीसता था। आस-पड़ोस में निकलने में भी झिझक लगती थी। अभी तक तो पाँच पुत्रों की माँ होने की ठसक में अकड़कर रही थीं, सिर उठाकर चली थीं और मुहल्ले में सौभाग्य की प्रतीक बनकर रही थीं। कर भी क्या सकती थीं ! कभी-कभी चाचा ही उफन जाते।

"अरे घर-घर चूल्हे मिट्टी के हैं। आजकल कौन किसी की मानता है।" कहकर चाचा को शान्त कर देतीं।

बहुत दिनों बाद मैं अब की बार गाँव आई थी। अपने घर थोड़ी देर ही बैठकर

चाची की कुशलक्षेम लेने उनके घर पहुँच गई।

''चाचीइइ,'' मैंने आवाज दी लेकिन कोई उत्तर नहीं आया, हालाँकि द्वार में घुसते ही वे मुझे आँगन के पार चौके में बैठी दीख गई थीं, उन्होंने इधर-उधर देखा लेकिन फिर पूर्ववत् चूल्हे की ओर झुक गईं।

''चाचीइइ !''

''कौन है ?'' धुँधआते चूल्हे को प्रज्वलित करने का प्रयत्न करते हुए ही बोल रही थीं। पनियाती मोतियाबिंद उतरी आँखें शायद मुझे देख नहीं पा रही थीं। वे मुन्नी की माँ, जिनकी वह कैसी सेवा करती थी, आज ऐसी लाचार !

''चाची...मैं वसुधा।'' कहती हुई मैं उस बूढ़ी काया से करीब-करीब सटकर बैठ गई।

''वसुधा बेटी, कब आई ? आँखें अन्धी हो चलीं, दिखाई कहाँ देता है बेटी, सो तुम्हें देख नहीं पाए हम।'' इधर-उधर की बातें करती रही उनसे। जल्दी ही मैंने पूछ लिया—''चाची, मुन्नी कब से नहीं आई ?''

''मुन्नी...मुन्नी कैसे आवे बिटिया...भाभी, भौजाइयों का घर...यहाँ हम ही निभ जाएँ यही बहुत है। अरे क्या बताएँ बेटी, हमारे बनाए घर में से हमें ही निकालने को फिरती हैं ये बहुएँ। खेती-पाती बँटा ली, घर भी ले लेंगे तो हम रहेंगे कहाँ ? तुम न्याय की कहना वसुधा।''

''लड़के कुछ नहीं कहते चाची ?''

''उनकी क्या पूछो बिटिया, घोर कलजुगी हैं। बहुओं के गुलाम हो गए हैं नासपीटे।'' चाची क्रोध का लावा उगलते हुए तैश में बोल रही थीं।

मैं भी उनके साथ दुखी हो उठी। कभी ऐसा सोचा नहीं होगा कि पाँचों ऐसे निकल जाएँगे। हमारी उम्मीदें ही हमें कहीं का नहीं छोड़तीं। ये मोहजन्य पीड़ाएँ वृद्धावस्था को और जर्जर करके रख देती हैं।

''मुन्नी को चिट्ठी लिखवाई है बिटिया, पर अपनी घर-गृहस्थी से उसे भी कहाँ फुर्सत होगी !'' वे यह कहकर अपने मन को ही तसल्ली दे रही थीं। बेटी से किसी प्रकार की आशा उन्हें थी या नहीं, मैं कह नहीं सकती, लेकिन जिस दिन मुझे इस गाँव से लौटना था, हितेश दौड़ा-दौड़ा आया था मेरे घर—

''वसुधा, मुन्नी आ गई है। तुझे पूछ रही थी।''

सुनते ही मैं उसके घर की ओर भागी थी—देखा कि वह सामने से चली आ रही है—

''अरे वसुधा, खूब मिली अबकी बार।'' कहती हुई वह मेरे गले लग गई। आँखें छलछला उठीं हम दोनों की। इस साख्य-भाव में भी न जाने कितने सागर समाए होते हैं !

''जब से गाँव आई हूँ मुन्नी, तुझे ही याद कर रही हूँ।''

''मेरे आने का तो था नहीं वसुधा, अम्मा की चिट्ठी पहुँची...तो अपने को रोक

नहीं पाई। साथ अपनी बेटी को भी ले आई हूँ। वह यहीं रहेगी, अम्मा की रोटियाँ बना दिया करेगी। अम्मा को दिखाई नहीं देता न...'' कहते हुए मुन्नी फफककर रो पड़ी। देर तक खड़ी रोती रही, मैं उसे बहलाती रही–

''रो मत मुन्नी, अच्छा किया तूने। लेकिन मूर्ख, यह उसके पढ़ने की उम्र है, यहाँ पढ़ेगी कैसे ?''

''वसुधा, तू भी तो यहीं रहकर पढ़ी थी, ऐसे ही वह भी पढ़ लेगी...'' कहकर वह अपनी रक्ताभ आँखें पोंछ रही थी।

सेंध

एक बार पलटकर देखने की पहचान पर हलकी-सी लकीर उकिर आई, "गंगासिंह...?"

मगर यहाँ ? इन मजदूरों के बीच ?

निरन्तर उलट-उलटकर देखती रहीं, यहाँ तक कि गर्दन में पीड़ा उभर आई। हारकर सिर सीधा कर लिया।

"शायद वहम है।"

मन फिर कुलबुला उठा। चलते रिक्शे से पीछे मुड़कर देखती रहीं।

फटे चीथड़े बँधे सिरों की भीड़ में गंगासिंह कहीं बिला गए। रिक्शे के पहियों की रफ्तार तेज थी, उन्होंने रोकने का हुक्म दिया। रिक्शावाला गद्दी से उतरकर हैंडिल थामे खड़ा हो गया। घड़ी-भर वे सोचती रहीं, 'मजदूरों के बीच किस-किसका चेहरा देखती फिरेंगी ? क्या कहकर पुकारेंगी ? गाँव-नाते से वे जेठ लगते हैं।'

मगर विधायक जी ने कहा था कि गंगासिंह को अपने हाथ में रखना, कला !

वे उतर पड़ीं। सिर पर पल्ला पूरी तरह ढँका। पर्स कन्धे से उतारकर हाथ में दबा लिया। गाँव की आढ़-मर्यादा का पालन करने में वे हमेशा सतर्क रही हैं। वे जानती हैं—गाँववालों को प्रसन्न रखना है तो उन्हीं की तरह ओढ़ो-पहनो, वैसे ही बोलो-बतियाओ।

भीड़ में राह बनाती वे गंगासिंह को खोजने लगीं। बड़ी देर तक वे दिखाई नहीं दिए। परेशान हो गईं, पर वहीं खड़ी रहीं।

अपने बीच महिला खड़ी देखकर एक बार को तो मजदूर उधर को ही लपके, "कहीं ये बहनजी ठेकेदार ने ही तो नहीं भेजी ?"

एक-दो ने स्पष्ट करना चाहा तो उन्होंने 'नाहीं' में सिर हिला दिया। मजदूर विरक्त भाव से इधर-उधर हो गए।

अब की बार उन्हें वही चेहरा यकायक दीख पड़ा—गंगासिंह वहीं खड़े थे। उन्हीं के पास। उद्विग्न, बेचैन। धूप की चौंध के कारण हथेली आँखों के ऊपर तान रखी थी।

वे गंगासिंह के नजदीक को जा खड़ी हुईं।

"सुनो...दादा जी...!" कहती हुई सिर के पल्ले को सँभालने लगीं।

दूसरी ओर से कोई उत्तर नहीं आया।

वे उसी मुद्रा में खड़े रहे। धक्कम-धक्का के माहौल में शायद उधर से ध्यान भी

नहीं उचटा। ठेकेदार के आदमी की प्रतीक्षा में तन्मय हुए सामने को ही टकटकी लगाए थे।

''दादा जी...मैं कलावती !''

ठीक सामने खड़ी नारी की आवाज से सहसा ध्यान टूटा। देखते ही वे सकपका गए। कभी ऊपर देखते, कभी नीचे। मटमैला कुर्ता पहने पुतले की भाँति दो पल के लिए अवाक् अविचल खड़े रहे।

''मैंने तो आपको दूर से ही पहचान लिया था,'' वे सकुचाती हुईं मुस्कुरा रही थीं।

''अरे बौहरी ! तुम इस ठौर !''

''आपको देखा तो यहाँ चली आई।''

''अच्छा ! बहुत अच्छा बौहरी।''

''...'' आँखों में चमकीली रेखाएँ उतर आईं।

''बौहरी, धन भाग हमारे। दरसन हो गए, इत्ते बड़े शहर में कहाँ खोजते तुम्हें !''

गंगासिंह के झुर्री-भरे मुख पर पुलक बिखर गई। दाढ़ी-मूँछों के भीतर से दाँतों की पीली पाँत विहँस उठी।

''आप...यहाँ कहाँ ?''

वे हँसे, ''यही हैं, बौहरी तिहारे सामने !''

''यहाँ...कैसे...गाँव ?''

कलावती देवी का प्रश्न कुछ देर तक शून्य में तैरता रहा। वे अचरज में पड़ी रहीं, और गंगासिंह न जाने किस मनःस्थिति में नीचे आँखें गाड़े धरती को टटोलते रहे।

''तुम मजे में तो हो बौहरी ?''

आत्मीयता से लबालब वाक्य सहसा अन्तर को छू गया। वे विभोर होती हुई बोलीं, ''ठीक हूँ, आपकी कृपा है। पर आप...? कैसे...यहाँ !''

''सब नसीब के खेल हैं बौहरी ! सहर का अन्न-जल भाग में बदा था, सो आ गए यहाँ।''

''मुझे तो विश्वास ही नहीं बँध सका कि मजदूरों के बीच आप !''

''काहे को बौहरी ? बिसवास काहे नहीं था ? पेट की खातिर मेहनत-मजदूरी करनी पड़ती है, और देस-गाँव भी छोड़ना पड़ता है।''

''पर ऐसी क्या बात थी कि गाँव छोड़कर...?''

''बस ऐसे ही ! उखड़ना पड़ा। करते भी क्या ?''

''खेती। हमेशा से वही तो करते थे।''

''खेती, थोड़ी-सी, विलस्त-भरी। तुमसे क्या कहूँ, तुम क्या जानती नहीं हो ? उसी के सहारे चार-छह बीघा दूसरों को मिल जाती थी। कमा-खा लेते थे और बटिया लगान वालों का भी चुका देते थे। अपने गाँव की धरती पर दो बखत की रोटी मजे से खा रहे थे बौहरी।''

''फिर ?''

"फिर क्या ? सो तुम्हें नहीं मालूम ? चकबन्दी में चले गए वे खेत। उनके बदले मिले ऊसर बंजर, सफेद रेह-भरे खेत ! सोडामिली मट्टी की धरती।"

रोबीली सफेद मूँछों वाले मुख पर अनचाहा अवसाद उतर आया।

"ऊसरों के मालिक को कोई अपनी धरती बटाई पर जोतने को देगा ? तुम्हीं कहो बौहरी। किसी शिनाख्त पर ही देता है न कोई अपनी अमानत। हमारी किस सम्पत्ति पर कोई भरोसा करता ?

"फिर क्या करते गाँव में ? बैल भी बेकार हो गए। पेंठ में से अल्हड़ बछड़े बड़े शौक से मुँहमाँगी कीमत पर खरीदे थे, दाना-पानी देकर हाथी की-सी उठान के कर लिये—औने-पौने बेचने पड़े। खूँटे पर खाली बँधे देखकर कलेजे में हूक-सी उठती थी। जमीन न हो तो किसान को बैल भी दुश्मन-से लगते हैं...उसके किस काम के ?

"जाति के ठाकुर ठहरे बौहरी। सात पुश्तों से गाँव में किसी के यहाँ मेहनत-मजूरी नहीं की। हमेशा के काश्तकार थे, हल की मूठ ही पकड़ी थी। अब आकर गाँव में मजूरी करते तो बाप-दादों की नाक-मूँछ का सवाल उठता। कुनबा-खानदानी धिक्कारते, हुक्का-पानी पर बात आ जाती।

"सो यहाँ चले आए। यह तो सहर है बौहरी ! कौन किसको जानता है ? कैसे भी पेट भर लो...।

"पर गाँव जाए बिना भी नहीं रहा जाता। पुरखों का घर है, मोह-ममता उमड़ती है।"

गंगासिंह के मुख पर विषाद के रंग आते-फैलते रहे। वे पाँव के अँगूठे से धरती की रेत को उछालती रहीं। कुछ कहने के लिए शब्द खोजती रहीं।

"बौहरी...यहाँ, यहाँ आ जाओ। कुर्सी पर बैठ जाओ। खड़ी कब तक रहोगी !"

वे जंग लगी कुर्सी उठा लाए, जो शायद ठेकेदार के नुमाइन्दे के लिए रखी हुई थी।

वे बैठी नहीं। सकुचाई-सी खड़ी रहीं। अभी तक कितने ही भाषण दे चुकी थीं, कितनी ही सभाओं में बोली थीं, पर न जाने क्यों आज वह महारत जिह्वा से फिसलकर कहीं विलीन हो गई।

उन्हें लग रहा था, वे गंगासिंह के समक्ष नहीं, अपने पति के मित्र और रिश्ते के जेठ के सामने खड़ी हैं—आढ़-परदा की मर्यादा में बँधी हुई।

यही तो सोचती रही हैं कि गाँव के लोग—जेठ, देवर, ससुर-नातों में बँधे-जकड़े उन्हीं के तो हैं। रिश्ते गाँव से नहीं, पूरे क्षेत्र से बँधे हैं। जब से चुनाव में खड़े होने की सोची है, सम्बन्धों की गहराई अन्दर तक उतर गई है। हिये में अटूट लगावट उपज आई है। सम्पूर्ण व्यक्तित्व उसी मिट्टी से रचा-बना लगता है।

अचानक सन्नाटा टूटा—"किसी का खोट भी क्या था बौहरी ! चकबन्दी के अफसर की ऐसी मरजी रही होगी। पइसा-टका हम उसकी जेब में डाल नहीं सके, फिर क्यों करता वह हमारा पच्छ ? और हम लाते भी कहाँ से बौहरी। साँची कहें, पास में कुछ था ही नहीं।

"फिर तो वही हुआ न, जैसा गुड़ डालो वैसा ही मीठा।

"ऐसे हमीं थोड़े ही थे, गाँव-गाँव यही हुआ। अपने गाँव के कितने ऐसे ही मारे गए। बहुतों ने कहन-सुनन भी की, पर मारे पीछे पुकार ही ठहरी न। फिर कौन सुनता है।

"तुम कुर्सी पर बैठो बौहरी। हम अभी आए। अभी हाल।"

हलचल मच उठी थी, जब गाँव में सी.ओ., पेशकार, लेखपाल आए थे। पहले पैमाइश करके ले गए फिर रोजाना आने लगे। चक बनाने-काटने लगे।

जैसे सारे किसान सोते से जाग पड़े। खेतों में पानी-पत्ता देना भूल गए। ईख पिलने के दिन थे, मगर गुड़-गन्ने की याद हिरा गई। बैल-भैंसों के चारे-पानी की सुधि तक न रहती थी। सारा ध्यान खिंचकर अहलकारों में लग गया।

जहाँ सी.ओ., पेशकार दीख पड़ते, किसान गुड़ की मक्खी की तरह वहीं भिनभिनाने लगते। न जाने कहाँ से सूँघ पा जाते।

हर समय एक ही कुलबुलाहट रहती—चक बनने की—कहाँ बने, कहाँ मिले।

बात तो बड़ी सीधी थी—जहाँ जिसके खेत का रकबा ज्यादा होगा, वहीं उसका समूचा चक बनेगा। मगर ऐसा नहीं हो रहा था। गाँव के मुट्ठी-भर पढ़े-लिखे लोग तो थे ही चतुर। समृद्ध, अनपढ़, पैसा फेंककर चतुराई खरीदने में लगे थे, "नकसा में हम का जानें सी.ओ. जी, जै है रकम ! अब आप जानो और आप कौ नकसा जानें।"

हरबंस उसी समय आया था शहर—उनके पास। उसी ने ये सारी बातें बताई थीं।

वे तुरन्त भाग छूटीं। कहीं ऐसा न हो जैसा पहले...। हरबंस बता गया, "चाची चकबन्दी में कोई किसी का मीत नहीं है। सब अपना-अपना कोना दाबे हैं।"

उन्होंने हरबंस का यथाशक्ति सत्कार किया था, जाते समय बटुए में से सौ का नोट निकालकर उसके हाथ पर रख दिया, "मिनट-मिनट की खबर देना हरबंस।"

वह अपनेपन के अतिरिक में उत्तेजित था—स्वेटर के नीचे कमीज की जेब में नोट सरकाते हुए बोला, "हमें लेने-देने की दरकार नहीं है चाची, हम तो चाह रहे हैं कि तुम्हें अव्वल ठुकउअल खेत मिलें। बीज पड़ें तो सोना फूटे। बिके तो मोहरों के दाम उठें धरती के।"

सीधी गाँव की तहसील कांकरपुर ही पहुँची थीं। तेजपुरा उन्होंने जाना नहीं चाहा। व्यर्थ ही हो-हल्ला होता। आने के कारण पूछे जाते।

सुबह की गुनगुनी धूप थी। वे बस-स्टैंड पर हरबंस की प्रतीक्षा करने लगीं। इधर-उधर निगाह दौड़ाई। भीड़ तो थी नहीं; इक्का-दुक्का सवारियाँ, एक-दो खाली बस।

अधिक इन्तजार नहीं करना पड़ा, सामने से हरबंस लपकता चला आ रहा था।

"राम-राम चाची। देर की आ गईं क्या ?" ब्रीफकेस उनके हाथ से लेता हुआ हरबंस बोला।

वे असीसनें लगीं, "जियत रहो, बड़ी उमर हो।"

"अच्छा चाची, पहले कहाँ चलोगी? सी.ओ. जी के घर या नाश्ता-पानी करने बाजार में ?"

"तुम नाश्ता कर लो हरबंस, भूखे होगे।"

वे दोनों हलवाई की दुकान की ओर बढ़ लिये। दुकान पर रखी मिठाइयों पर भिनिर-भिनिर मक्खियों का जमघट मँडरा रहा था। बतासे, साबौनियों के सफेद ढेरों पर लाल-पीले ततैया चिपके बैठे थे, कुछ इधर-उधर उड़ रहे थे। वे बचती-बचाती हरबंस के पीछे-पीछे चलकर दुकान के अन्दर बेंच पर जा बैठीं।

हरबंस खाता रहा। मक्खियों को उड़ाता हुआ दोने में से चमचम, मलाई के लड्डू खाने में जुटा था। बाद में एक गिलास दूध की इलायची वाली चाय मँगवाई। उनसे बहुत आग्रह करता रहा, "चाची, चाय तो पी लो।" पर वे खाने-पीने की स्थिति में नहीं थीं। जिस काम से आई थीं उसी की चिन्ता दिमाग में घुमड़ रही थी। जल्दी से जल्दी सी. ओ. जी से मिलना चाहती थीं, फिर कोई गाँव का ही टकरा पड़े।

सी.ओ. जी से मिलने का पहला ही अवसर था, पर मन में झिझक नहीं थी, पूरे आत्मविश्वास के साथ हरबंस के पीछे-पीछे अपनी दूधिया सफेद साड़ी सँभालती चलने लगीं।

आवास के बाहर छोटा-सा बरामदा था, जहाँ कुछ ग्रामीण उकड़ूँ बैठे थे, कुछ खम्भों से लगे खड़े थे। मटमैले धोती-कुर्ता पहने रूखे चेहरों वाले किसान। पैंट-कमीज और स्वेटर पहने नई उमर के कुछ ग्रामीण युवक। सभी को सी.ओ. जी से मिलना था।

वे आईं तो कई जोड़ी आँखें उन्हीं पर जड़कर रह गईं। कुछ धीमी मद्धिम आवाजें, फुसफुसाहटें वहीं से उभरीं—'जि कलावती हैं, तेजपुरा वारी। जोगी बौहरे के घर से।'

दो पल में ही भीतर से उनका बुलावा आ गया। इन्तजार करते हुए लोगों को तनिक भी आश्चर्य नहीं हुआ। विशिष्ट आगन्तुक को दी जाने वाली प्राथमिकता के अभ्यस्त-से सीधी-सपाट निगाहें पसारे देखते रहे।

वे मुग्ध थीं और हतप्रभ भी, "हरबंस किस तरह मोहरें फिट रहता है, कहीं दो पल की भी देर नहीं।"

अन्दर गर्मजोशी से स्वागत हुआ। कुशलक्षेम की औपचारिकता आत्मीय भाव से निबाही गई थी। सी.ओ. साहब उन्हें खुले दिल के मिलनसार आदमी लगे।

फिर समय का दुरुपयोग नहीं हुआ। आपसदारी के अनुबन्ध का विनिमय शीघ्रता से होने लगा।

हरबंस ने उन्हें आँखों से इशारा किया।

उन्होंने पर्स की भीतरी जेब से कागज का फूला हुआ लिफाफा निकाल लिया।

हरबंस ने लपककर लिफाफा उनके हाथ से ले लिया और चुपके से सी.ओ. जी के कोट की बड़ी जेब में सरका दिया। सी.ओ. जी अचकचाने का भरपूर अभिनय कर रहे

थे, ''अरे...यह...अपने ही आदमियों से...?''

''पान-फूल हैं। बच्चों के वास्ते। कुछ लेकर नहीं आईं न।''

गहरा अपनत्व उड़ेलती हुई वे विहँस उठीं। चेहरे पर गाढ़ा विनय-भाव पुता हुआ था।

ऐवज में सी.ओ. जी भीतर से नक्शा उठा लाए—तेजपुरा गाँव की खेती का नक्शा। मेज पर रखकर वे कुर्सी पर बैठ गए। साथ-ही-साथ सटी कुर्सी पर वे बैठी थीं। कौतुक-भरी निगाह से नक्शे को निहार रही थीं।

सी.ओ. जी ने मेज पर नक्शा फैला दिया। हरबंस से द्वार के किवाड़ बन्द करने को कहकर वे मेज पर झुक गए।

बन्द होते किवाड़ों को ग्रामवासी निर्विकार भाव से ताकते रहे। सी.ओ. जी कृतार्थ थे, ''आप तो बस उँगली रख दीजिए, चक बनाना हमारा काम है।''

हरबंस चिहुँक उठा, ''चाची, देखो, तुम्हारे खेत नक्शे में इस जगह हैं।''

''कहाँ ?''

उनकी समझ में नक्शे का गणित नहीं आ सका। मानचित्र पर अज्ञान-सी इधर से उधर नजर घुमाती रहीं।

''हरबंस यार, इन्हें क्यों इस जंजाल में उलझा रहे हो ?'' सी.ओ. जी ने मीठी डपट दी।

''हाँ, काहे को यह सब ? सी.ओ. जी बस अच्छा-सा रकबा चाहिए, आप जहाँ भी दे दें।'' वे अपनत्व से बोलीं।

वे फिर नक्शे पर झुके, ''भाई हरबंस, देख तो, यह बत्तीस नम्बर खेत किसका है ?''

हरबंस ने खाता देखा, ''गंगासिंह का सी.ओ. जी।''

''हूँ...'' सी.ओ. जी ने हुँकारा भरा।

हरबंस उछलने की स्थिति में आ गया, ''यही ठीक है सी.ओ. जी, यहाँ लगा लो निसान। अव्वल नम्बर के खेत हैं।''

''चाची, गंगासिंह इसी वित्ते-भर खेती में इतना कमा लेता है कि सारा टब्बर खा-पीकर साल-भर मजे से गुजारा करता रहता है।''

सुनकर उनकी आँखें फैल गईं। अन्दर की उत्फुल्लता फूटने को थी, मगर वे दबा गईं। केवल कनपटी तक की मुस्कान में सारी खुशी समेट ली।

'गंगासिंह' यह नाम भीतर कहीं फाँस-सा चुभा जरूर, मगर जमीन-जायदाद में भाई भाई का लिहाज तो करता ही नहीं है—फिर ये तो कितनी दूर—कुनबा न गोता।

वे तुष्ट भाव से विभोर हुई लौटी थीं। चलते समय सी.ओ. जी ने अपने भतीजे की नौकरी का वचन भी भरवा लिया था।

छह बीघे के ऊसरे से कैसा पीछा छूटा। उन्होंने तो पहले भी कहा था, कितनी झींकती रही थीं पति के सामने कि किसी तरह इस जमीन के डठूले को निकाल फेंको। पर वे ठहरे निपट भोले भंडारी, सो बन गए मूरख। पहली चकबन्दी में सी.ओ. जी के

निर्णय को कैसा सिर-माथे लगाया था और चिपकाए रहे ऊसर को। उलटे उन्हीं पर बिगड़ उठे थे, "बेईमानी करूँ ? अपने कारण किसी पर अन्यांय होने दूँ ?"

हारकर चुप होकर रह गई थीं, क्या कहतीं मिट्टी के माधो से ! जैसा कर रहे थे वैसा भोग रहे थे—रात-दिन धरती में खटते फिर भी कुछ हासिल नहीं। उधार लिये बीज को जमीन निगलने लगती। फिकर ही कहाँ थी अपनी...अपने बैलों को दूसरे के खेत जोतने के लिए दे देते। गूल के पानी की कितनी किल्लत थी, मुश्किल से बारी आती, पर वे अपना छोड़ लँगड़े मामा के सूखे खेत की फिकर करते डोलते।

घर में चार दाने अन्न के आ जाएँ तो अपना पेट छोड़ पड़ोसियों की भूखी आँतों, यार-दोस्तों के पेट की कुलबुलाहट टटोलते फिरते। एक आदमी कितनों का पेट भर सकता है ? अपनी चादर की लम्बाई कभी नापी ही नहीं ! दूसरों की भूख-प्यास से लिपटे रहे। परायों की मोहमाया बिछाते-ओढ़ते रहे। ऐसे ही मरते-खपते जिन्दगी निकाली। भूखे-प्यासे ही संसार से उठ गए...।

भला हो इस प्रधान के पिता का, जिसने विधायक जी से मिलवा दिया। तभी से एक नई राह पकड़ी है उन्होंने।

क्या पढ़ी थी...कठिनाई से किताब की इबारत उखाड़ पाती थीं। अक्षर-अक्षर जोड़कर शब्द बोलने में घनी देर लग जाती, पर उन्होंने प्रवेशिका और विद्याविनोदिनी की परीक्षा जल्दी ही उत्तीर्ण कर ली। विधायक जी के कारण वह सब भी सहूलियत से निपट गया—वे तो परीक्षा देने कभी गई ही नहीं। कॉपी किसने लिखी, प्रश्नोत्तर किसने हल किए, यह वे क्या जानें ? उन्होंने तो रंग-बिरंगी सनदें सँभालकर जतन से रख लीं।

समाज कल्याण की नौकरी कर रही हैं, सो समाज सेवा के अतिरिक्त और किया भी क्या है। गाँव-गाँव घूमी हैं। गर्द-धूल की परवाह नहीं की। ऊँचे-नीचे गलियारे नाँखती फिरी हैं।

बँधी तनख्वाह और खेती की आमदनी—किसी तरह की कमी नहीं रही। चार पैसे हाथ में ज्यादा आते हैं तो बखत-जरूरत दीन-गरीबों की मदद कर देती हैं। गाँववालों को और चाहिए भी क्या ? आड़े समय में कोई हथेली पर दो पैसे रख दे तो कृतकृत्य। गठरी-भर अहसान तले दब जाते हैं। और बिना कहे-सुने चार रुपए सैकड़े प्रतिमाह के हिसाब से ब्याज की रकम देहरी पर धर जाते हैं। जय-जयकार अलग।

विधायक जी के साथ सभाओं में जाकर राजनीति का ज्ञान भी हासिल कर लिया है—भाषण देने की कला में पारंगत फिर किस तरह न होतीं।

उस देवता समान सत्पुरुष के अहसानों से उऋण होना इस जन्म में तो सम्भव नहीं। सब उन्हीं का किया-धरा है। वे कहाँ राजी हो रही थीं। विधायक जी ने ही कहा, "मैं नहीं चाहता कला, कि तुम अपनी जिन्दगी कीचड़-माँटी में गारत करती रहो। नगीने-सी काया धूल में अटी रहे।"

एक फ्लैट शहर में आवंटित करा दिया। नौकरी के दौरान तबादले की बात जब भी उठी, वे शहर से लगे गाँवों में ही स्थानान्तरित होती रहीं। यह सहूलियत कितनी अहम

थी कि रहो शहर में और सेवा करो ग्रामीण जनों की।

विधायक जी ऐसी ही गूढ़ ज्ञान की बातें बताते हैं, "गाँव से दूर रहो पर गाँव से कटकर नहीं। हमारी जड़ें तो गाँव की मिट्टी में ही दबी हैं।"

उन्हीं के कहने से ही तो गाँव में एक कमरा बनवाना पड़ा—ऊँचे चबूतरे पर शानदार झकझकाता सफेद कमरा।

मकान था पुराना। पति के सामने से ही जर्जर था, उनके न रहने पर ढह गया। अब तो केवल माटी का ढूह रह गया है। मन में तो कई बार आया कि इस मलबे के नीचे दबी जमीन को बेचकर पैसे खड़े कर लें, लेकिन 'कुछ' सोचकर विधायक जी रोक देते हैं।

कमरे के विषय में सोचते ही वे गर्वित हो उठीं—तभी तो गाँववाले गुन गाते नहीं अघाते हैं कि हैं कोई कलावती देवी—उनकी फिकर-चिन्ता करने वाली, जिन्होंने गाँव को इज्जत-आबरू से जगमगा दिया है। आसपास के गाँवों में सिर उठाकर चलते होंगे—उन्हीं की बदौलत।

कमरे की चाबी वे प्रधान को दिए रहती हैं कि उनका बनाया ठौर परमारथ में प्रयोग हो सके। झोंपड़ी-मड़इया वालों के आहुने-पाहुने रात-बिरात आराम से ठहर सकें। सावन सनूने मेहमान जुड़ते ही हैं, वर्षा, पानी, कीचड़-काँद में छत की छाँव मिल जाए तो कृतार्थ। अपने गाँव में जाकर कहेंगे तो सही कि तेजपुरा में कैसा सुखद बन्दोबस्त है—कलावती देवी का किया हुआ।

सभा-बैठक होती है, तब भी जरूरत पड़ती है। समितियों की सदस्या होने के नाते वे प्रधान सरपंचों के बीच बोलती-बैठती हैं। उस समय गर्दन ऊँची करके बैठ पाने का अन्तःसुख आत्मा के भीतर तक शीतल सलिल-सा उतरता चला जाता है और आसपास के गाँवों के मनोनीत लोग उनकी विरुदावली गाते नहीं थकते।

क्यों न गाएँ ? उन्होंने तो हमेशा सबके सुख की सोची है। गाँव-गिराम के लिए कुछ न कुछ करने में लगी रही हैं—बालिका विद्यालय का प्रस्ताव, सहशिक्षा का प्रश्न तथा नारी-उत्थान को लेकर गाँव-गाँव भाषण देती रही हैं। विरोधों को भी सहा-झेला है। दलितों को समकक्ष लाने का अभियान कितनी बार छेड़ चुकी हैं। तीन बार इसी के लिए शिविर लगवाए हैं। जागरूकता पर विधायक जी के भाषण करवाए हैं।

नौकरी के साथ यह सब करना जब असम्भव हो गया तो उन्होंने त्यागपत्र दे दिया। जब समाज सेवा ही जीवन का लक्ष्य है तो बन्धन-रुकावट ठीक नहीं। विधायक जी ने भी यही राय दी थी।

उस बार जब विनोबा भावे आए थे तब वे तुरन्त विधायक जी के पास गई थीं और विनती की थी कि बाबा को तेजपुरा जरूर लाया जाए, किसी भी तरह।

बाबा तेजपुरा आए थे। तब वे उनके साथ गली-गली डोली थीं, गाँव-गाँव फिरी थीं। धूप-ताप को किनारे धर छोड़ा था। जोगन बनकर भूदान का अलख जगाया था। समृद्ध किसांनों से जमीन की भीख माँगी थी।

कैसा असरदार, मजबूत भाषण दिया था कि एक बार तो इलाके के लोग अवाक् रह गए, "भूमिहीनों के पक्ष में इतनी असरदार आवाज !"

"गाँव में कल-कारखाने तो हैं नहीं, आजीविका का एकमात्र साधन खेती है। भूमिहीन भाइयों को खेती दो—जितनी श्रद्धा हो उतनी। यह बाबा का क्या, आपका महायज्ञ है, आहुति भी आपकी होनी चाहिए।"

पिछली बार गाँव तब गई थीं, जब उनका कमरा बन चुका था। पुताई-पालिश के कारण उन्हें कुछ दिनों वहीं रहना पड़ा था। लगे हाथ आसपास के गाँवों का भ्रमण कर डाला। विषय पहले से चुन लिया था, 'नवयुवकों का गाँवों से शहरों की ओर पलायन'। लगातार बोलती रही थीं। भाषण सुनकर लोग अचरज में पड़ जाते—ये वे ही कलावती हैं—जोगी बौहरे की घरवाली।

अच्छी-खासी भीड़ समेटती रही थीं।

"तुम जीत जाओगी कला !"

उनकी समाज सेवा से आश्वस्त होकर ही तो विधायक जी ने कहा होगा। वे तो घबरा रही थीं पर विधायक जी बराबर हौसला दे रहे थे।

पर्दे खिंचे हुए मद्धिम रोशनी वाले कमरे में वे देर तक उनके पास बैठी रहीं। चुपचाप, गुमसुम।

"क्यों, क्षेत्र में अपने प्रभाव पर भरोसा नहीं ? तुम्हारी छवि खासी अच्छी है।"

"फिर भी डर लगता है विधायक जी।"

"किस बात का ?"

"हार का, पैसा डूब जाने का।"

"पगली ! हार का ! पैसा डूब जाने का ?" उन्होंने स्नेहिल मुस्कान लिपटी प्रश्नवाचक दृष्टि उनके चेहरे पर गाड़ दी।

"हार नहीं होगी कला ! और पैसा तो न हारने से डूबता है न जीतने से। चुनाव तो ऐसी नदी है जिसमें से पार नहीं उतरे तो पैसा निथार ले गए। हम भी तीसरी पंचवर्षीय योजना से बराबर चुनाव लड़ रहे हैं, समझीं !"

चुनाव में खड़े होने की ललक तो उनके मन में भी कई बार जागी लेकिन हर बार मन जय-पराजय के बीच झूलकर रह जाता।

चाय की अन्तिम चुस्की लेकर विधायक जी उनके कन्धे पर हाथ धरते हुए तनिक निकट को सरक आए, "कला, तुम गाँव चली जाओ। वहाँ अपनी स्थिति जाँचो, परखो। धूमिल है तो निखारो, सुधारो। वैसे अब तक तो हमारे साथ तप-तपकर तुम कुन्दन हो गई हो।"

वे उठने को हुईं तो विधायक जी ने फिर से बैठ जाने का संकेत किया, "तुम क्या समझती हो, टिकिट ऐसे ही आराम से मिल जाएगी ?

''ब्राह्मणबहुल क्षेत्र है। जातिवाद को लेकर चलें तब भी जीत। रहे ठाकुरों के वोट, सो गंगासिंह तो तुम्हारे पति का मित्र ठहरा, तुमसे बाहर नहीं जाना चाहिए, और तुम भी... ।''

चुनाव का मामला ठहरा, वे गाँव जा रही थीं। लम्बा रुकना पड़ सकता है। भला हुआ जो कमरा बन गया, वरन्...जभी तो विधायक जी कहते हैं, ''अपनी अकल मत लगाया करो कला। हम जो कहते हैं, करती जाओ। अब देखो तुम्हारे पास रहने के लिए गाँव में घर तक नहीं है—भाषण में जोर से कह सकती हो यह बात। ढहा पड़ा मलबा है तुम्हारी जगह। कमरा तो जनहित के लिए है।''

अब गाँव में मिट्टी-धूल में मिलकर रहना होगा, तभी तो आत्मीयता बढ़ेगी। वहीं रूखा-सूखा खाकर गाँव-गाँव डोलेंगी। भूली-बिसरी सेवा को फिर से उभारेंगी। दमदार वादे करके अपनी बात समझाएँगी।

सबसे पहले मिश्रधन पर ब्याज की माफी देंगी। पर बेचारे गरीब...दरिद्र ! प्रधान से भी कहेंगी कि वह हर आदमी का हक ईमानदारी से अदा करे।

सबसे पहले गंगासिंह से ही मिलेंगी। जीत गईं तो बेड़ा पार समझो, पतंग की तरह आसमान पर छा जाएँगी।

रात-भर सोचती रही थीं। आखिर में बस से जाना ही तै किया। भले ही गाँव तक तीन मील पैदल चलना पड़े।

वे जीप भी ले जा सकती थीं। विधायक जी पलक झपकते प्रबन्ध कर देते। भट्टेवाले जवाहर सिंह से कहतीं तो वे भी तुरन्त जीप भेज देते। वैसे कितने ही व्यवसायी, व्यापारी हैं जिन्होंने चुनाव के लिए अपनी मारुति विधायक जी के हवाले कर रखी है।

पर विधायक जी का कहना है कि ऐसे नाजुक मौकों पर रेत-गर्द में ही मिलकर रहो—वहीं, गाँव में। समय पड़े तो बैलगाड़ी में चलो, पैदल यात्रा करो। प्रभाव इन्हीं बातों से बनता है, छवि निखरती है।

''बौहरी, यह चाह...तुम्हारे लिए।''

उनकी तन्द्रा टूटी। चेत आया तो देखा सामने गंगासिंह चाय-भरा गिलास अपनी लाल साफी से थामे खड़े थे। आसपास मजदूर भी नहीं।

वे हड़बड़ाकर कुर्सी से उठ खड़ी हुईं।

''बैठो बौहरी, कुर्सी पर बैठ जाओ,'' चाय का गिलास आगे कर दिया।

गिलास अपने रुमाल से लपेटकर थाम लिया। पीते नहीं बन रहा था। हाथ में गिलास पकड़े महीन आवाज में न जाने किस रौ में पूछ उठीं, ''दादाजी, चक की

खिलाफत में केस...मुकदमा...?''

कुछ देर वे चुप खड़े मुस्कुराते रहे। वे चाय के गिलास से उठती भाप को टटोलती रहीं।

''केस ! मुकदमा ! कैसी बात कह दी बौहरी !''

''...''

''कोई और होता तो शायद...पर तुम ! जोगी बौहरे की विधवा ! न...न ! मुकदमा दायर करता...तुम्हारे ऊपर ?

''जोगी बौहरे...क्या नहीं थे हमारे ? हमारे क्या, सारे गाँव के...इलाके-भर के ! उमर में छोटे भले ही थे, पर नेह-दुलार बड़ों जैसा ! चिन्ता-फिकर माँ-बाप जैसी।

''तुम्हें याद है कि नहीं बौहरी, वह संकट का जमाना। जब अँगरेजी राज था। जमींदारों की परजा थे हम सब। साल-भर जोत-बोकर, मेहनत-मशक्कत करके भी निरधन-के-निरधन। गरीब-दरिद्र। न खाने को अन्न, न तन पर कपड़ा-लत्ता।

''लगान नहीं पट सका था। जमींदार कुर्की-नीलामी पर उतर आया। माली हालत तो एक-सी थी—हमारी और जोगी बौहरे की। फिर भी वे टिके रहे। मुझसे सहन नहीं हो सका, पाँव उखड़ने लगे।

''घरवाली को बैलगाड़ी में बिठाकर मैं रातो-रात गाँव से निकल गया। रेत-भरे दगड़े में भूखे-कमजोर बैलों को हाँकना नरक-यात्रा-सा लग रहा था। एक बैल तो रास्ते में ही ढेर हो गया। दूसरा अकेला गाड़ी कैसे खींचता ! वहीं बियावान में बबूल से बाँधकर भगवान भरोसे छोड़ दिया। गाड़ी खड़ी करके आगे बढ़ गया। घरवाली मन के शोक और भूख से व्याकुल चल नहीं पा रही थी।

''किसी तरह बुआ के यहाँ पहुँचे। सोचा था अपनी आँखों से तो न देखूँगा नीलाम होता घर-द्वार...। कुरक होते ढोर-बछेऊ।

''सवेरा हुआ...बिराना गाँव। पराए घर, रूख-पेड़। कलेजा फटने को हो आया था। इतने में जोगी बौहरे आते दिखाई दिए, मैं पागल बौराया-सा देख रहा था...सपने की तरह।

''दुखित हुए मनाते रहे, 'काहे को दुःख दूना करता है भाभी का ? चल, लौट चल भइया, अपने गाँव चल। कुरकी-नीलामी होगी सो देखी जाएगी। मिल-बाँटकर सह लेंगे।'

''साथ लिवाकर ही लौटे थे। घर आया तो पिता ने अंटी में से दो आने निकालकर मेरी हथेली पर रख दिए, 'गंगा, जोगी दे गया था ये पैसे। अब तू आ गया है बेटा, लौटा दे। न जाने कहाँ से माँग-माँगकर लाया होगा।'

''आटे की जिस भूसी को छान-छानकर खुद खा रहे थे, उसी में से आधी हमारे यहाँ रख गए।

''उन्हीं दिनों एक प्रानलेवा विपदा और आ टूटी—बड़ा लड़का बीमार पड़ गया। न जाने कैसा विकट रोग था, ठीक होने को ही न आता। बैद जी ने रोटी खाने की मनाही कर दी। आँतें फट जाने का भय था। बिस्कुट बताए खाने के लिए।

''घर में अन्न के दाने न थे, फिर बिस्कुट जैसी महँगी चीज...बस के बाहर की बात थी।

''बौहरे ने सुना तो तुरन्त कांकरपुर चले गए। मैं अचम्भे में था–जोगी काहे को गए हैं–रीते हाथ, नंगे तन। कमीज-कुर्ता भी नहीं। बदन पर केवल एक धोती–कमर से टाँगों तक। और एक गरम चादर, जिसे वे शीत-ठिठुरन से बचने के लिए बदन से लपेटे रहते थे।

वे दोपहर तक लौट आए। बिस्कुट भी ले आए। बिस्कुटों का लिफाफा अपने हाथों में मैंने पकड़ तो लिया, पर आँखें नम थीं।''

वे प्रस्तर-प्रतिमा-सी खड़ी रहीं।

वे कुछ देर प्रकृतिस्थ होने का प्रयत्न करते रहे। फिर बोले, ''छोड़ो बौहरी, वे कुघरी के दिन थे। अब तो राम जी की किरपा है तुम्हारे ऊपर। कमरा आलीशान बनवाया है तुमने। ऊँचे चबूतरे पर खूब दिपदिपाता है। कांकरपुर से खड़े-खड़े ही देख लो।

''और दरवाजे पर गढ़ा सफेद झक्क पत्थर। ऊपर से खुदा तुम्हारा नाम। राह चलते गैलाऊ देखकर ठडुकाने लगते हैं।

''आसपास के गाँवों में सब यही कहते हैं कि बौहरी ने खूब सँभाला-समेटा। हुसियार निकली, खूब चतुर।

''इलाके-भर में चरचा है कि वह तो तुम थीं जिसने उड़ान चक बनवाकर खेत कंचन के भाव के कर लिए।

''जोगी बौहरे की विधवा ताई की जमीन अपने नाम चढ़वा ली और रकबा ऊने का दूना कर दिया।

''बौहरी, उनके लड़की-दामाद कुछ न कर सके। तुम पर मुकदमा ठोककर खुद ही खाक खा गए। जब तुमने ताई की अँगूठा लगी वसीयत सामने धर दी तब भूल गए दीवानी-कचहरी, वकील-मुंसिफ।

''कच्चे खेल नहीं खेले बौहरी तुमने।

''लँगड़े मामा की ट्यूबवैल के केस में भी यही हुआ, जोगी बौहरे न हथिया पाते।

''प्रधान भी तुम्हारी हाँ में हाँ मिलाता है। गड़रिया-सक्का सब नाराज हैं। पीपल तले की जमीन ग्राम-समाज की थी और उनके लिए ही थी, जिनके मकान नदी की बाढ़ में बह जाते हैं। पर उन्हें तो एक सूत न मिली। ऊँचाई पर एक कोठरी बना लेते तो हर साल की विनास-लीला से निजात पा जाते। पर प्रधान को क्या करें, उसने तुम्हें दे दी चुपके से। और देता भी क्यों न, विधायक जी से बीसियों काम अटके होंगे।

''जोगी बौहरे तुम्हारे मुकाबले कहाँ बौहरी ? वे तो अपने हाड़ बेचकर परमारथ करने वालों में से थे।''

वे अवसन्न...स्तब्ध ! लग रहा था पाँवों के नीचे की जमीन भयानक दलदल में बदलती चली जा रही है और वे उसमें अन्दर धँसती चली जा रही हैं।

''किरपा बनाए रखना बौहरी...'' गंगासिंह हाथ जोड़े खड़े थे।

सिस्टर

डोरोथी डिसूजा।

अस्पताल में नर्स थीं।

कुछ महीने पहले ही रिटायर हुई हैं।

रंग से साँवली, कद-काठी से मँझोली और तनिक भारीपन की ओर जाती देह की स्वामिनी सिस्टर डिसूजा आजन्म कुँआरी हैं।

अब इंजेक्शन लगाने का काम प्राइवेट तौर पर करती हैं। अस्पताल जाकर पोलियो वैक्सीन, डी.पी.टी. के टीके वगैरह बच्चों को दिलवाती हैं।

कड़कती ठंड है आजकल। हवाएँ तीर की तरह चुभती हैं।

झीनी और मैली धोती में सिकुड़ी जमादारिन सिस्टर के द्वार से लगी बैठी है। मुट्ठी में तुड़ा-मुड़ा-सा दो का नोट बन्द है।

जैसे ही सिस्टर बाहर निकलीं, वह खड़ी हो गई, बोली, "सिट्टर, ये तुम्हारे..."

फैली हुई खुरदरी हथेली पर उस गुलाबी-से कागज को देखते ही सिस्टर ने झिड़का, "एऽऽ, धत् !"

"तो क्या बात हो गई सिट्टर, तुम भी मेहनत करती हो। दवा मुफ्त में दे देती हो, जे ही क्या कम है ?"

जमादारिन के हाथ में अब भी नोट रखा था।

सिस्टर डिसूजा ने अपने दोनों कन्धों और छाती को उँगलियों से छुआ, "मदद के बदले पइसा लेगा हम ? ईशु हमारे सिन को मुआफ नहीं करेगा। ओ आलमाइटी गॉड !"

बुढ़ापे की ओर बढ़ती हुई सिस्टर डिसूजा अब भी उसी तरह यूनीफार्म में रहती हैं, जैसे वे अस्पताल में ड्यूटी पर जाया करती थीं।

उन्हें यकायक ध्यान हो आया, महरी कह रही थी, सुरेशचन्द ने बुलाया है, आज ही।

सामने वाले चार घर छोड़कर सुरेशचन्द का मकान है। वे अपने परिवार के साथ पिछले साल किराए पर रहने आए हैं।

पड़ोसिन बता रही थी, कॉलेज में पढ़ाते हैं।

महरी कहती है, बहुत बीमार रहे हैं बेचारे। अस्पताल में भर्ती रहकर आए हैं। स्वभाव के भले हैं। ईश्वर करे जल्दी अच्छे हो जाएँ।

“बीमारी क्या है ?” सिस्टर ने जानना चाहा।

“क्या मालूम सिट्टर ? पर उठने-बैठने से भी लाचार हैं ?”

सिस्टर को अपने पिता की याद आ गई, वे भी तो...

उन्हीं की इच्छा रखने को यह घर भी बनवाया था। नहीं तो वे कभी न बनवातीं।

पिता ने ही प्लाट खरीद लिया था और आखिरी दिनों में गहरी चिन्ता करने लगे कि सरकारी छत हटते ही हमारी बेटी कहाँ जाकर रहेगी ? किसके पास ?

अपना कहने को कोई भी नहीं।

मकान पूरा भी नहीं हुआ था कि वे स्वर्गवासी हो गए। एक दिन भी नहीं रह पाए इस घर में।

केवल वे रह गईं और सिर चढ़ा लोन।

लोग अचरज करते हैं कि अकेली जान के लिए इतना बड़ा मकान ?

कुछ तो अकसर बात-बात में टोक देते हैं, “सिस्टर, तीन कमरे, बरामदा, आँगन, रसोई। क्या करती हो अकेली उसमें ?”

क्या उत्तर दें सिस्टर डिसूजा ?

क्या ये सब जानते हैं कि सिस्टर की यह दुखती रग इस तरह कोंचने से ज्यादा टीसेगी ?

अधिक खिसिया जाती हैं तो तर्क देते समय उलझ पड़ने की स्थिति बन जाती है। चेहरे पर रोष उभर आता है। और न चाहते हुए भी तमतमाकर जुबान से अक्खड़-सा उत्तर फिसल जाता है।

“अकेले आदमी को सुविधापूर्वक घर-मकान में रहने का हक नहीं है क्या ?”

सामने वाला मखौल उड़ाते हुए कहता है, “आप तो चिढ़ गईं। हमारा मतलब तो यह है कि इतने तामझाम से आपको परेशानी...।”

“परेशानी ! अपने घर से किसी को परेशानी होगी ? इकेला न रहें तो क्या करें ? फैमिली कहीं से किराए पर तो नहीं ला सकता।”

कहने वाला चला जाता है। मगर हवा में सनसनाते हुए अपने कहे बोल छोड़ जाता है। मन की भड़ास निकालकर भी कानों में कोंचते रहते हैं वे ही वाक्य।

...और बार-बार प्रश्न करती हैं अपने आपसे, क्यों रह गईं अकेली ? वृद्ध अपाहिज पिता के कारण घर नहीं बसाया या नर्स के व्यस्त जीवन के कारण भूल गईं गृहस्थी का ख्याल ?

दोनों ही बातें थीं सम्भवतः।

गठिया वात रोग से पीड़ित पिता अपाहिज हो गए। उन्हें छोड़कर डोरोथी कहीं कैसे चली जाती ? माँ बचपन में ही न चल बसी होती तो शायद उनके जीवन की कथा कुछ और होती।

लोगों के कहने का असर क्यों लेती हैं ? उम्र का इतना बड़ा हिस्सा गुजर गया। अस्पताल से घर, घर से अस्पताल, मरीज, स्टॉफ, इन सब में लगे-लगे ही सरक गई

जिन्दगी। अपने को समझाया सिस्टर ने।

कलाई पर बँधी घड़ी देखी, दो बजे हैं। लो, ड्यूटी खत्म। आठ से दो बजे तक ही तो रहती थीं वे अस्पताल में। आज तो बहुत काम हो गया। बीच-पच्चीस़ मरीजों को तथा पाँच बच्चों को इंजेक्शन और टीके दे दिए।

वे भीतरी कमरे में चली गईं। ऐप्रिन उतारा, क्लिप निकालकर बालों से सफेद टोपी अलग की। मोजे-जूते उतार दिए।

गाउन पहनकर रसोई में घुस गईं। हाथ धोकर खाना खाने लगीं।

अब ईवनिंग टाइम में ही जाएँगी सुरेशचन्द के घर।

महरी बर्तन साफ करने आ चुकी है।

बर्तन समेटते हुए बोली, "सिट्टर, सुरेश बाबूजी हमसे पूछ रहे थे कि कैसी हैं सिट्टर डिसूजा ? लो हमने तो जवाब दे दिया, कैसी हैं ! अच्छी हैं, खूब अच्छी। हमने खुद अपनी बाँह में सुई लगवाई है। तो देख लो कि चेंटी के काटे का दरद फिर भी मालूम होता है, पर सिट्टर की लगाई सुई का भान तक नहीं होता खाल के नीचे।

"और बाबूजी, टैम की इतनी पाबन्द कि चाहो तो अपनी घड़ी मिला लिया करना उन्हें देख के।

"सोई पइसा के मामले में बता दई कि घर आने पर सुई लगाने के पूरे पाँच रुपया लेंगी। मरजी हो लगवाओ।

"और रात के समय घर रुकने के ? बाबूजी पूछने लगे।

"हमने कहा, 'सो हमें नहीं मालिम।' कितने लेती हो सिट्टर ?"

"सौ रुपया," सिस्टर डिसूजा तटस्थ भाव से बोल गईं।

"अरे सिट्टर के काम के लिए तो इतने भी कम हैं," महरी एकालाप में लगी बर्तन समेटने लगी।

हँस पड़ीं सिस्टर डिसूजा।

"तुम कैसे पता लगाया हमारे काम के बारे में ?"

महरी ने चलता हुआ नल बन्द कर दिया और क्षण-भर सिस्टर की ओर देखती रही, "सिट्टर हम आपको आज से नहीं देख रहे। नौकरी पर थीं तो टैम से अस्पताल जाती थीं। रिटैर हो गईं तो उसी टैम से घर-घर जाती हो। काम में फरक नहीं आया रत्ती-भर का भी।"

यह सुरेशचन्द का घर है।

वे बेडरूम में आ गईं। पुराने डबल बेड पर कमजोर और मलिन-सा मरीज लेटा हुआ है। होंठ पपड़ाए हुए, आँखें धँसी हुई हैं। शेव नहीं की कई दिनों से। शायद स्पंज भी नहीं। पुरानी गन्ध भरी हुई है चारों ओर।

वे बोलीं, "खिड़की खोल दो।"

वे वहीं पड़ी बड़ी-सी कुर्सी पर बैठ गईं। गोरे रंग की भारी-सी प्रौढ़ महिला ने इंजेक्शन की वाइल उनके आगे कर दी।

सिस्टर बातचीत से समझ गईं, बेड पर लेटे मरीज सुरेशचन्द की पत्नी हैं ये।

सिस्टर ने अपने बैग से पोलिथिन कवर निकाला, जिसमें सिरिंज उबालकर रखी थी। वाइल तोड़कर सिरिंज भरने लगीं।

स्पिरिट वाली रुई से जाँघ के ऊपर वाली मसल पोंछकर इंजेक्शन लगा दिया।

पूरी प्रक्रिया के बाद पति से बोलीं, "सीधे होकर लेट जाओ।"

"लग गया !" वे उसी मुद्रा में बोले।

सिस्टर हँसते हुए बोलीं, "यस ! कब से लग गया ?"

वे पर्चा देखने लगीं। नब्बे या सौ इंजेक्शन लगेंगे। प्रतिदिन आना होगा।

वे पाबन्दी से आईं।

पन्द्रह दिन में ही इस घर के सदस्यों ने उनका मन मोह लिया।

अभी तक दीन-गरीबों में ही विनम्रता देखी थी सिस्टर डिसूजा ने। जो लोग पैसे देकर परिचर्या खरीदते हैं, वे अकसर रूड हो उठते हैं।

सुरेशचन्द, उनकी पत्नी, बच्चे विनम्र और मिलनसार। ऐसे मृदुभाषी और सत्कार करने वाले।

पाँच रुपए का नोट लेते समय सिस्टर का हाथ काँप जाता है। मन धिक्कारता है। इतना अपनापन, और वे पैसे वसूल रही हैं लगातार।

और एक दिन यह किस्सा भी कट गया।

सिस्टर की व्यावसायिकता पर अपने आप ही विराम लग गया।

उस रोज वे इंजेक्शन देकर चाय पीने लगी थीं कि सहसा गृहस्वामिनी ने घोषणा कर दी, "आप यहीं खाना खाकर जाएँगी। फिर निपटा लेना अपने बाकी इंजेक्शन शाम तक। हम अभी आते हैं।"

वे लौटकर आईं तो हाथ में थाली थी, जो उन्होंने स्टूल पर उनके सामने धर दी। उसमें रोटी, चावल, बताशे तथा मिठाई के कुछ टुकड़े रखे थे। आश्चर्य में पड़ी देखती रहीं सिस्टर डिसूजा।

थाली में नारियल धरते हुए बोलीं, "बहन जी, अपने भाई साहब को टीका कर दो। भाईदूज अभी चार दिन पहले ही निकली है। पर क्या अन्तर पड़ता है, पखवाड़ा तो वही चल रहा है ! हमने तो तभी सोची थी, लेकिन उस समय इनकी हालत...आप तो देख ही रही थीं।"

वे बताने लगीं, "अँगूठे पर रोली ऐसे चिपकाओ और इनके माथे पर तिलक खींच दो, फिर चावल के दो-चार दाने चिपका दो तिलक के ऊपर।"

सारा विधान समझा दिया। सिस्टर थीं कि उजबक-सी देख रही थीं। अनबूझ पहेलियाँ बिखर गईं उनके आगे, "टीका ! क्यों ? वे क्यों ?"

हाथ में थमी सिरिंज को हथेली के बीच दबाती हुई न जाने क्या सोचने लगीं।

वे फिर समझाने लगीं, ''बहन जी, हमारे यहाँ भाईदूज के दिन बहन टीका करती हैं भाई का। आप इतनी सेवा कर रही हो, जितनी सगी बहन न करती। तो खास बहन से भी ज्यादा हुईं न आप।''

सुरेशचन्द तकिए पर कोहनी टेकते हुए उठकर बैठ गए, ''हाँ डोरोथी बहन, तुमें मेरी बहन बनाकर भेजा है भगवान ने। कोई बहन नहीं थी न !''

वे विस्मित थीं, ''पत्नी बहन जी कह रही हैं, तो पति डोरोथी।''

वे बोले जा रहे थे, ''हम न जानते थे कि मोहमाया का ऐसा सागर है तुम्हारे भीतर। तुम्हारे प्रेम के कारण ही मेरे स्वास्थ्य में बदलाव आया है। जादू-सा हुआ है। कहाँ उठा-बैठा तक न जाता था और अब !

''मन में बार-बार कसक-सी उठती है कि हम तुम्हारे लिए क्या-क्या न कर दें। लेकिन...बस यह हाथ है राखी बँधवाने को, और माथा...'' कहकर उन्होंने सिर आगे कर दिया, टीका लगवाने के लिए।

''आज से तुम इस घर की सदस्या हुईं। हमारी बहन। इन बच्चों की बुआ।''

वे चमत्कृत हो उठीं।

ईशु ने किस उपकार का बदला दिया है यह। ढलती अवस्था में कोई इस तरह...सोचा नहीं था। वे तो सदा अकेली थीं। माँ देखी नहीं। पिता के बाद प्यार और अपनेपन के दो बोल सुनने को कान तरसते ही रहे।

सिस्टर डिसूजा चहकती फिरती हैं घर में।

महरी देखती है, कितनी बदल गई हैं वे ! हँसती हैं, मजाक करती हैं, इधर-उधर की बातें पूछती हैं। मोहल्ले-पड़ोस की बातें बताती हैं। ऐसी पहले तो न थीं। सिस्टर के सामने ज्यादा बोलने में भी डर लगता था। इधर-उधर की भलाई-बुराई करने की उनके सामने हिम्मत न होती थी।

वे अकसर सुरेशचन्द के घर चली जाती हैं। इंजेक्शन ही नहीं लगातीं, मरीज का सारा काम अपने हाथ में ले लिया है।

उनके रहते भाभी तीमारदारी करें, नहीं। उन्होंने साफ-साफ कह दिया, ''तुम क्या जानो पेशेंट सँभालने की बात ? हमारा जिन्दगी निकला है, ये ही सब काम करते-करते। तुम अपना घर का काम-धाम देखो।''

सिस्टर डिसूजा भले ही सब जगह यूनीफार्म में जाएँ, सुरेश भइया के घर सफेद साड़ी पहनकर जाती हैं।

भाभी निश्चिन्त हो गईं। पति-सेवा का सारा भार सिस्टर ने ले लिया है। वे कृतकृत्य हैं। दवा-गोली, उठाना-बिठाना-टहलाना, स्पंज से लेकर डाइट का ध्यान रखना। वे देवदूत हो गईं इस घर के लिए।

भाभी पड़ोस में तारीफ करते न अघातीं, ''तन-मन से जुटी हैं बहनजी। सरकारी

अस्पताल के डॉक्टर जान-पहचान के हैं। सच्ची, भगवान उनको सौ साल की उम्र दे।''

तबीयत ज्यादा बिगड़ने लगी।

वे रात में भी रुकने लगीं। भले सारा घर सो जाए, वे पलक नहीं झपकातीं। कुर्सी पर अलर्ट बैठी रहती थीं। अस्पताल में ड्यूटी भी तो इसी तरह देती थीं।

सिस्टर को अपना किया हलका ही लगता। ऐसा कर ही क्या रही हैं, यह कहो कि वे उनके किए को ज्यादा मान रहे हैं। अपना भाई होता तो करतीं नहीं क्या ? वे कह देंगी भाभी से, आप इतनी तारीफ न किया करिए।

पर भाभी का हृदय बड़ा है। निभाना जानती हैं। वरन् कौन निभाता है ? उनके चाचा-चाची ने निभाया ? पिता ने क्या नहीं किया था चाचा के लिए ? पढ़ाया, शादी बनाई, नौकरी, अच्छी नौकरी।

चाचा भी ऐसा ही करते तो उन्हें नर्स नहीं बनना पड़ता, डॉक्टर होने का सपना था उनका।...मगर दसवीं पास करते ही नर्स की ट्रेनिंग में जाना पड़ा। पिता की लम्बी बीमारी में और चारा ही क्या था ?

भाभी ने सख्त हिदायत कर दी, ''बहन जी, खाना यहीं खा लिया करो। अकेली जान के लिए चूल्हा-चौका...''

वे मना नहीं कर पाईं। रोज नहीं, परन्तु अकसर खा लेतीं।

उसी बीच मँझले भतीजे की परीक्षाएँ आ गईं। सिस्टर देखतीं, घर में केवल दो ही कमरे हैं। पेशेंट पड़ा हो तो मिलने-देखने वालों का ताँता। 'डिस्टरबेंस' का अटूट सिलसिला।

उनसे न रहा गया। अपना ड्राइंगरूम खोल दिया, ''भाभी, वीरेश को भेज देना, पढ़ाई यहाँ अच्छे से होएगा।''

वीरेश के साथ उसकी छोटी बहन सुमना भी आने लगी।

जितनी चमक सुरेशचन्द तथा उनकी पत्नी की आँखों में थी, उससे दूना-तिगुना उत्साह सिस्टर के साँवले मुख पर जगमगाने लगा।

वे महरी से पूछा करतीं, ''अब कोई बोलता क्या, कि सिस्टर डिसूजा अकेला रहता ?''

महरी चाय का गरम घूँट जल्दी से निगल गई और तुरन्त बोली, ''लो अब का मजाल है, जो बोलें कछु ! देख नहीं रहे कि सिट्टर के भइया-भाभी हैं। भतीजे हैं।''

सिस्टर डिसूजा की मेहनत रंग लाई, सुरेशचन्द स्वस्थ हो गए। चार महीने में एकदम दुरुस्त। मोहल्ले वाले कहते, ''लो मरते-मरते बचा लिया सिस्टर ने। मौत के मुख से खींचा है। कौन जानता था कि कंकाल में प्राण पड़ जाएँगे। हड्डियों पर मांस चढ़ जाएगा।''

नहा-धोकर सिस्टर अपनी यूनीफार्म पहन चुकी थीं। जूतों के फीते कस रही थीं।

महरी बोली, ''अब तो सिट्टर, तुम्हें इस काम से दो-चार दिन की छुट्टी लेनी पड़ेगी।''

''छुट्टी ! क्यों ?'' उन्होंने घड़ी की चेन बन्द करते हुए पूछा।

''लो पूछती हैं, कि चौं। सो तुम्हें नहीं मालिम ? ब्याह है तुम्हारे भइया जी के यहाँ। तुम्हारे भतीजे का।''

''शादी !'' वे चौंकी।

''सचमुच गई नहीं कई दिन से। काम ज्यादा रहा। बच्चा लोग भी नहीं आया।''

महरी ने चप्पलों की आहट पर बाहर उझककर देखा, ''लो सिट्टर, तुम जाओ न जाओ, तुम्हारी भाभी आ गईं।''

वे हुलस उठीं, ''भाभी !''

भाभी के हाथ में प्लेट थी रूमाल से ढँकी हुई। वे उपालम्भ देते हुए हँसने लगीं, ''बहन जी, कितना इन्तजार किया, तुम आज आओ, कल आओ। पर तुम्हारे दर्शन ही न हो सके। तुम्हारे हिस्से के लड्डू हैं। ऋषि की शादी तै हो गई है न।''

उन्होंने सोल्लास प्लेट थाम ली। विवाह के विषय में विमर्श करती रहीं। बहू के बारे में पूछती रहीं।

जाते-जाते वे आग्रहपूर्वक कहने लगीं, ''मुझे फुर्सत नहीं मिलेगी। तुम्हारा घर ठहरा वह। जी चाहे जब चली आईं। संकोच न करना। बुआ ठहरीं ऋषि की।''

सिस्टर डिसूजा ने ढीली हो आई टोपी की क्लिप कसते हुए भाभी को जोरदार शब्दों में बरज दिया, ''हम कभी शरमाया है ? उस घर में सारा कुछ तो अपने हाथों उठाया, रक्खा है। बस भाभी, इतना जरूर बताना होगा कि हमारी तरफ से क्या करने का है शादी में।''

भाभी ने हँसकर हाथ जोड़ दिए, ''आप तो आ जाना मौके पर। हमारा सौभाग्य होगा।''

सिस्टर डिसूजा के आनन्द का छोर न था।

घर में तो किसी की शादी देखी नहीं, होश सँभालने पर। आज पहली बार जाना कि निकट जनों में उत्सव मनाने पर कैसी अद्‌भुत खुशी होती है। भइया-भाभी के घर विवाह। उनके अपने घर में शादी ! माई गॉड ! छलक-छलक पड़ रही हैं सिस्टर।

एक-दो रातें तो इसी में निकल गईं कि वे दुल्हन को प्रेजेंट में क्या देंगी ? गिफ्ट में तो कई चीज़ें दी जा सकती हैं, उन्होंने यथाशक्ति ध्यान लगाया—कार्डीगन, बेडशीट या अच्छा-सा टी-सैट।

नहीं, भले ही ज्यादा पैसे लग जाएँ, अच्छी क्वालिटी का डिनरसैट ठीक रहेगा, बड़ा-सा प्रेजेंट।

किससे सलाह करें ? रिटायर होने के बाद सखी-सहेलियाँ भी तितर-बितर हो गईं।

महरी, धोबिन, जमादारिन का स्टैंडर्ड इतना नहीं कि वे इस मामले में अपनी राय दे सकें।

पड़ोसिन से अपने मन की बात कही और अपनी सोची हुई चीजें भी बता दीं।

धिक्कार डाला पड़ोसिन ने, ''सिस्टर, आप भी कमाल करती हो ! बुआ होकर भतीजे-बहू को प्याले-प्लेट या धोती-कपड़ा दोगी ! क्या कहेंगे भइया-भाभी ? क्या सोचेगी बहू ? लो, उन्होंने तो आपको इतना माना-चाहा है, तो उसका मान रखना पड़ेगा। आपको भी।''

''रीयली !''

वे कितनी बड़ी गलती करने जा रही थीं। ठीक ही तो कह रही हैं पड़ोसिन। लेकिन क्या करें, उन्होंने ऐसी स्थिति में देना-लेना किया ही नहीं। अस्पताल में स्टॉफ के किसी आदमी के यहाँ शादी होती थी तो वे 'कंट्रीब्यूशन' में अपना पैसा डाल देती थीं। क्या देना है, क्या नहीं, वह तो रुपया जमा करनेवाला जाने।

पड़ोसिन ने समझाते हुए कहा, ''सिस्टर, होनी तो जंजीर चाहिए। पर गुंजाइश नहीं है तो चलो छोड़ो। हम भी जानते हैं कि इस मकान का उधार नहीं पटा अभी। किस्तें देनी पड़ती हैं। ऊपर से आपका दान-धर्म, सो नहीं बचता होगा रुपया।

''तो अब यह करो कि अँगूठी या टॉप्स दे दो। मानते हैं हम कि सोना सस्ता नहीं, पर चीज रह जाती है सिस्टर। बहू याद करेगी। हमारे यहाँ कहावत है न कि भइया विस लेना भतीजे विस देना।''

पड़ोसिन की नीर-क्षीर वाली भाषा न मालूम सिस्टर डिसूजा की समझ में कितनी आई, मगर जेवर वाली बात काँटे की लगी।

वे दूसरे दिन अँगूठी खरीद लाईं।

उस रात उनकी आँखों में कोसों-कोस नींद नहीं थी। सोच-विचार में उलझी पलंग पर करवटें बदलती रहीं। और उसी दिन जाना कि नींद दुःख में ही नहीं, खुशी में भी नहीं आया करती।

उठकर बत्ती जला दी। नन्ही-सी प्लास्टिक की गुलाबी डिबिया उठा लाईं। खोली तो हरे रंग के पतले कागज में सुनहरी अँगूठी झिलमिला उठी।

वे कल्पना में उतर गईं।

भइया कुर्सी पर बैठे हैं। पास ही भाभी खड़ी हैं। नई दुल्हन को बुलाया गया है। वह उनके बराबर में सोफे पर बिठा दी। वे पतली-सी गोरी उँगली में अँगूठी पहना रही हैं।

भाभी कह रही हैं, ''पाँव छुओ बुआ जी के।'' दुल्हन झुकी कि उन्होंने बाँहों में भरकर छाती से लगा ली, ''गॉड ब्लैस यू।''

भइया उठे और अधपके बालों पर हाथ फेरते हुए कहने लगे, ''डोरोथी ! यह सब ! क्यों ?''

हाथ में डिबिया पकड़े भाभी मुस्कुराती हुई बोल पड़ीं, ''लो क्या हो गया ? बुआ नहीं हैं क्या ?''

सोचते-सोचते डिबिया हाथ से छूटकर नीचे जा गिरी।

सिस्टर की तन्द्रा टूटी। ध्यान पलट गया।

डिबिया वापस उठा ली। अपने कपड़ों की ओर देखने लगीं।

लो, शादी में हो आने की सोच ली और वेशभूषा का ध्यान ही नहीं। यही पहनकर जाएँगी क्या ? सफेद धोती, फ्लीट्स।

धत् ! दुकानदार भी अँगूठी देते समय ऐसे देख रहा था जैसे वे अपनी वेशभूषा के विपरीत करने जा रही हैं कुछ। घुसते ही आँखें फैलाकर देखने लगा।

परन्तु अभी तक तो ऐसे ही जाती रही हैं। परिचय भी ऐसे ही हुआ है—ये हैं सिस्टर डिसूजा। हमारी मैट्रिन।

बहुत पहले कभी गई होंगी तो माँ की रखी हुई साड़ियाँ टाँग ली होंगी। अब तो ठीक से याद भी नहीं।

लेकिन अब नहीं। भइया के स्टैंडर्ड से जाना पड़ेगा। उन्हीं की रीति-रिवाज के हिसाब से। कहीं अटपटा न लगे कुछ। लो, ऐसे ही जा पहुँचीं तो निरी नर्स लगेंगी। मेहमान लोग समझेंगे पेशेंट के लिए आई हैं।

वे फिर बाजार गईं।

जिस दुकानदार से ऐप्रिन का कपड़ा और सफेद साड़ी खरीदा करती थीं, उसी से प्रिंटिड सिल्क की साड़ी देखने को माँगने लगीं।

दुकानदार ने दो थान सफेद टेरीकोट से सरका दिए, ज्यों उसने साड़ी की बात गलती में सुन ली हो।

''साड़ी।''

वह दो क्षण के लिए देखता रह गया सिस्टर को।

''साड़ी।'' दुबारा कहने पर लड़के से साड़ी दिखाने को बोला।

सफेद धरती पर कत्थई बूटी की साड़ी और साथ में हलके कत्थई रंग का शॉल खरीद लिया।

पड़ोसिन ने देखा तो भरपूर समर्थन किया, ''बहुत अच्छी साड़ी है सिस्टर। शॉल भी बड़ा जरूरी था। ठंड ज्यादा रहेगी बारात के समय।''

''सिस्टर, ऐसे ही रहोगी ?''

''कइसे ?''

''नंगे हाथ ! ब्याह-काज में अच्छी नहीं लगेंगी सूनी कलाइयाँ।''

वे एक बार को कल्पना नहीं कर पाईं कि वे अपने हाथों में घड़ी के सिवा और कुछ भी पहन सकती हैं। चूड़ियाँ ! भूले से भी नहीं डालीं हाथ में।

तनिक शरमाते हुए मुस्कुरा पड़ीं, बोलीं, ''नहीं, अइसे ही ठीक हैं।''

पड़ोसिन नहीं मानी। अन्दाजे से नाप की चूड़ियाँ ले आई। पकड़ाते समय बोली, ''मैरून रंग की हैं। आपके साँवले-सलोने हाथों में अच्छी लगेंगी। सिस्टर, आपकी भाभी बुरा नहीं मानतीं कि बहन जी सगुन-सात नंगे हाथों चली आईं ?

''वैसे पहनानी तो उन्हें ही चाहिए थीं, लेकिन ब्याह का काम उनकी अकेली की

जान को ही लगा है।''

नई खरीदी चप्पलें रात के खाने के बाद ध्यान से देखीं। देखीं क्या, पहनकर बेडरूम से बरामदे तक टहलने लगीं। पाँव ही दूसरी तरह का दिख रहा था। सेंडिल-फ्लीट की आदत रही है उन्हें, ठंड बहुत लगेगी इनमें।

पड़ोसिन की आवाज सुनाई दी, ''सिस्टर, गीतों में नहीं चल रहीं ? ढोलक तो कब से बज रही है।''

चप्पल उतारकर वे बाहर निकल आईं। बाउंड्री से लगकर खड़ी हो गईं। हँसकर कहने लगीं, ''हमको गाना-वाना नईं आता।''

पड़ोसिन आँखें चमकाकर बोली, ''अरे ! न आए गाना। सिस्टर, चलना तो पड़ेगा। बताओ, बुआ ही गीतों में न बैठेगी तो गाली किसके लिए गाई जाएँगी ?''

सिस्टर डिसूज़ा जोर से हँस पड़ीं। हलके प्रकाश में दाँत चमक उठे।

झटपट सफेद साड़ी पहनी। शॉल ओढ़ा। चप्पल पहनते समय सोचने लगीं, काश उनका नाम डोरोथी न होता, लक्ष्मी, शीला, सुशीला जैसा कुछ...

पड़ोसिन के पीछे चलती हुई सुरेश भइया के आँगन में पहुँच गईं। बरामदे में गीत गाती हुई औरतों के पीछे जा बैठीं।

भाभी लपकते कदमों से तुरन्त उनके पास आ गईं। साथ ही बैठ गईं।

उनकी पीठ पर हाथ रखकर कान के पास मुख लाकर पूछने लगीं, ''बहन जी, सुमना नहीं पहुँची आपके पास ?''

''कोई बात नहीं भाभी, भूल गई होगी।''

''बहन जी, यह लड़की ब्याह में कुछ ज्यादा ही बावरी हो रही है।''

''बच्ची है,'' कहकर सिस्टर डिसूज़ा ढोलक पर थाप देती अन्य औरतों को देखती रहीं।

लौटकर पड़ोसिन ने देर तक समझाया, ''कल घुड़चढ़ी होगी सिस्टर। कहीं इंजेक्शन लगाने न निकल जाना। बुआ की जरूरत बात-बात में पड़ती है। हर नेग, हर सगुन के लिए, 'मान' को बुलाया जाता है।

''जल्दी तैयार हो जाना। नई साड़ी पहन लेना, शॉल ओढ़ लेना। घुड़चढ़ी में ही देखते हैं सब।

''और सिर ढँकना जरूरी होता है सगुन के बखत। चौक पर बैठे दूल्हे की आरती करनी होती है बुआ को। लाओ थाली, आरती करना बता दूँ। ठीक से थाली साधे तब भी रहोगी।''

पड़ोसिन ने थाली दोनों हाथों से पकड़कर घुमाकर दिखा दी, ''ऐसे। मैं तो इसलिए कह रही हूँ सिस्टर कि सुरेश भाईसाहब ने जब बहन मान ली है तो आप ही पीछे क्यों हटो ?''

रात के समय सिस्टर डिसूज़ा अपने बिस्तर पर लेटीं कि पड़ोसिन के रेशमी वचनों पर तैरती रहीं।

उनकी खुली आँखों में सुहावना सपना आ बसा—उन्होंने साड़ी पहनी है। शॉल ओढ़ा है। सिर ढँककर औरतों के बीच खड़ी ऋषि की आरती उतार रही हैं। सबकी निगाह उन पर है। भाभी पास खड़ी हैं। भइया।

मन हिलोरें ले ही रहा था कि सहसा दृष्टि घड़ी पर गई। अरे ! रात के दो बज गए। अब सो जाना चाहिए। सवेरे जल्दी उठना होगा। भाभी से पूछने का मौका ही नहीं मिला। पड़ोसिन ने ही बताया कि घुड़चढ़ी आठ बजे होगी।

कार्ड देख लेतीं तो अच्छा रहता। सारा प्रोग्राम पता चल जाता। परन्तु सुरेश भइया ने कार्ड दिया ही नहीं। वीरेश एक कार्ड पर उनका नाम लिख गया तो भइया-भाभी हँसते हुए झिड़कने लगे, "पागल, बुआ को कार्ड देते हैं कहीं ?"

बाजे बजने लगे।

सुबह-सवेरे सिस्टर डिसूजा ब्याह वाले घर में पहन-ओढ़कर जाने लगीं तो रास्ते चलते लोगों ने उन्हें एकदम नहीं पहचाना। द्वार पर जुड़ी भीड़ में भी कोई परिचित तक न बोला कि 'सिस्टर, गुड-मॉर्निंग।'

उन्हें इस समय यह बात अच्छी लगी। रुटीन विश से निजात मिली।

घर में दाखिल तो हो गईं, लेकिन वे पड़ोसिन की पीठ से चिपकी खड़ी रहीं।

लोग आ-जा रहे थे। औरतें उन्हें अनदेखा किए खड़ी थीं।

पास खड़ी औरतों ने जैसे ही गौर किया तो मुख खोले चकित-सी रह गईं। आँखें फैलाकर बोलीं, "सि-स्-ट-र ! सिस्टर डि-सू-जा !"

वे भीतर तक सिकुड़ गईं। सकुचाई-सी खड़ी रहीं उस कोने में।

पड़ोसिन ने पीछे मुड़कर देखा, "सिस्टर, आप यहाँ क्यों खड़ी हो ? आप तो भीतर जाओ। जहाँ दूल्हा बैठा है। जहाँ घर की औरतें जुड़ी हैं, वहाँ।"

वे हड़बड़ाती हुई भीतर पहुँच गईं।

उस भीड़-भरे घर में वे भाभी को खोजने लगीं। सुमना और वीरेश भी कहीं दिखाई नहीं दे रहे थे।

जैसे ही भाभी दिखाई दीं, सिस्टर डिसूजा चटपट उनके पास पहुँच गईं। वहीं खड़ी देखने लगीं। दूल्हा आँगन में आ चुका है। औरतों का समूह उसे घेरे हुए है।

वे कुछ औरतों के बीच नीचे फर्श पर बिछी जाजिम पर बैठ गईं। भाभी भी वहीं बैठी थीं।

उन्होंने पुकारा, "भाभी !"

भाभी ने जैसे ही गर्दन मोड़कर देखा, चहक-सी पड़ीं, "अरे बहन जी, आ गईं ! सोई तो कहीं।"

भाभी तुरन्त उठीं। भीतर से एक कुर्सी खींच लाईं, कहने लगीं, "नीचे नहीं, इस पर बैठो बहन जी।"

उनके नहीं-नहीं करते हुए भी वे आदर और आग्रहपूर्वक बिठा दी गईं। जल्दी से चाय मँगवाई। नाश्ता रखा गया। एक स्टूल भी उठवाकर ठीक उनके सामने रख दिया, जिस पर चाय-नाश्ता सजा दिया।

ग्रहण करने का आग्रह करने लगीं भाभी।

अत्यन्त विसंगत-सी स्थिति में घिर गईं वे। कैसे खाएँ-पीएँ ! यह समय चाय-नाश्ते का है ? और वे अकेली ? सारी औरतें तो रस्मों को करने-देखने में लगी हैं।

असमंजस में पड़ी अन्यमनस्क-सी चाय का प्याला थामकर बैठ गईं। नाश्ते की ओर देखा तक नहीं।

भाभी ने कुछ देर बाद गौर किया, "अरे ! बहन जी, कुछ खा नहीं रहीं।"

सिस्टर डिसूजा अनचाहे ही हँस दीं। प्रयत्न करने पर भी हलकी-सी हँसी निकली।

भाभी दूल्हे के पास जुड़े झुंड में शामिल हो गईं।

वे देखती रहीं, औरतें हल्दी के छींटे डाल रही हैं दूल्हे के पैरों पर। घूँघटधारिणी एक युवती ने दूल्हे को काजल लगाया।

सिस्टर ने उस भीड़ में पड़ोसिन को खोजना चाहा। वही बता सकती है कि उन्हें दूल्हे की आरती कब करनी है।

उसी समय भाभी का स्वर गूँजा, "सावित्री बीबी ! ओ सावित्री, कहाँ हो ? जल्दी आओ, आरती कर दो ऋषि की।"

औरतों के बीच सावित्री प्रकट हुई। हाथ में आरती की थाली लेकर खड़ी हो गई।

कोई हँसते हुए बोली, "सावित्री, एक हजार एक माँगना। बेटा ब्याहने जा रहे हैं तुम्हारे भइया। कोई हँसी-ठट्ठा नहीं है। नेग के लिए अब न झगड़ोगी तो फिर कब माँगोगी ? आज का दिन तो होता ही बुआ-बहनों का है।"

सिस्टर डिसूजा कुर्सी से उठ पड़ीं। खड़ी होकर देखने लगीं, सावित्री आरती कर रही है। उसकी चूड़ियाँ झमर-झमर बज रही हैं।

उनकी निगाह अपने हाथ में पहनी मैरून चूड़ियों पर अटक गई।

वार्तालाप से ऐसा लगा जैसे सुरेश भइया भी आ गए हैं वहाँ। सावित्री जिद पर अड़ी है, एक हजार एक।

उन्होंने कनखियों से देखा, सुरेश भइया ने सावित्री के सिर पर प्यार-भरी चपत लगाई, "पगली ! ले, ये सौ रुपए रख। इतने ही हैं हमारे पास। शैतान ! बड़ी ठगिनी बहन है तू !" कहकर सावित्री का सिर उन्होंने सीने से लगा लिया।

चारों ओर हँसी फूट पड़ी।

उन्हें लगा, उनके होंठ भी हँसी में फैल गए हैं शायद।

...लेकिन हाथ में थमा प्याला काँपने लगा है।

प्याला नीचे रखने लगीं तो हाथ में पहनी चूड़ियों में अजनबी-सी खनक उठी। वे जड़ हुई कुर्सी पर बैठी रहीं।

रह-रहकर मन में एक ही विचार उठ रहा है कि वे इस समारोह से जल्दी से जल्दी

ओझल हो जाएँ।

अवसर देखकर वे वहाँ से उठ लीं। सबकी आँख बचाकर दरवाजे तक पहुँच पाई थीं कि पड़ोसिन सामने पड़ गई।

"सिस्टर, अभी तो घुड़चढ़ी..."

पड़ोसिन की आवाज में उन्हें लड़खड़ाहट-सी महसूस हुई।

"मैं बस अभी..." कहती हुई वे दरवाजे को लाँघ आईं।

जल्दी-जल्दी अपने द्वार का ताला खोला।

भीतर आकर गहरी साँसें लेती हुई पलंग पर बैठ गईं। देर तक बैठी रहीं। गला सूखने लगा तो उठीं और रसोई में जाकर पानी पी आईं।

चुपचाप साड़ी और शॉल उतारे और तह बनाकर रख दिए। कलाइयों से चूड़ियाँ धीरे से सरका दीं। चप्पल उतारकर करीने से एक कोने में रख दीं।

गाउन पहनने जा रही थीं कि नजर दीवार घड़ी पर पड़ी, "अरे ! अभी तो दस ही बजे हैं।"

वे यकायक फुर्ती से उठीं। सफेद ऐप्रिन पहना। क्लिप से बालों में टोपी लगाई। पलंग पर बैठकर पाँवों में मोजे पहनने लगी।

फ्लीट्स पहनकर तिपाई से अपनी स्टील की चेन वाली मरदानी घड़ी उठाकर हाथ में बाँध ली। सिस्टर डिसूजा अपना बैग सँभालती हुई सड़क पर खड़े रिक्शे में आ बैठीं।

बैग को एक बार सावधानीपूर्वक फिर से देखा, कहीं इंजेक्शन की सिरिंज, स्पिरिट वगैरह में से कुछ भूल तो नहीं आईं !

आश्वस्त हुईं तो रिक्शेवाले से तेजी से चलने को कहा।

सुरेश भइया के घर के आगे से तेज रफ्तार से गुजरता हुआ उनका रिक्शा दूर निकल आया। बजते हुए बैंड की ध्वनि पीछे छूटती हुई धीमी होने लगी, अन्त में विलुप्त हो गई।

तुम किसकी हो बिन्नी ?

आज पापा चले गए। सुबह के धुँधलके में ही तैयार हो गए थे पापा ! बिन्नी भी तभी उठ गई—दादी के साथ ही। वैसे बिन्नी का मन था कि पापा रुकें, पर वे छुट्टी ही नहीं लाए थे।

दादी उन्हें धूप निकलने से घंटे-भर पहले ही विदा कर देना चाहती थीं, गर्मी की लू-लपट में सफर करना दादी को अच्छा नहीं लगता, "सवेरे ठंडे में ही निकल जाइयो गोपाल।" वे रात को पापा से कहकर सोई थीं।

बिन्नी और दादी पापा को फराश के पेड़ों तक छोड़ आए, वहाँ खड़े होकर भी दादी ने पापा से कितनी ही बातें की थीं। बिन्नी तो दगड़े के ठंडे रेत से एड़ी पर घूम-घूमकर पाँव के अँगूठे से गोले बनाती रही—गोलाकार वृत्त...जैसे वह अपनी कॉपी पर परकार से बनाती है, ठीक वैसे ही।

पापा आगे बढ़ गए, दादी देर तक खड़ी देखती रहीं, जैसे-जैसे पापा दूर होते जाते, दादी की आँखें और सिकुड़ती जातीं, तीखी दृष्टि से पापा को पिछियाती-सी। पापा पेड़ों की सघनता के पीछे पूरी तरह ओझल हो गए, तब दादी लौटने लगीं।

"दादी, पापा के साथ मुझे क्यों नहीं भेजा ?" बिन्नी ने अपने मन में घुमड़ता प्रश्न दादी से पूछ ही लिया।

"तेरी पढ़ाई मारी जाती बेटा !" कहकर दादी उसी गति से रेत-भरे दगड़े में बिन्नी को आगे करके चलती रहीं।

सम्पूर्ण उत्तर नहीं लगा बिन्नी को। उस बीच दादी रुआँसी-सी हो उठीं, एक अनबूझ वेदना झुर्री-भरे मुख पर अनायास ही तिर आई।

दादी सच कहना नहीं चाहती थीं या माँ-बेटी के बीच स्नेह-तन्तुओं को जोड़े-गाँठे रहने के भरसक प्रयत्न में जुटी थीं।

बिन्नी जब गाँव आई तो यहाँ उसका मन नहीं लगा, हर समय उखड़ी-उखड़ी-सी रहती। दादी ने कितने यत्न किए थे बिन्नी को सुख से रखने के—मोरी पर पक्का पलस्तर करवाया, चारों ओर से दीवार उठाकर गुसलखाना बनवाया जिसमें छोटी-सी बिन्नी बेझिझक नहा सके, कुआँ...बावड़ी पर कहाँ जाती फिरेगी।

कपड़े-लत्ते पास के कस्बे में मिलते, गाँव का दरजी क्या जाने शहर के तरीके की सिलाई ! वे बिन्नी को बाजार-हाट साथ ले जातीं, कपड़ा पसन्द करवातीं और उसके

पुराने फ्रॉक, सूट दिखाकर दरजी को घंटों समझातीं। मनोहर दरजी उन्हें बार-बार आश्वस्त करता, "अम्मा जी, चिन्ता मत करो, लम्बरदार की पढ़ी-लिखी लड़कियन के कपड़ा मैं ही बनाय रह्यौ हूँ बरसों से।"

मगना जल्दी ही बिन्नी की सखी बन गई। दादी ही बुला लाई थी उसे। फिर तो दोनों पक्की सहेलियाँ हो गईं—खेलतीं, बतियातीं, काम करतीं, पढ़तीं।

"दादी, मेरी माँ सौतेली है ?" रात को दादी के पास सोते समय बिन्नी ने अनायास ही पूछा।

"चल ! किसने कही जे बात तोसे ?"

"मगना ने।"

"झूठी है मगना।"

"मगना कहती है कि तेरी माँ डायन है, पेट में ही बच्चों को मार डालती है।"

दादी का चेहरा रात के अँधियारे में सफेद फक्क पड़ गया, सुन्न हो गईं एक पल को। फिर बिन्नी के बालों में उँगली से कुछ टटोलती रहीं देर तक, "तू मगना के संग मत रहौ करै...।" बे आधार-सी बात कहकर वे चुप पड़ी रहीं।

बिन्नी अपनी बुआ के साथ कुएँ पर गई थी शुरू-शुरू में, तब भी क्या-क्या कहा था सबने :

"चलो अच्छो है बुढ़िया कौ मन लगौ रहेगौ, वहाँ तीन-तीन जुड़ गईं, एक यहाँ सही।" रस्सी को बड़े-बड़े गोलों में लपेटती एक औरत कह रही थी।

"अरी ये बात नॉय, का करें बेचारे ! सहर में तो तीन बच्चों का ही हुकुम है, अब इसे यहाँ न भेजते तो चौथा कैसे करेंगे।" पीली साड़ी वाली ने बोलकर दो गागर सिर पर धर लीं और अपने रास्ते चली गई।

"कै बेर तो इसकी माँ ने गरभ गिराये हैं, दूरबीन से दिखवाय लिये ! छोरी निकरी सो गिरवाय दई ! कसाइन है निरी !"

बिन्नी की समझ में तो कुछ नहीं आया, लेकिन बुआ बहुत लड़ीं—कुएँ पर ही। अपनी भाभी के लिए वे ऐसे शब्द सहन नहीं कर पाईं।

"बताओ न बुआ ! क्या कहा उन्होंने ? तुम क्यों लड़ीं इतना ? मम्मी कसाइन है—यह कहा, इसलिए !" बिन्नी रास्ते-भर बुआ से पूछती आई।

उसी रात बुआ ने सारी बात बता दी बिन्नी को। दादी बहुत नाराज हुईं, "माँ-बेटी का कलेजा फटवा रही है तू।"

"आज नहीं तो कल जान जाएगी ! तुम नहीं बताओगी तो मुहल्ला-पड़ोस के बता देंगे। कहाँ तक छिपाओगी अम्मा !" बुआ कुएँ से खिसियाई हुई आई थीं। वे अपने आवेग पर अंकुश नहीं रख पाईं; सारी कथा बिन्नी से कह दी :

उस दिन मम्मी डॉ. अग्रवाल के क्लीनिक से निकलते हुए कैसी आह्लादित थीं—

उल्लसित, उमंगों से ओत-प्रोत। उनका फीट्स-टैस्ट हुआ था और रिपोर्ट मिली थी जिससे उन्हें पता चला कि अबकी बार वे बेटे को जन्म देंगी।

दो बेटियों के पश्चात उनके गर्भ में पुत्र पल रहा है—सोचते ही वे गर्वित हो उठीं—मुख दिपदिपा उठा। अपूर्व सुख के साथ-साथ एक मुक्ति-भाव भी जागा था मन के भीतर कि बस...अब आगे और नहीं ! झंझट खत्म !

गुड़िया के जन्म को तो उन्होंने खुशी से स्वीकार लिया था। पहलौठी की बेटी-बेटा कुछ भी सही ! फिर भी 'पहले-पहल लड़का हो जाए तो फिर चिन्ता नहीं रहती' यह अनी मन में कहीं चुभी जरूर रह गई।

उसके बाद अंजू ! बुआ बताती है कि अंजू के जन्म पर घर में गहरी उदासी छा गई थी। सभी दुखी हुए थे—पापा, दादी और मम्मी। मम्मी तो दो दिन तक कुछ खा नहीं सकीं। मन कैसा मुरझाए फूल-सा कुन्द पड़ गया था। आशान्वित लहलहाती वल्लरियों पर नर्स के कुछ बोल तुषार-से गिरे थे—'मिसेज गुप्ता, बेटी हुई है। कांग्रेच्युलेशन्स ! बधाई हो।'

अस्पताल में मम्मी के मिलने-देखने वाले विरक्त भाव से आए। सुख-दुःखे समे कृत्वा जैसा भाव लेकर मम्मी-पापा पर ढालते हुए। दादी कुछ पलों को विचलित हुईं और बेधड़क बोल उठीं, "एक और डिगरी धर गई मेरे गोपाल पै।" दादी अंजू के जन्म पर ही उसके ब्याह की फिकर करने लगीं।

कंकड़-सा बोल फेंककर दादी फिर नीति की बात पर आ गईं, "काहे को अन्न-जल त्यागे परी है री आरती ! भगवान के देन है ! बेटी-बेटा सब एक ही ठौर के हैं ! फिर है जाएगौ पूत ! कन्या परमेसुरी से दुखियावे मत !" ऐसी बातें कहकर मम्मी को वे पुत्री-जन्म के दुःख से उबार रही थीं।

दादी की बात या अपने मन का तोष...मम्मी ने कुछ दिन खिन्न रहकर अंजू को अपना लिया। पालन-पोषण में जुट गईं।

पर अधिक दिन प्रतीक्षा नहीं हो पाई उनसे। अंजू साल-भर की भी नहीं थी कि वे फिर गर्भवती हुईं—बेटे की आस में ! साहस तो कर लिया, लेकिन मन की परतों में अव्यक्त डर का विषैला भाव फैलता जा रहा था, "कहीं लड़की हुई तो...?" तीन बेटियों की कल्पना- मात्र से दहल उठीं। सम्पूर्ण शरीर एक-एक पल को थरथरा उठा। रात में नींद कम आने लगी। कमरे में लगी गदगदे बच्चे की तस्वीर में जब उन्हें लड़का दिखता तो कलेजा हुलस उठता, लेकिन लड़की...वे भयाक्रान्त हो उठतीं। माथे पर पसीने की बूंदें छलक आतीं। और तब...तब उबार लिया था डॉ. अग्रवाल ने...हाँ, इन्हीं डॉ. अग्रवाल ने।

उन्होंने टैस्ट किया था उस बार और अपनी रिपोर्ट में साफ लिख दिया था कि मम्मी के गर्भ में फीमेल-चाइल्ड है। लड़की का जन्म होगा—सुनते ही उनके सिर में घुमेर उठी कि पाँव के नीचे का फर्श घूमने लगा, कमरे की छत गोल हुई जा रही थी।...पापा ने थाम लिया मम्मी को।

साथ ही डॉ. अग्रवाल ने गर्भपात कराने की जगह का भी नाम लिख दिया—यदि इच्छा हो तो...। उनका तथा गर्भपात-क्लीनिक का आपस में साझा रहता है न ! इसलिए। एक दिन भी व्यर्थ नहीं जाने दिया मम्मी ने, दूसरे ही दिन होने वाली बेटी से मुक्ति पा ली। बिन्नी की समझ में बुआ की बात नहीं आई, "क्या हुआ बुआ ?"

"पेट में ही मार डाला तेरी बहन को, और क्या हुआ। एक बार नहीं, दूसरी बार, तीसरी बार, तेरी बहनें..."

"मार डालीं ?"

"हाँ," बुआ ने उत्तर दिया।

बिन्नी की आँखें फैल गईं...देर तक फैली रहीं ! कसाइन वाली बात सच लगी।

कैसी तुष्ट थीं वे उन दिनों ! भयंकर वेदना के पश्चात भी निस्सीम विश्रान्त भाव बुआ ने मम्मी के मुख पर देखा था।

फिर अपनी गृहस्थी में सन्तोष से रम गईं। बेटियों को दुलराया। उनके लिए नए फ्रॉक बनाए। पापा से नए रिबन मँगाए। नियोजित-परिवार में सिमटी-गृहस्थी लेकर चलने का सुख हाथ से छिना जा रहा था, वापिस खींचकर प्रसन्न थीं मम्मी।

समय कुछ ही सरका था कि बीच में धुरी-सा गड़ा बेटे की ललक का नुकीला बिन्दु उमके मन को अपने में फिर उलझा बैठा और फिर एक बार उनको अपनी गृहस्थी अधूरी लगने लगी, बिना पतवार की नाव-सी ! बिना पुत्र की जननी बने वे माँ के गौरवान्वित पद को स्वीकार नहीं कर पा रही थीं। प्रजनन और बेटियों का पालन-पोषण सार्थक नहीं लग रहा था। जीवन का महत्त्वपूर्ण कोना बृहत् आकार लिये रिक्त लगता था। अधूरेपन का अहसास मकड़ी के जाले-सा मन पर चारों ओर से लिपट गया।

सामाजिक परिवेश कँटीला-सा हो चला। तीज-त्योहार चिढ़ाते-बिराते-से निकलने लगे। कलेजे में हीनता की हूक-सी उठती, जो बेचारगी में पलट जाती। राखी हाथ में लिये बेटियाँ कैसी बेअर्थ लगतीं...स्वत्वहीन, लाचार ! संसार की किसी अमूल्य निधि से वंचित ! दुर्लभ रिश्ते से कटी हुई...

नाते-रिश्तेदारों और आपसी मेल-जोलदारों में चर्चित यह एक बात उनके कलेजे को निरन्तर उधेड़ती रहती—'कि वे बेटे को जन्म नहीं दे सकीं...।' इसी अधूरेपन के अहसास तले दबी वे हर गली, हर मोड़ और हर उत्सव से आँखें चुराकर चलने लगीं। आपसी लोगों से कतरा उठीं। अपनी दुनिया का दायरा संकुचित कर लिया उन्होंने।

पापा की जुटाई सुख-सम्पदा को लोग इस एक अभाव की तीक्ष्ण छुरी से पल में काटकर फेंक देते, "अरे कितना ही पैसा-वैभव बना रहे पर किसके लिए...एक जीव होता तो सब सुकारथ था—इन लड़कियों का ढक्कन, लेकिन..."

हार गईं मम्मी ! अपनी दो बेटियों और पापा के साथ फलती-फूलती बगिया को अपने ही दाएँ-बाएँ से आते कंकड़-पत्थरों से रुँदती देखकर निरस्त हो गईं और फिर इसीलिए...ऐसे ही...कर्ण-रन्ध्रों को कौंचते वाक्यों के चाबुक की मार से आहत मुड़ पड़ीं उसी राह...फिर गर्भवती !

पर आज प्रसन्न थीं बेहद ! पुत्र होने की पूर्व-घोषणा पर !

"अम्मा जी, गुड़िया अंजू के समय तो बड़ी मिठाई खाई थी मैंने, लेकिन अब की बार..." कहकर कुछ शरमा गई फिर स्वयं ही बोली, "अब की बार खट्टा खाने को मन करता है अम्मा जी !"

"अब की बेर तो राम सुन ही लेगौ। भगवान जी की गाय थोड़े मारी है मेरे गोपाल ने।" दादी ने आश्वस्त होकर कहा।

"अब की बार मिट्टी को भी हाथ नहीं लगाया मैंने, अम्मा जी !"

"मैं कह तो रही हूँ, पेट की बनगत ही दूसरी है अब कैं ! एड़ी चीकनी और लाल हैं तेरी। मुँह पर रंगत नॉय तेरे ! भुसी-सी उड़त रहै चेहरा पै। छौरा ही होयगौ, देखि लइयो।" दादी ने मनचाही बात कह दी।

आरम्भ से ही दादी ने ख्याल रखा—गुड़ में रखकर नारियल के बीज लगातार सात दिन खिलाए। पीर का गंडा गाँव से ले आईं जिसे बड़े मनोयोग से मम्मी ने बाँह में बाँध लिया। सपने में आम-बैंगन दिखते थे, गरमी में बीस किलो आमों का दान किया, सन्तोषी माता का व्रत रखा, वैष्णो देवी की जात मानी।

बिन्नी की समझ में ये बातें आईं कि न आईं पर बुआ उसे सारी बातें बताती रहीं। बिन्नी मुख और आँखें फाड़े सुनती रही।

"मम्मी भइया लेकर आना," दादी के सिखाए बोल गुड़िया ने ठीक वक्त पर उगल दिए। उस समय मम्मी अस्पताल जा रही थीं। उनके मन में गुड़िया के लिए अपरिमित प्यार उमड़ आया—चुम्बनों की बौछारों से गुड़िया को नहला डाला।

पर अंजू ! अंजू तुरन्त बोली, "मम्मी, बहन लाना ! मुझे तो बहन चाहिए, भाई तो मारता है...ऋतु का भाई मारता है न !"

"बहन लाना," अंजू के मुख से दूसरी बार यह वाक्य जैसे ही निकला, दादी ने चटाक से एक तमाचा उसके गाल पर जड़ दिया। बच्ची अकारण मार पर ऊँचे स्वर में रोने लगी।

किसी और बात पर अंजू को दादी ने झिड़का भी होता तो वे दुर्व्यवहार पर खीज उठतीं। कितने ही दिनों तक अनबोला चलता, पापा को दादी के विरुद्ध भड़कातीं, दुश्मनी ठन जाती और दादी का यहाँ रहना दूभर हो जाता। पापा उन्हें जल्दी ही गाँव छोड़ आते।

पर उस समय दादी से पूरी तरह सहमत थीं मम्मी ! अंजू पर आग्नेय नेत्र गाड़ती हुई दादी का यथाशक्ति समर्थन कर रही थीं, "एक थप्पड़ और लगाओ अम्मा जी ! हर समय कम्बख्त एक ही रटन लगाए रहती है—बहन लाना मम्मी ! दो-दो गुड़िया बगल में दबाकर सोएगी। गुड्डा लाकर दिया तो हाथ नहीं लगाया करमजली ने ! एक कोने में पड़ा रहा, उठाकर महरी की लड़की को दे आई हत्यारी !"

पड़ोस की पिंकी को देखो, जब भी पूछो चट से बोलती थी, "मैं तो भइया लूँगी," जैसे जीभ पर सरस्वती बैठी हो। लड़का ही हुआ उसकी माँ के।

पापा ने लड्डुओं का प्रबन्ध पहले से ही कर दिया था। बच्चे के जन्म पर वैसे ही भाग-दौड़ मच जाती है। सौ के नोट दस-दस के नोटों से बदल दिए ताकि आया, जमादार, नाई, धोबी की माँग पर तुरत निबटा सकें। दादी के अधरों पर दो-तीन दिन पहले से ही सोहर फिसलने लगे, ''भये हैं अयोध्या में राम-रानी कौशल्या के।''

लम्बी प्रसव-वेदना से गुजरीं थी मम्मी। आयरन-विटामिन और पौष्टिक-भोजन के जोड़ ने बच्चे को काफी वजनीला और तन्दुरुस्त कर दिया था गर्भ में।

दसियों घंटे छटपटाते निकल गए, पापा की चिन्ता बढ़ती जा रही थी, वे बदहवास से इधर से उधर भागते हुए डॉक्टर भार्गव से सम्पर्क बनाने का प्रयत्न कर रहे थे।

कुछ देर पश्चात सिजेरियन बच्चा करने का निश्चय ले लिया डॉक्टर ने, आनन-फानन में ऑपरेशन की सारी तैयारी हो गई।

लेकिन...चार-छह लम्बी चीखों के बाद मम्मी ने बच्चे को जन्म दे दिया। डॉ. भार्गव ने राहत की साँस ली। प्रसूता ने तीव्र मारक-पीड़ा से मुक्ति पाई तो सभी के मन बेचैनी से निकलकर सहज हो गए। और मम्मी तूफान के बाद की विश्रान्ति ओढ़े प्रसूति-मेज पर लेटी थीं।

''बस हो गया,'' डॉक्टर और नर्सों का समवेत स्वर उसके कानों ने किसी ध्वनि के रूप में पहली बार सुना। उसके बाद बच्चे का रुदन !

साफ स्वच्छ करके नर्स बच्चे को नहला आई, तथा वजन करके मम्मी के नाम की पट्टी शिशु की बाँह पर लगा दी। डॉक्टर हाथ धोकर बाहर निकल गई, ऐप्रिन बदलना था, रक्त के मोटे धब्बे उनके ऊपर गिरे थे।

तीखी पीरों से थकी देह, सूखे सफेद होंठों पर जीभ फेरती बेहद कमजोर लग रही थीं मम्मी ! महीनों की रुग्ण-सी !

नर्स सफेद कपड़ों में लपेटकर रुई की पोनी की तरह बच्चे को उनके पास ले आई। वे शान्त सन्तुष्ट निगाहों से नर्स को देखने लगीं। पीड़ा से निकलकर बच्चे के मोह की स्निग्ध-रेखा खिंच आई उनके चेहरे पर। वे चाहती थीं नर्स जल्दी से कहे, मिसेज आरती गुप्ता, आपने बेटे को जन्म दिया है...बेटा हुआ है आपके, यही वाक्य सब दुहराएँ... दीवारें...छत...खिड़की...पर्दे...सब यही बोलें कि 'बेटा हुआ है'—यही एक बात सुनने को उनके कान कब से तरस रहे हैं, केवल यही सुनने को जी रही हैं...बड़ी उत्सुक, लालायित !

''बेटी हुई है मिसेज आरती गुप्ता !...कांग्रेच्युलेशन्स ! मुबारक हो !'' यह वाक्य ! हैं...? यह आवाज ! क्या...अप्रत्याशित बात ! गूँजता स्वर हृदय की धड़कन बन्द करता-सा ! ''नहीं, नहीं !'' वे विश्वास नहीं कर सकीं।

नर्स का फिर दुहराना—सन्न रह गईं वे। कलेजा काटता वाक्य संज्ञा-शून्य करता चला जा रहा था। वे हतप्रभ-सी विस्फारित नेत्रों से नर्स को देखती रह गईं। हाथ-पाँवों का दम सुता जा रहा था। मुर्दनी में समाने लगीं मम्मी ! नर्स घबरा गई—''मिसेज आरती गुप्ता ! आरतीऽऽऽ,'' एक बाँह से बच्ची सँभाले नर्स मम्मी को हिलाए जा रही थीं।

प्राण तो सुनते ही दादी के भी निकल गए, पापा विचलित हो उठे। दादी होंठों में बर्र-बर्र न जाने क्या-क्या बुदबुदाती रहीं।

मम्मी होश में थीं, पर वे उस समय मूक-बधिर हो जाना चाहती थीं। पर मन के अन्दर तो अन्धड़ की तरह झंझावाती हलचल मची थी—अब...तीन...वे यथार्थ की पहली सीढ़ी पर कदम रखते ही चीख उठीं, ''नहींऽऽऽई...नहींऽऽ।''

''क्या हुआ आपको, आरती ! क्या कर रही हैं आप ?''

''देखो, रुको, हाथ-पाँव मत मारो, स्टिच टूट जाएगा ! तेज ब्लीडिंग हो जाएगा। ज्यादा खून गिरना अच्छा नहीं—हेवी-ब्लीडिंग इज वेरी डेंजरस !'' नर्स समझाने लगी।

पर कहाँ सुना मम्मी ने। मिरगी के रोगी की तरह हाथ-पाँव अकड़ा दिए और सचमुच खून की तेज धार बही, बिस्तर पर लाल पोखर-सी भर उठी।

डॉक्टर ! डॉक्टर ! बेड नं. 6...नर्स बच्चे को गोद में सँभाले ही डॉ. भार्गव के पास दौड़ी।

भगदड़ मच उठी नर्सों की, परिचारकों की, झटपट पलंग के पास हुकदार-स्टैंड रखकर दोनों ओर खून और ग्लूकोज की बोतलें लटका दी गईं। नली और सुई के सहारे मम्मी की शिराओं से होता हुआ रक्त और ग्लूकोज शरीर में सरकने लगा—बूँद...बूँद।

''शी इज शॉक्ड ! गहरा धक्का लगा है इसे ! किसने सुनाई इसे यह खबर ! जानती नहीं, यह तीसरी लड़की थी ! ऐसे कितने ही केस किए हैं फिर भी...?'' डॉक्टर भार्गव ने नर्स को बुरी तरह फटकार डाला।

''बच्ची नर्सरी में रख दो, माँ के पास इस समय मत सुलाना।'' डॉक्टर निर्देश देती हुई चली गई। काम्पोज का इंजेक्शन देकर उन्हें सुला दिया।

शरीर में जान आते ही मम्मी ने फिर तूफान उठाया, ''डॉक्टर, लड़की पैदा कैसे हो सकती थी, आपसे गलती हुई है डॉक्टर ! मेरे पेट में तो बेटा था...'' पीछे का वाक्य प्रकम्पित अधरों पर ही कराहकर टूट गया।

डॉक्टर, नर्स एक पल को मुख खोले देखती रह गईं, विस्मित, आश्चर्यचकित ! उस समय डॉ. भार्गव कुछ नहीं बोलीं, नर्सों को हिदायतें देकर अपने केबिन में चली गईं।

''कितना सुन्दर बेबी है आपका ! बिल्कुल आपके जैसा ! वही नाक, वही चिन...क्या कहता है...ठोड़ी...हाँ।''

नर्स कहे जा रही थी, शब्द नुकीले शूलों की तरह हृदय को चीरते चले जा रहे थे मम्मी के। अशक्त, विनम्र हुई वे बोलीं, ''कैसे हो गया सिस्टर ऐसा ? मैंने तो फीट्स-टैक्स कराया था। रिपोर्ट में मेल-चाइल्ड (लड़का) की घोषणा थी। आप लोगों ने भी तो कहा था, 'बस हो गया !' कोई हेरा-फेरी तो नहीं...'' संशय-पुता उनका विवर्ण चेहरा नर्स के चेहरे में समाने लगा।

''क्या कहता है तुम ? हम झूठ क्यों बोलेगा ? और फिर पहला डिलीवरी आपका ही हुआ था, किससे बदलता हम ?'' अनायास ही उफनता क्रोध नर्स दबा नहीं पाई।

''ठीक कह रही हूँ मैं,'' वे दृढ़ होकर उफन पड़ीं। डॉ. भार्गव उन्हीं क्षणों में आ

निकलीं उधर और पापा भी चाय लेकर आ चुके थे। डॉ. भार्गव के लिए मम्मी डिफीकल्ट-पेशेन्ट बनती जा रही थीं—अजब ! विक्षिप्त-सी ! एक बिन्दु पर आकर डॉक्टर भार्गव का आक्रोश उफनने लगा। वे और अंकुश नहीं रख सकीं, "एक बात का उत्तर दीजिए मिसेज आरती गुप्ता ! गिव एन आंसर ओनेस्टली ! आपकी कोख से वास्तव में ही लड़का पैदा हुआ होता तब भी क्या आप ऐसे सन्देह में पड़ सकती थीं ? कह सकती थीं कि मेरे तो बेटी हुई थी, आपने लड़के से बदल दी डॉक्टर ! दे दो मेरी बेटी ! मेरे सवाल का उत्तर दो मिसेज गुप्ता।"

...मम्मी एक-पल को चुप हो गईं, अप्रत्याशित प्रश्न से पराजित-सी।

"हाँ, मैं कहती डॉक्टर !" धीमी-सी मद्धिम आवाज आहत योद्धा-सी अन्दर से उठी और होंठों पर ही पड़ी रह गई।

"झूठ ! बिल्कुल झूठ, मिसेज गुप्ता ! आप यह नहीं कह सकती थीं। आपका लड़खड़ाता स्वर इस बात के लिए तैयार नहीं है। आप क्या, कोई भी नहीं कहता यह। आपमें इतना साहस होता तो अपनी बेटी प्रसन्नता से स्वीकार लेतीं।

"डॉक्टरी-जीवन के बीस वर्ष हो चुके हैं मेरे, चार अस्पताल बदल चुकी हूँ। डिलीवरी करते-करते बालों की लटें सफेद हुई हैं ! आज तक यह कहने वाला नहीं मिला कि डॉक्टर, हमारे बेटी हुई थी, लड़के से बदल दी आपने, दे दो हमारी बेटी !" वे पापा से मुखातिब थीं।

उस बेटी को लेकर मम्मी को घर आना पड़ा। न किसी ने नेग माँगा, न कोई शगुन-बख्शीश के लिए लड़ा-झगड़ा। जन्म-क्षण से ही फेंका-फेंकी का अभियान मचा था, फिर शुभ घड़ी का ऐलान करके किसके सामने हाथ पसारती जमादारनी ! जो गन्दगी की बाल्टियाँ उठाकर चुपचाप फेंकती रही, पॉट देती रही, उठाकर खड़ी करती रही मम्मी को।

दादी मम्मी की मनःस्थिति समझती थी, अस्पताल के पलंग से उन्होंने ही बच्ची को गोदी में उठा लिया, मम्मी को चलने को कहा।

दादी बूढ़े हाथ-पाँव चलाती रहीं। मम्मी खाएँ न खाएँ, पंजीरी-हरीरा बनाती रहीं। बच्ची को गुड़-अजवायन पिलाकर स्वस्थ रखने की चेष्टा करती रहीं। मम्मी से दूध पिलाने के आग्रह पर दादी ने कितनी बार झिड़की खाई फिर भी, "अरी दूध न पियावैगी तो छाती पक जाएँगी।"

अस्पताल का मातम घर उठकर आ गया। आने-जाने वाले, सगे-सम्बन्धी जो अंजू के समय सपाट चेहरा लेकर आते थे इस बार सुस्त होकर आए, पापा पर तरस खाते हुए-से, जैसे कोई विशालकाय पहाड़ गिरा हो और पापा के अस्तित्व को तोड़कर चकनाचूर हो गया हो।

लड्डुओं का ऑर्डर चुपचाप कैंसिल कर दिया गया। मम्मी ने बेबी-कॉट के लिए महरी से मनाही भिजवाई दुकानदार को।

नई बुश्शर्ट बनाकर रखी थी...सब धरी ही रह गई। गुड़िया, अंजू के पुराने फ्रॉक

खोजे गए, उन्हीं से बच्ची को दादी ने ढँक दिया। नामकरण के लिए दादी ने जिद ठानी तो मम्मी झल्ला उठीं, "आपको नाम-दस्टौन की सूझ रही है अम्मा जी !"

"अरी सूतक तौ उतर जाते ! हवन है जातौ ! नाम-रासि पतौ चल जाती।" दादी ने तर्क धरे।

"हम नहीं विश्वास करते इन बातों में," मम्मी ने आधुनिकता बरती।

बिन्नी नाम अस्पताल में नर्स ने दिया था, वही घर में प्रचलित हो गया। केरलियन-क्रिश्चियन नर्स की बेटी का नाम था—बिन्नी-विनीता।

बड़ी बुआ ने लिखा था, "बड़ी आशा लाई थी अब की बार, भाभी से भतीजा होने का नेग सोने की अँगूठी लूँगी, पर यह चुड़ैल कहाँ से टपक पड़ी ! इस घर का रास्ता देख लिया है भवानियों ने ! पत्थर पर पत्थर चला आ रहा है।" पत्र को पढ़कर मम्मी की आँखों में आँसू आ गए, खूब रोईं वे। दादी तनिक रोष में आ गईं, "जि खत-किताबत भेजी है उर्मिला ने ! अरे हमारे भी तो भई हैं ये चारों !"

पापा ने दिन-रात समझाया मम्मी को। दादी ने मान-अपमान की परवाह करे बिना बिन्नी को उठाने के लिए बराबर कहा और कहती ही रहीं, लेकिन मम्मी ने नहीं छुआ उसको। वे तो सुस्त-चुप माटी के निर्जीव बुत-सी बैठी रहतीं। गुड़िया, अंजू के प्रति भी उदासीन हो उठीं।

दादी परेशान हो उठतीं, खुद ही करती बिन्नी की उलट-पलट, फिर मन समझा लेतीं, "अरी जिन बच्चन को कोई नहीं पालै, उन्हें भैमाता पाल देत हैं।" बिन्नी की भैमाता कभी दादी बनी, कभी महरी बनी और कभी महरी की बेटी।

खटोले पर पड़ी थी बिन्नी, मुँह में दूध की बोतल थी। क्षुधातुर आँतों में कुलबुलाहट में जल्दी-जल्दी दूध पिए जा रही थी, शायद गले में ज्यादा दूध चला गया, फन्दा लग गया और फिर खाँसी का बेअन्त दौरा-सा पड़ा था, निपल निकल गई, आँखें उबल आईं। रोते-रोते खटोले से नीचे आ गिरी ! जमीन से टकराकर खोपड़ी खच्च से बोली...चीखता स्वर अचानक बन्द हो गया।

"हाय !" बर्तन पटककर महरी दौड़ी, बच्ची को उठाकर कन्धे से चिपका लिया—"रहन दौ करौ बहूजी ! पेट में से ईंट-पत्थर जनें तबहू मोहमाया उपजत है ! तुम कौन-सी मट्टी की बनी हो बहूजी ! जा कन्या पनमेसुरी ने का बिगारौ है तुम्हारौ ? अरे तुमसे तो हम गरीब-गुरबा अच्छे हैं, खाने की रोटी कम सही, पर मोह-मिमता तो भरपूर हैं। चार छोरी हैं मेरे, गलौ नाँय घोंट दियो। मेहनत-मसक्कत करकें पाल रही हूँ, हिय-पिरान से लागय कैं राखीं हैं।" महरी अपनी औकात भूलकर लम्बा भाषण दे गई।

गँवारू उपदेशों में बच्चों की रेल-पेल का जो वर्णन महरी ने किया था, उस नासमझी पर मम्मी को तरस आ गया। वे चुप लगा गईं। कोई प्रतिक्रिया जाहिर करना अपनी तौहीन लगा उन्हें।

फिर महरी के सिर मढ़ गई बिन्नी, पापा ने एवज में कुछ रुपए बाँध दिए। दिन में नहलाना-धुलाना, दूध-पानी सब उसके जिम्मे था। रात को दादी करती रहतीं।

दादी के जाने के बाद कोई भी उलटा-सीधा दूध मुँह में ठूँस देता। कपड़े गीले करती तो गीले में पड़ी रहती। गन्दगी में भिनकती रहती। रो-रोकर हलक सूख जाता–महरी देख लेती तो भागी आती, "...अरी बिटिया...बिन्नी !" बीमार होती तो महरी ही अपने बच्चों की तरह घोट-पीटकर कुछ पिला देती।

"आरती बेटी तो हमारी रहेगी, नफरत से क्या लाभ !" पापा ने बार-बार समझाया। असर तो हुआ था...बस इतना ही कि लोक-लाज को वे बिन्नी को उठा लेतीं, उसके कुछ काम कर देतीं बस।

ऐसे ही बिन्नी पनपने लगी, गुड़िया और अंजू के कपड़े पहनकर; उनके पीछे अँकुआई झिझकी नाजुक नन्ही कोंपल-सी बढ़ने लगी।

पापा ने तो उसे गुड़िया के स्कूल में डालने की बड़ी कोशिश की थी, पर वहाँ दाखिला ही नहीं हो सका; टैस्ट पास ही नहीं कर पाई !

उस दिन पापा से मम्मी रात-भर लड़ी थीं, "देख लिया ! कूढ़मगज है, दिमाग में गोबर भरा है ! फीस बेकार फेंकनी थी तुम्हें ! जो इसे वहाँ दाखिल करने चले थे ! पास के स्कूल में डाल दो।"

उसके बाद का तो बिन्नी को ही याद है सबकुछ...

तबीयत ठीक नहीं थी मम्मी की, रसोई में पापा लगे हुए थे। बिन्नी चुपके से पापा के साथ जा लगी। कभी चम्मच लाकर देती, कभी प्याला पकड़ाती। गन्दे प्याले पंजों के बल उचककर धो डाले और सँभालकर धीरे-से औंधे सरका दिए। सारा फ्रॉक भीग गया। पापा ने कैसे मीठे से दुलराया, झिड़का, "पगली, गीली हो गई ! मैं धो लेता !"

बिन्नी फ्रॉक का गीलापन हाथ से सुखाने लगी–हथेली फेर-फेरकर।

"जा फ्रॉक बदलकर आ ! सर्दी हो जाएगी।" पापा ने बिन्नी का हाथ पकड़कर रसोई के बाहर तक भेज दिया।

बिन्नी को अपना फ्रॉक नहीं मिल सका। पापा ने अंजू का फ्रॉक पहना दिया, बिना जाने ही ! उन्हें कहाँ पता चलता है कि कौन-सा फ्रॉक बिन्नी का है, कौन-सा अंजू का ! बिन्नी ने भी नहीं बताया। वह तो खिल उठी– उत्फुल्ल ! आज अंजू का तितली वाला फ्रॉक जो आ गया उसके हाथ !

भागी तुरन्त, "देख अंजू ! पापा ने पहनाया है !" मकई के कच्चे दानों-सी दन्त-पंक्ति कानों तक खिंच गई। आँखें सिकुड़कर खिलखिला उठीं।

"उतार !" यह अंजू थी।

"नहीं !" बिन्नी बाहर को भागने लगी।

मम्मी निकल आईं, बिन्नी ने बिना प्रतिवाद किए फ्रॉक उतार दिया।

मम्मी अंजू का पुराना फ्रॉक उठा लाईं–"चल इधर !"

"मैं नहीं पहनूँगी यह ! गन्दा है !" सहमा-दबा-सा प्रतिरोध यकायक जोर मारकर

बाहर गिरा। शायद पापा का लड़ियाया दुलार ऐसा दुस्साहस दे गया।

"क्यों नहीं पहनेगी ? नंगी घूमेगी ?" मम्मी का बीमार चेहरा कठोर हो गया।

"टिंकू चिढ़ाएगी मुझे ! मैं नया पहनूँगी ! पापा लाएँगे ! टिंकू को दिखाऊँगी... तितली वाला !" बिन्नी ताली पीटकर हँस पड़ी।

"नहीं पहनेगी ?" मम्मी ने चिड़चिड़ाकर उसका कान खींच दिया...

"ढीठ कहीं की !" बिन्नी की आँखों में कान की उमेठ से उठी पीड़ा डबडबाने लगी। पानी में तैरती पुतलियाँ मम्मी को घूरने लगीं।

"रह नंगी !" मम्मी ने फ्रॉक उठाकर धुलने वाले कपड़ों में डाल दिया।

"शेम...शेम...पपी शेम," गुड़िया और अंजू चिल्ला उठीं।

शेम-शेम की नुकीली ध्वनि बिन्नी के कानों को बेदर्दी से कोंचती रही निरन्तर। सोचा, बाहर जीने की ओर भाग जाए...पर नंगे बदन...! केवल कच्छी पहने ! फिर तो टिंकू भी...शेम-शेम...सोचते ही वह खिसिया उठी। नाक के छेद फूलने-सिकुड़ने लगे।

शेम-शेम की ध्वनि में वह दोनों हाथों को नंगे बदन पर लपेटे खड़ी रही। बेबसी से घुटी-दबी-सी...

कपड़ों के ढेर से अंजू फिर वही फ्रॉक उठा लाई, "पहनेगी...पहनेगी...फटी-पुरानी पहने पीने कानी..." फिर अनवरत स्वर...ताली की पट्-पट्।

नन्हे कलेजे में देर से रुका क्रोध का जोरदार तूफान उठा और बिन्नी ने अपने दूधिया, मकई-से दाँत खूँख्वारी वेग से अंजू की बाँह में गड़ा दिए। कनफोड़ चीख का सैलाब कमरे में भर गया।

मम्मी सुनकर भागीं, "क्या हुआ ?" उनकी आँखों में कैसी हिंसक अग्नि थी, बिन्नी सामना करते ही भस्म होने लगी। आँखें, जो अब तक अंजू को विक्षुब्ध आक्रोश से घूर रही थीं, यकायक निरीह हो उठीं...कतई निस्साहय ! वे जैसे ही समीप आईं उसके पाँव कँपकँपा उठे थर-थर। सू-सू निकलकर जमीन पर पूरे वेग से बहने लगा। रोकने की भरपूर चेष्टा के बावजूद बहता रहा निरन्तर...।

इकतरफा आक्रमण झेलने के लिए लाचार, समर्पित...न आज पापा की ढाल थी, न दादी का भरोसा...गीली कच्छी में बाहर भाग जाने का उपक्रम भी नहीं !

"ढीठ कहीं की ! कंजरिया !" थप्पड़ों की दर्दीली बौछार ! मम्मी के हाथ जब चोट से झनझना उठे तो बिन्नी की नरम बाँह पर उन्होंने मांस काटकर ले जाने वाली चिकोटी गाढ़ दी...चीखों-भरा रुदन घर में फैल गया।

पड़ोसी भी जान गए, 'वही तीसरी पिट रही होगी', हालाँकि बिन्नी के चीखते ही गुड़िया द्वार के किवाड़ बन्द कर आई थी।

"रोएगी जोर से...ऐं !" मम्मी ने मुँह जोर से भींच दिया। बिन्नी को लगा वह साँस नहीं ले पा रही, आँखें उबलकर बाहर आने को हैं।

वह दिन कि आज का दिन, बिन्नी के मुख से अब चीख नहीं निकलती, केवल आँखों से रोना सीख लिया है उसने, गालों पर निःशब्द अविरल धाराएँ बहाने लगी है।

"ऐसे देखती है जैसे हमें चबा जाएगी," मम्मी ने कहकर धक्के के साथ उसे छोड़ दिया।

पापा उसी समय आ गए, बिन्नी की दुर्दशा के बीच ही। पहले तो कुछ बोल ही नहीं सके, बेबस-से देखते रह गए, "मम्मी की बात क्यों नहीं मानी तूने ?" बिन्नी को ही झिड़ककर कैसा लाचार-सा पक्ष लिया था उन्होंने।

पापा क्यों डरते हैं मम्मी से, इतने बड़े होकर भी ? मम्मी क्यों चिल्लाती हैं अकारण ही ? पुराना फ्रॉक वह क्यों पहने ? गुड़िया पहन लेगी ? अंजू पहन लेगी ? मम्मी उसे पीटेंगी ? कितने ही प्रश्न नन्हे मन पर घुमड़ाते रहे।

पापा उसे प्यार करते हैं तो मम्मी को डाँटते क्यों नहीं कि बिन्नी को क्यों मारा ! जैसे अपनी कमीज में बटन न लगने पर मम्मी को डाँटते हैं। जैसे खाने में देरी होने पर मम्मी पर चिल्लाते हैं ! बिन्नी को डाँट पड़ती रहे, मार पड़ती रहे—बस देखते रहेंगे ! रोकेंगे भी तो डरे-डरे-से, मम्मी की बात मान लेने को कहते हुए। डरपोक हैं पापा !

अकेले एकान्त में कितनी बातें कहते हैं पापा, "बिन्नी के लिए हम लाएँगे फ्रॉक ! डॉल लाएँगे !" फिर लाते क्यों नहीं ? मम्मी के डर से ? पर पापा क्यों डरते हैं ? उनसे तो मम्मी प्यार करती हैं, पप्पी लेती हैं उनकी, जैसे गुड़िया, अंजू की लेती हैं कभी-कभी। बस बिन्नी की बात आते ही पापा पर झपट पड़ती हैं बाघ की तरह ! दोनों में लड़ाई हो जाती है बड़ी-सी।

उसे दादी पर कम गुस्सा नहीं था ! दादी की ही तो सारी गलती है, उन्होंने क्यों कहा कि बिन्नी पैदा नहीं होगी, लड़का होगा मम्मी के। जब पता ही नहीं था तो चुप रह जातीं दादी...क्या बिगड़ जाता।

डॉक्टर अंकल को भी कई-कई बार चिट्ठी लिख चुकी है वह ! जब-जब गुड़िया-अंजू को मम्मी ने जरा भी प्यार किया है, तब ही वह चिट्ठी लिखने लगती है, "अंकल जब आप बिन्नी को जानते ही नहीं थे तो फिर कैसे बता दिया कि बिन्नी नहीं होगी, अंजू-गुड़िया का भइया होगा। मम्मी से क्यों झूठ बोला आपने ? मेरी मम्मी...?" इतना लिखकर कुछ न लिखा जाता बिन्नी से...आँखों से टपू-टपू आँसू टपक पड़ते, अक्षर बिगड़ जाते। बिन्नी तोड़-मरोड़कर कागज का गोला-सा बना देती।

वह ऐसी ही गोलियाँ बनाती रहती। उस दिन गुड़िया ने उठा ली वह गोली और मम्मी को दिखाने के लिए भागी। बिन्नी के तो जैसे प्राण ही निकल गए, "अब क्या होगा, मम्मी मुझे..." वह गुड़िया के पीछे भरपूर-वेग से भागी थी, लेकिन कहाँ...।

वह तो अच्छा हुआ मम्मी नहीं मिलीं। गुड़िया ने पर्चा साफ-सपाट करके झट-से पापा के हाथ में दे दिया।

पापा ने पढ़ा...मुख खोले बिन्नी को देखते रह गए...अपलक ! और वह ! अपराधिनी-सी बड़ी-बड़ी निरीह आँखें जमीन में गाड़े काठ-मारी—अडोल चुप्प खड़ी रही—वहीं पापा के आगे...

पापा ने उस दिन बहुत प्यार किया था। पापा ने जितना प्यार किया, बिन्नी को उतना ही रोना आता गया-आता गया।

हाथ-पाँव छोटे ही थे अभी, फिर भी...दादी जब भी आती बिन्नी को सीख देकर जाती, ''अपनी माँ के चार काम कर दियौ कर बेटा ! झटपट उठौ कर, काम के लिए ! काम सबै प्यारौ है।''

बिन्नी भाग-भागकर काम करने लगी। हर आगन्तुक से पहला परिचय बिन्नी का ही होता। किवाड़ों पर दस्तक होते ही वह द्वार खोलने भागती।

घर के निर्देशों के अनुसार सबसे निपटना होता—विम-फिनायल वाली, बिस्किट बेचने वाले, साबुन-सर्फ के प्रचार को निकलीं झोले वाली महिलाएँ, कड़े और वाहेगुरु की तस्वीर देकर पैसे बटोरते सरदार जी, भगवती जागरण के नाम पर दान एकत्र करती हुई भक्तिनें, पर्चा दिखाते हुए गूँगे-बहरे याचक, अन्ध-विद्यालय के लिए चन्दा माँगते अन्धे सूझते साथी—सबसे निपटती बिन्नी। मम्मी को जैसे कहते सुना था, ठीक वैसे ही वह भी दुहराने लगी थी—

''चलो, चलो, यहाँ कोई नहीं है। हम सिख-विख नहीं हैं सरदार जी ! जागरण में चढ़ा आएँगे चढ़ावा, आप फिकर न करो। हमें नहीं लेनी विम-फिनायल, पापा बाजार से ले आते हैं।'' अन्ध-विद्यालय के लिए एक रुपया घर में लेने दौड़ती।

बिन्नी को देखकर कौन कहता कि वह आठ-नौ साल की बच्ची है, वह तो प्रौढ़-चतुरा-सी वाचाल हो गई थी, ''आइए बैठिए न अंकल ! पापा आते ही होंगे।'' पिता के घनिष्ठ मित्र का झोला थाम लेती।

''चाय पियो न अंकल ! मम्मी को जगा दूँ ?'' छोटे-छोटे हाथों में चाय का प्याला काँपता किटकिटाता आता।

अवांछित लोगों के लिए रटे-रटाए जुमले, ''पता नहीं अंकल, कब आएँगे पापा ? फिर आ जाइए न ?'' चतुराई से बाहर का रास्ता दिखा देती।

अकेली बिन्नी घर को उठाए लिए चल रही थी। दोनों बड़ी बहनों को घर के कामों से अधिक सरोकार नहीं था, वे मजे से पढ़तीं, खेलतीं और बिन्नी को भी अपने चकरघिन्नी बने रहने पर कोई क्षोभ न था, वह तो अभ्यस्त हो गई थी। उसका स्कूल भी तो दस बजे लगता है, अंजू-गुड़िया को तो बस सात बजे ही ले जाती है।

बिन्नी को लगने लगा कि उसकी मम्मी भी टिंकू की मम्मी की तरह होती जा रही है...नरम...कोमल...अच्छी !

मम्मी की जुबान पर हरदम बिन्नी का नाम ही फिसलता रहता, ''बिन्नी, यह ला, बिन्नी वह धर ! पापा की शेव का सामान ! बाथरूम में तौलिया रख आ ! लंच-बॉक्स !'' पापा भी, ''बिन्नी, जूते निकाल बेटा पलंग के नीचे से, पालिश मार देना। जा प्रेस करा ला शर्ट पर ! जल्दी लौटना, हाँ।'' रोजमर्रा के काम थे।

परीक्षा में नम्बर अच्छे नहीं आए थे बिन्नी के। बहनों ने एक-दूसरे के कान में खुसर-फुसर की, फिर आपस में मुस्कुरा उठीं। बिन्नी बस्ता नीचे ही धरकर अनमनी-सी बैठ गई—काश ! दादी होतीं...! धीरे-धीरे रो उठी। गुड़िया को तरस आ गया, तुरन्त बिन्नी के पास आ बैठी, ''दिखा रिपोर्ट, रो मत।'' बहन ने पीठ पर हाथ फेरा तो बिन्नी फफककर रो पड़ी, घुटनों में मुँह दे दिया। अंजू भी पास आ बैठी। क्या किया जाए, देर तक मशवरा चलता रहा।

''मम्मी को मत दिखाना रिपोर्ट ! शाम को पापा को दिखाना।'' गुड़िया ने समझदारों की तरह बिन्नी को सावधान किया।

''अंजू, तू मम्मी से कुछ न कहना...हाँ।'' गुड़िया ने समझाया।

उस दिन गुड़िया कितनी अच्छी लगी थी बिन्नी को...बिल्कुल दादी की तरह। वह गुड़िया के अनेक काम बेबात ही करने को आतुर हो उठी, और उसी दिन से गुड़िया को दीदी कहना शुरू कर दिया उसने।

चाय के प्याले धो रही थी बिन्नी। महरी भी उसी से कहकर गई थी, ''बिन्नी बेबी, आज तुम सँभालियो काम। मैं सादी में जा रही हूँ।''

सहर्ष स्वीकार कर लिया बिन्नी ने। कोई अव्यक्त आत्मीय सम्बन्ध था उसका महरी से। महरी उसे बहुत अच्छी लगती थी। ''बहू जी, मैं तो बिन्नी बेबी के मारे तुम्हारे काम पर पड़ी हूँ, नहीं तो तुम्हारो लेन-देन तो बस...।'' महरी भी बिन्नी से जुड़े मोह को अक्सर जतलाती।

गुड़िया दीदी बर्तन रख रही थी। गुड़िया दीदी अब पहले की तरह नहीं चिढ़ाती, चुपके-चुपके प्यार करती हैं बिन्नी को। अपने स्कूल से टॉफी ले आती हैं, स्टिकर देती हैं और सेंट-रबर भी।

नल की धार के नीचे प्याले डालने में बिन्नी को एक गाना याद हो आया, जिसे अंजू अपने स्कूल-फंक्शन के लिए तैयार कर रही थी। एक पल को बिन्नी को अपनी आवाज पर विश्वास ही नहीं हो पाया कि यह स्वर उसी का है...लयबद्ध, मधुर, मीठी आवाज—अंजू से भी अच्छी।

दादी बरामदे में बैठी थी, ''अरी बिन्नी ! तू गा रही है बेटा ?'' दादी होंस उठीं।

बिन्नी गाने में तन्मय, मगन ! अचानक...हाथ से छूटकर प्याला दूसरे प्यालों पर जा गिरा। झन्न-झन्न ! दो प्यालों को और तोड़ गया—बिन्नी देखती रह गई...विवर्ण मुख ! साँस रोके ! निष्पन्द शरीर का रक्त मानो सूख गया हो...आँखें खंडित प्यालों पर चिपक गईं।

हाथों की उँगलियाँ प्यालों से विलग हुई टोंटियों को सिंक में बर्तनों के बीच खोजने लगीं और ढूँढ़कर झड़ी हुई जगह पर ज्यों-की-त्यों चिपका-चिपकाकर देखती रही—काश...फिर से...ऐसे ही !

मम्मी ने निर्दयता से पीटा था...बहुत...बहुत...! गुड़िया बचाती रही, संग में पिटती भी रही। मम्मी के क्रोध के विस्फोट से उठी ज्वाला में विदग्ध बिन्नी को लगा जैसे उसके बालों को किसी ने जड़ से उखाड़ दिया हो...थप्पड़ों के असहाय आघात। कान का जड़ से उमेठा जाना... "आह !" होंठ भींचकर मूक हो जाने की चेष्टा को तोड़ता विवश आर्तनाद...।

उन अमानवीय प्रहारों में कितने दिन का जमा लावा...? कब से रुका बैर...? छोटी-सी बिन्नी ! अबोली-जान ! निरीह !

कमरे में से दादी चीख उठीं, "मारि ही डारैगी आज ! अपने सिर कलंग लैगी ? पागल है गई है गुस्सा में ! जा कन्या कूँ मारि कैं का मिल जायगौ तोय ? अब ही तक तू नाँय अंगेज पायी जाय ?" दादी कहती रहीं पर वे मम्मी के समीप आने का साहस नहीं कर सकीं।

मम्मी दादी पर फट पड़ीं, "मुफ्त में आता है क्या ? तुम बड़ी हेजदार बन रही हो। मस्तानी है यह चुड़ैल ! देखकर काम नहीं करती। हड्डी-पसली टूटेगी तो याद रखेगी।"

"तोसे टूट जातौ तो ?" दादी साहस के सेतु पर खड़ी बहस कर रही थीं।

"कैसे टूट जाता ? गुड़िया ने क्यों नहीं तोड़ दिया ?" मम्मी बड़बड़ाती रहीं। दादी हारकर चुप हो गईं। विरथा कलह बढ़ती।

दिन ढलने लगा, बिन्नी सुबकते-सुबकते धरती पर ही सो गई। मुँह-नाक से पानी बहता रहा, पलकें सूजकर गोलाई में उभर आईं। मम्मी की उँगलियों के निशान गालों पर स्पष्ट उभरे थे।

उस रात पापा घर से दूर पुलिया पर बैठे दादी से देर तक बतियाते रहे। धीरे-धीरे न जाने दादी से क्या-क्या कहते रहे। बिन्नी दादी को खोजती पुलिया तक चली आई, बस इतना ही सुन सकी, "बिन्नी को आप ले जाओ गाँव ! न आरती के सामने रहेगी, न उसका क्रोध बढ़ेगा। खर्चे की फिकर न करना अम्मा।"

"चल चुप्प रह !" खर्चे की बात पर दादी ने पापा को जोर से झिड़क दिया।

मद्धिम रोशनी में बिन्नी को खड़ी देखकर पापा चुप हो गए। बातों का सिलसिला वहीं खत्म कर दिया।

सुबह ही दादी की डोलची में बिन्नी के कपड़े रख दिए गए। दादी के कपड़ों के लिए पापा ने अपनी अटैची खाली कर दी।

मम्मी रसोई में रास्ते के लिए खाना बनाती रहीं। बिन्नी की हिम्मत नहीं हुई उधर जाने की। दो-एक बार कनखियों से मम्मी की ओर देखा था, सोचा कुछ मदद करा दे पर उनका चेहरा खिंचा-सा लगा था उसे। वह दादी के पास बैठी रही।

"बिन्नी, चल बेटा तैयार हो जा।" दादी के कहने पर वह चुपचाप खड़ी रही।

"चल...बिन्नी...चल बेटा," दादी ने बाँह पकड़कर कहा तो हाथ-मुँह धोकर विरक्त भाव से खड़ी हो गई, पापा ने फिर कहा तो पाँवों में चप्पल डाल लीं।

जाते समय बिन्नी ने मुड़कर देखा, मम्मी का गुस्सा उतरा नहीं था, लेकिन वे किवाड़

की आड़ से बिन्नी को देख रही थीं। दादी से जमकर झगड़ा हुआ था कल। दोनों के मन में कड़वाहट का कसैला स्वाद था—करेले के जैसा। एक-दूसरे से अनबोला था।

अंजू और गुड़िया सड़क तक आए। गुड़िया दीदी ने कार्टून वाली किताब दी थी और अंजू ने वे रिबन दे दिए जिनको बिन्नी ललक-भरी नजरों से देखा करती थी...कैसे जान गई अंजू ?

"चिट्ठी लिखना बिन्नी," कहकर गुड़िया उधर को फिर देख नहीं सकी, आँखें पोंछती घर की ओर चली गई।

पापा स्टेशन पर गाड़ी में बैठा आए। वहीं से एक सुन्दर-सी डॉल खरीद दी बिन्नी के लिए...पर बिन्नी क्या अब इतनी छोटी थी...गुड़िया खेलने लायक। पापा यह जानते थे कि नहीं, लेकिन अब तक कभी दे नहीं पाए थे...इसलिए। कुछ टॉफी-बिस्कुट, फल आदि। "बिन्नी..." पापा ने सिर पर हाथ धरा—बिन्नी ने सिर झुका लिया। सुन... सुन...नाक की आवाज आती रही। गाड़ी की तीखी सीटी और पहियों की छुक-छुक में सारे स्वर दब गए।

इतने दिन बाद। पापा गाँव आए तो बिन्नी खिल उठी..."पापाऽऽ !" वह लिपट गई।

पापा ने बिन्नी को बाँहों में भर लिया। बिन्नी उमंगों में भरी फुदकती फिर रही थी—शरारती चिड़िया-सी।

उसने दादी के साथ सब्जी काटी, पूड़ियाँ बेलीं। भागकर बनिये की दुकान से बूरा ले आई, बेला भरकर मीठा दही निकाला।

उसे हँसी आ रही थी, "कैसे खाएँगे पापा इतने बड़े बेला में से दही ! घर में तो नन्ही आँख-सी कटोरियों में सब्जी-रायता खाते हैं, जरा भी ज्यादा हो जाए तो...।"

दादी ने काँसे की बड़ी-सी थाली में इकट्ठी चार पूरियाँ रख दीं।

बिन्नी सोचती रह गई, "दादी भी खूब हैं, जानती तो हैं पापा नन्ही-सी तीन रोटियाँ खाते हैं...फिर भी !"

वह हैरान थी ! मुँह खोले देख रही थी, सच नहीं लगता था—पापा ने बेला मुँह से लगाकर सारा दही पी लिया। पूड़ी और माँगी, पानी लम्बे गिलास से पीकर जोर से डकार ली, वह खिलखिलाकर हँस पड़ी, "कैसे हो गए पापा यहाँ आकर ! बिल्कुल दादी के लड़के ! मम्मी वाले पापा तो कहीं भी नहीं हैं।"

बिन्नी ने दादी के साथ रात में खाट पर बिस्तर बिछाया। दरी पर नई सफेद चादर, नया गिलाफ चढ़ा तकिया। न डनलप का गद्दा, न फोम का तकिया, न नाइट बल्ब ! कैसे सोएँगे पापा ? पर पापा आराम से सो गए ! कैसे अपने-से लगे थे पापा उसे, बिल्कुल बिन्नी के...किसी के भी नहीं ! केवल उसके..उसी के लिए तो आए थे पापा।

बिन्नी गहरी नींद में थी। अचानक आँख क्यों खुल गई, जान नहीं सकी। बातें होने का आभास ! दादी और पापा में गम्भीर बहस छिड़ी थी...शायद उसी को लेकर—

"अम्मा, आरती से काम नहीं बनता, छठा महीना चल रहा है। बहुत कमजोर हो गई है।"

"हूँऽऽऽ..." दादी ने निःश्वास-भरा हुँकार किया।

"अम्मा ! अपनी मम्मी के लिए बिन्नी में मोह-माया ज्यादा ही है, इतना उन दोनों में नहीं, उन्हें तो जब से पता चला है कि घर में नया बच्चा...तब से दोनों लड़कियाँ माँ की दुश्मन हो गईं, मुँह से बात नहीं करतीं। देखा था अम्मा, माँ के इशारे पर कैसी नाचती फिरती थी बिन्नी ! सारा काम उठा लेती थी।"

"बेटा गोपाल, बिन्नी तेरी बेटी है, तेरौ हक है पूरौ। पर मैंने यहाँ आकें जे स्कूल में दाखिल कर दई। बड़ी होशियार है ! अव्वल आई है छिमाई में। इसकी साल बरबाद है जाएगी बेटा ! अब इसे मेरी रहन दे...। सो जा तू। सवेरे जानो है तोय।"

●●●